书香长流口述史

——长流乡文化人的历史记忆

曾丽容 著

中国商务出版社

·北京·

图书在版编目（CIP）数据

书香长流口述史：长流乡文化人的历史记忆 / 曾丽
容著 . -- 北京：中国商务出版社，2024.1
ISBN 978-7-5103-4895-2

Ⅰ.①书… Ⅱ.①曾… Ⅲ.①乡镇—地方教育—教育
史—晴隆县 Ⅳ.① G527.735

中国国家版本馆 CIP 数据核字（2023）第 212425 号

书香长流口述史：长流乡文化人的历史记忆
SHUXIANG CHANGLIU KOUSHU SHI：CHANGLIUXIANG WENHUAREN
DE LISHI JIYI

曾丽容　著

出　　　版	中国商务出版社	
地　　　址	北京市东城区安外东后巷 28 号　　邮　　编：100710	
责任部门	商务事业部（010-64269744　bjys@cctpress.com）	
责任编辑	徐　昕	
总 发 行	中国商务出版社发行部（010-64208388　64515150）	
网购零售	中国商务出版社商务事业部（010-64266119）	
网　　　址	http://www.cctpress.com	
排　　　版	廊坊市展博印刷设计有限公司	
印　　　刷	三河市龙大印装有限公司	
开　　　本	710 毫米 ×1000 毫米　1/16	
印　　　张	16	字　　数：260 千字
版　　　次	2024 年 5 月第 1 版	印　　次：2024 年 5 月第 1 次印刷
书　　　号	ISBN 978-7-5103-4895-2	
定　　　价	88.00 元	

序　言

这是一本关于贵州省晴隆县北部山区历史记忆的书。本书以山区教育从传统到现代的变迁为核心事件，从教育背景、教育历程和教育发展的自然与文化、历史与现实等多个角度切入，深度思考山区教育历史的内在脉络，探讨教育发展的内在逻辑与教师发展的内在机理。它是对特定区域内人口历史与文化的一种反思，再现时间与记忆的错位，阐释事实与传言的不一致，思考现代山区教育发展的困境与未来。

教育作为一个相对独立自由的领域，不是生活的附属。遵循教育教学内在的规律，关注教育服务性和功利性功能的同时，更应该明确教育以培养人为目标，不能完全以现代工业社会的工具意识来看待它。如果仅仅以教育在当今社会中是否有用为唯一的目标导向，而不以人的普遍性为起点，那么我们将不能很好地理解生命个体的学习和成长历程。从群体延续、文化传承、社会发展的角度来看，教育与当今社会的方方面面密切相关。关注普遍性，能更好、更深入地理解教育对于社会、对于个体的意义和价值。

本书针对贵州乃至整个中国山区教育的原有刻板印象，通过个人叙事，展现更为丰富的历史、社会和文化场景。结合历史反观现实，从生命个体的整体性出发，结合心理学与人类学研究的理论范式，运用历史学的研究方法，对山区教育活动进行更为深入的观察与分析。

这是一份贵州记忆，是一份以集体记忆方式不断重构并加深的地方社会历史记忆。这些山区的文化人，其实也是一个族群文化的代言人。口述历史记忆的内容在浅层次上看是个体的历史表达，具有随意性；深层次上看是由其所在群体文化所决定，具有群体性、确定性和历史性。

　　以晴隆北部山区的两镇一乡（中营镇、花贡镇、长流乡）为一个相对独立的单位，从背景说明、个体感受、群体活动到理论提升，逐一展现晴隆山区的自然历史、物质生产生活条件、群体活动与族群记忆。对山区教育文化变迁进行整体研究，展现新中国成立以来，山区教育从起步到迅猛发展的整体历程。本书将通过个案研究，对个体生命记忆感受和人生历程进行反思，分析移民群体的民族认同路径。深入描绘个体生存与群体发展的冲突、传统文化与族群建构的竞争，生动展示推动山区社会与人口进步的持久动力，深刻理解山区教育发展历程中的社会、历史、文化与心理等方面的阻碍因素。

　　聚焦贵州山区教育，从历史人类学和教育人类学的研究视角入手，向读者展开一幅既熟悉又陌生的画卷。教育服务于生活，与时代共同进步。教育也不仅仅是自上而下的固定形态，作为生命整体的一个有机成分，它有更为丰富的内容和更为多样的形式。通过口述方式，本书回顾山区短时段的教育历程，发掘教育长时段的内在机理。教育教学有其自身的内在逻辑，同时也必须遵循个体生命的内在法则。在促进个体走向和谐完美的过程中，教育需要满足生命个体的、内在的需求。

曾丽容

2023 年 12 月

目　　录

第一章 导 言

第一节 研究思路

本书将运用历史人类学与教育人类学的研究范式,针对贵州省晴隆山区的喇叭人①这一特殊群体中的文化人展开研究。进入特定时间和特定场域,去理解普通人及普通家庭对教育的执着信念和巨大投入,理解这个原本教育水平不高、识字不多的人群,在生存与发展抉择过程中的理性思考。从晴隆北部山区的一群小人物的人生经历,发现一个大世界,展现一幅教育脱贫的生动画卷。

在很多人眼中,20世纪中晚期晴隆的北部山区是封闭落后且物质匮乏的。这里和中国西南的大多数山区一样,大众教育是在新中国建立之后才进入普通百姓人家。经历了一个特殊的社会高速发展转型时期,教育成为当地青年出人头地的重要途径,教育带来个人、家庭,甚至是整个家族社会地位的提升,对区域社会风气和文化风貌都起到了推动作用。本书中记录的这一群文化人,有着极为鲜明的地域特色和个性特征。回忆他们的教育经历和教育感受,不仅可以直观呈现新中国成立以来晴隆北部山区教育的变化,它还将是中国西南山区

---

① 晴隆县内喇叭人主要分布在长流、中营、花贡等地。20世纪80年代初,曾有本族人士提出要自立为"喇叭族"。但是按照中央〔81〕民政字601号文件精神,1981年7月,贵州省召开民政识别会议,针对贵州省内未定民族进行调查,从社会历史、语言文化、经济特征和民族意愿这几个方面展开。历时一年有余,1982年年底,省民族识别办公室在晴隆正式召开"喇叭人族别问题学术讨论会",最终形成决议,认定喇叭人是苗族的一个支系。由晴隆县人民政府向黔西南州人民政府正式提交《关于喇叭人族别问题认定的报告》,州人民政府于次月批复,正式认定喇叭人为苗族。即便是现在,虽然学界称其为"喇叭苗",当地人更愿意自称为"喇叭人"。

几十年来发生巨变的一个缩影。

建国初期到改革开放的这段时期，中国西南山区现代教育几乎是"从零开始"到实现飞跃的迅速崛起。把晴隆山区教育人放到整个中国社会发展的大背景下，集中到一段特定的时期，运用历史人类学方法，通过具体人物的口述材料，再现山区教育发展的历史性；通过个体的历史记忆与群体的文化反思，充分展现文化的历史性。

教育文化研究有主位与客位两个不同的切入口。教育教学有其内在的发展规律，也要遵循个体的成长逻辑。从生命个体的角度来看，教育与人的本质、与人的发展需求相一致。与此同时，教育还是社会的、外在的需求。在个体与群体，以及内外多种因素的影响和多向动力的推动下，教育自身也在不断发展变化。关注身体与智力的均衡发展，关注心理心智的成长提升，探索情商与智商的共同进步，满足社会和个体对教育赋予的意义价值，从而促进个体的整体性成长，担当起社会赋予的应有义务。教育研究的理论范式与方法论也在随着社会发展而不断丰富变化。

无论是在以血缘家族为核心，依靠代际传承来延续文明的传统时代，还是在以地缘或业缘等为媒介，通过机构化、符号化、统一化的组织关系进行运作的当今社会，教育都具有非凡的意义。教育帮助个体掌握知识技能以取得专业技能，熟悉社会潜在规则以获得群居能力。同时，教育人类学研究也从传统教育研究关注教育自身内在规律转而关注教育过程中的"人"以及"人类本质"。

聚焦喇叭人，将关怀点定位在晴隆北部山区中这个较为特殊的群体，主要是有三个方面的考虑：第一，区域代表性；第二，历史特殊性；第三，文化普遍性。在现代化浪潮席卷整个世界的大背景下，山区懵懂少年的成长历程，是一群接受了现代教育洗礼的小人物的个体感受。一方面，他们是移民的后裔，可以作为一种军屯身份的标识。迁徙定居在山区，在漫长的历史岁月中磨炼意志，顽强生长。一旦有机会，他们可以像蒲公英的种子，借助风的力量寻找更合适的土壤，迅速生根发芽，抓住新的生存机会，谱写新的生命华章。另一方面，他们的成长历程具有普遍性意义。他们是晴隆县、整个贵州省，乃至于中国西南山区这些世世代代居住群体的一个代表。笔者努力深入了解这个群体，从他们的家族渊源、教育历程、人生感悟等个体的、琐碎的历史性材料中，看到时代发展的洪流；从小人物的视角看世界，从发展的眼光看山区教育的历史与现实。

为了充分理解山区族群人口的总体特征，全面展现个体家庭的曲折经历、关键时期的抉择困境、教育发展的时代脉络，本书从三个方面入手：第一，打好底色。从自然的角度，了解族群人口的基本需求，理解山区教育发展的物质基础。第二，找准切入点。从历史的角度，了解族群人口的文化背景和精神世界，确定当地教育发展的基本底色，展示教育发展所针对特定对象的基本特点。第三，探索方向。从文化心理与教育教学自身内在规律的角度，从底层的个体感受到高层的教育管理，了解教育投入的总体背景和教育选择的根本动因。

上述三个方面具有相互关联、互为支撑的关系。从自然生存环境入手，是理解这群从历史记忆中走出来，探寻新的发展道路人口的基础。了解该族群人口的历史渊源，是理解其现实行为的关键。物质经济生活是理解他们进行重大人生抉择的关键因素之一。本书从多角度入手，充分展现一群有血有肉、充满活力的人，他们的理智与情感、理想世界与现实抉择。宏大历史叙事要结合现实生活背景，对小人物有质感的认识，从小人物的经历和思想中，找到一个时代的历史脉络和运行轨迹。

本书将涉及多个学科。一是历史学的视角。本书针对的是短时段，被研究的对象依然健在，与当下教育实践过程中出现的各种问题和教育的未来发展方向也有密切关系。但是阐述的主要事实已经成为过往，是对当事人头脑中残存事实的发掘。改变通常对于历史材料的看法，把这种近在眼前却已经成为过去的个体口述材料作为教育史料，对教育史实展开分析。如果将教育实践和教育思想放到特定的个体经历和感受中来看，并对其进行的客观性的和历史性的分析，将更加具体。

二是教育学的视角。教育是人类的一项专项活动，必然有教育本位主义关注的教育本身的前身与今世，教育思想和教育措施的社会、历史、文化、经济等背景因素。评价分析通过教育改变命运的这群人，却要跳出传统教育研究的条条框框。不是站在客位上研究教育的步骤程序，而是从主位的视角，从受教育个体的内心感受、生命体验，从生命个体的角度重新认识教育的目标和意义。

三是人类学的视角。对教育发展历史展开研究，把教育文化现象放到山区族群社会文化背景下，理解教育投资实践理性背后的文化因素和非理性选择背后的合理性。

四是心理学的视角。接受教育是个体成长的过程，以个体为中心，从内而外地思考教育与人生的关系，教育与心智成长的关系是本书讨论的问题之一。此外，从群体心理学角度讨论环境对个体的影响，时代性社会心理效应影响家庭经济抉择。人类心理学研究范式和理论成果将丰富本书对个体行为分析的视角和研究路径。

基于上述的理论框架和角色定位，运用历史人类学、教育人类学和心理人类学的理论方法，探索跨学科的研究范式，选取晴隆北部山区现代教育的受益者、实践者和传承人，分析新中国成立以来，特别是改革开放以后山区社会变迁与个体生命成长历程，现代教育发展与国家、家庭、个人的互动关系，并以此为基础探索山区教育与城镇化发展同向同力的可行性路径。丰富理论研究的视角，探索山区文化教育与社会发展、文化延续的可行性路径。

晴隆县位于贵州省黔西南州的东北角，云贵高原的中部地区，珠江上游主要支流北盘江的流域范围内，属于贫瘠的少数民族聚居山区。在整个贵州乃至于中国西南山区，具有典型性和代表性。晴隆北部山区的这群喇叭人在时间和空间上都具有一定的典型性、代表性。

近年来，由于大量青壮年外出务工，山区的物质面貌发生了巨大变化。从精神世界来看，山区传统的文化世界受到互联网的冲击难以为继。在物质和精神双重驱动下，山区人口往外冲的潮流更是势不可挡。然而，在城镇化的浪潮中，山区传统文化又该何去何从？个体生命的意义价值如何定位？这些问题无时无刻不让人深思。

本书将从背景说明、个体感受、群体活动到理论提升，逐一展现晴隆山区的自然历史、物质生活、群体活动与族群记忆，通过个体生命记忆、感受与反思，分析山区移民群体的民族认同路径，探索现代山区教育发展与社会进步的可行性路径。

第二节　结构安排

本书将关注点定位在晴隆北部山区喇叭人的教育事业上，写作目的是通过个体教育经历和感受，重温一个时代的气息，分析山区移民群体的历史文化和民族认同对于区域社会教育发展的作用。在研究中，笔者不是把个体教育经历和教育感受更加个体化，而是放在特殊的自然、历史、社会、经济和文化生活背景下加以群体性阐释，更加注重其活动和行为的社会、经济、政治和文化因素。

从主位的视角来看，基本生存条件和物质生活是当地人口生命历程的大环境。家庭主要花费的方向和事项与很多因素有关，而物质条件是首要因素。长期以来，生存理性决定了传统中国家庭的经济结构和劳动力投入的主要方向。从个案到群体、从短时段到长时段、从亲历者到倾听者，发掘该族群教育选择和人口发展的深层因子，从物质性角度充分理解和解决好人的思想问题，从而更好地理解现代山区教育的发展基础和发展方向。

在第二章至第六章的末尾，笔者将进行总结性、评论性或拓展性的思考，以期能对各章中琐碎的事项及时展开一定的理论总结，同时可以梳理不同章节之间的联系，尽量缓解由于具体案例较多带来的冗繁感受。

第二章概述调查区域的状况，即晴隆北部山区的自然与历史。本章描述喇叭人生活的自然环境和族群人口的历史脉络，展示一个特殊的场景，提供一个特别的历史场域。这是故事讲述的场地，是后文小人物登场表演的基本"布景"。

第三章讲述晴隆北部山区的生活。这是山区教育发展的社会基础和物质条件，也是一张区域社会关系图——人与自然的关系。这既是山区教育发展必不可少的物质基础，也为后文针对讲述者的故事进行理论分析提供了基本材料，是个体感受到群体记忆的一个过渡性桥梁，也是理论阐释的物质基础。

第四章为个案呈现：老一辈教育者的人生历程与教育反思。本章有大量口述材料[①]，通过个体的经历展现时代的画卷，探索山区教育发展的总体脉络。

第五章为个案呈现：山区新一代的文化人。本章通过个体记忆反映了群体性活动与族群记忆，解决好了个案研究与群体性心理因素总结之间的关系。从个体生命记忆与感受中发掘群体性活动与族群记忆，是对个体人生历程的反思，更是山区教育发展的现代特色。

第六章为个案背后的群体性心理与历史文化分析。本章通过阐释山区教育发展与移民群体的民族认同关系，展现历史记忆在族群重构中的价值，透过个体经历记忆和感性认知等直观材料，分析群体性心理性格特征，探索山区教育发展中人的主观能动性和创造性。

本书的结语对教育人类学与口述史学的结合展开了学科理论分析，在对历史人类学和教育人类学的理论探讨中，结合中国学校教育实践、教育思想和教育理想，对现实、琐碎、直观的材料进行了总结归纳，并加以提升。特别是对山区教育进行了理性的反思，探讨了"书香长流"对晴隆、贵州及整个山区，乃至中国现代化教育的发展之路，都具有一定的实践和理论价值。

---

① 按照学术惯例，笔者将田野调查所涉及人物的姓名做了一定的技术处理。

第二章　晴隆北部山区的自然与历史

第一节　山区的自然概况

晴隆北部的山区不仅地处边远，而且经济落后、普遍贫困。这里是自然灾害多发地区，特殊的自然环境和地理区位导致该地区长期以来发展缓慢。

一、自然地理

（一）地形概貌

晴隆县拥有独特的通道性地理位置和雄险的地貌特征。从地理区位和地形特点来看，晴隆县地属云贵高原中段，所辖地方类似于一个狭长的葫芦，东西窄，南北长。境内地形山川险要，在漫长的历史岁月中成为兵家必争之地。辖区内连绵不断的大山纵横交错，山体陡峭，地形复杂。这里岩溶地形发达[1]，有河流清泉，也有悬崖飞瀑，还有古树奇石。从山脉总体走向来看，该地区刚好位于云南"山"字形东翼与广西"山"字形西翼交汇之处。境内地貌类型大致有低山、低中山、中山和高中山等四种类型。虽高山连绵、山峰耸峙，但山体走向却是各异。

本书所指晴隆县北部地区是指在马场—大田—纳屯一线以北地区，具体包括：中营、花贡、鲁打、长流等地。中营镇所在地原属于老中营区。在新中国

---

[1]　当地的地形地貌特色十分鲜明。例如，打龙洞内奇石嶙峋，水流湍急。洞内曾经有人暂时性居住，留下了石磨和石舂（当地人称"石对窝"）等食物加工工具。

成立后的较长的一段时间里，这里曾经是整个晴隆北部地区极为重要的核心。花贡镇位于传统驿道上，在历史时期曾经是晴隆北部地区的一个重要交通枢纽，曾经一度非常繁荣，被誉为晴隆的"小香港"。长流乡在晴隆县的最北端，位于普安县、水城县、六盘水市六枝特区与晴隆县的交汇处，有"一鸣惊四县"之称，也曾经是进出黔西南州地区的北大门。该乡整体地势为西部和南部略高，东部和北部略低。全年四季分明，最高点海拔1710米（虎场村上寨组的龙升坪），最低点处海拔仅745米（光照湖库区）。

（二）地形特征

"山高、谷深、坡陡"是晴隆北部山区地形的显著特点。地势总体较高，山体岩层忽起忽落，高低错落变化，峡谷、高坎、岩溶地貌遍布。峭壁和裸露地表的岩石也是随处可见，构成当地主要的地表特征。此外，地上山脉纵横分布，海拔高差巨大，地形错综复杂，在河水和暴雨的常年冲刷下，被白盘江及其支流[①]纵横切割形成大小差异且不规则的地块。

晴隆北部山区气候环境总体并不乐观，常年干旱缺水。山区部分地区的土层很薄，加之泥土以红色黏土为主，所以泥土本身的蓄水能力较差。与此同时，山体中溶洞、落水洞众多，地表的竖井、干沟也分布普遍。岩溶性石山下面遍布着众多的地下暗河，地表水分常常迅速通过地表进入地下暗流系统之中。降雨大部分迅速流入地下河流中，地表则常年处于干旱缺水的状态。[②]

《晴隆县志》载："晴隆县为盘江九县中最小最高之县，全境峰峦叠嶂，地广人稀，盘江环绕全境之半，滇黔国道横贯其中，地势至为险要。全境以山势险阻，高陡不一，无湖泊，无大川，仅盘江上游有支流为鸡场河，茅口河下游有支流，一为西泌河，源于晴隆普安交界之江西坡；一为麻布河，源于县属花贡坡脚，经大小麻布等地，汇

---

① 晴隆县属于北盘江水域范围。境内的主要河流麻布河和西泌河都属于北盘江的支流。

② 现在，因为晴隆县光照水电站建设，使得原来较为狭窄的北盘江的江面扩大了数倍，成为水电站重要的蓄水湖。光照湖环绕长流乡南、北、东三面，对当地自然生态环境有较大的改变作用。

入茅口河，转流入盘江，均河口狭隘，水势湍急，无舟楫之利，仅供灌溉田园而已。"①

北部山区的降水在全年分布不均，大部分雨水集中在夏季，雨热同季②。县境内降水总量丰富，但是雨季集中在夏天，常常以暴雨形式在短时间内倾盆而下。春季和冬季都是干旱季节，此外春季多风，冬季很少降雪。北盘江是珠江上游的一条主要支流，晴隆北部山区属于北盘江的支流水系流域范围内。该地区基础设施投入匮乏，导致可供使用的水资源开发利用率却极为低下。

（三）地质结构

晴隆北部山区地质结构不稳。因位于云南山脉与广西山脉的交接处，相互挤压形成的山体正向与逆向断层相互交错甚至叠加。境内地震较为频繁，大部分发生在夏天，在历史上已经多次出现较强的破坏性地震。据记载："地震活动周期为 25 至 50 年，一旦发生地震，可连续数年。"③

该区域范围内地质地貌特色鲜明。整个山体以石灰岩为主，但是岩层起落不定，变化巨大。"黑色大理石"（深色石灰岩）和泥贡岩分布普遍，并间杂分布了大量的硅质砂岩、页岩、白云岩、泥灰岩和玄武岩。各类金属矿层和非金属矿层的分布也很普遍。其中，煤、铅锌矿储量丰富，硫铁矿与煤矿资源、大理石、萤石、石灰石的采矿点众多，分布广，质量纯，数量大。

二、气候特征

晴隆北部山区处于从云贵高原向东南平原等海拔较低地区的过渡地带，总体气候温和。虽然全年四季分明，但是各个季节平均温差并不大，即所谓的"冬

---

① 耿修业，钱开先. [民国] 晴隆县志 [M]. 复制油印本. 贵阳：贵州省图书馆，1966: 556-557.

② 晴隆县地势起伏大，统一区域内海拔高差形成立体性气候特征。山区四季分明，年温差小，日温差变化较大。

③ 明清两代有明确记录的大小地震就有很多次。新中国成立后，地震活动发生仍然频繁。[参见：贵州省晴隆县志编纂委员会. 晴隆县志 [M]. 贵阳：贵州人民出版社，1993: 54–55.]

无严寒，夏无酷暑"①。但是在同一天中的气温变化却比较剧烈。早晚冷，中午热。特别是在高山区域，更具有非常特殊的立体气候特征，即所谓"一山分四季，十里不同天"。

多风多雨也是当地气候的一大特色。大风主要出现在春秋两季，有时甚至形成风灾，被当地人戏称为"洗手干"和"勒包干"。全年雨水充沛，但是降雨时空分布不均。在夏季常常是狂风之后便是倾盆大雨，而且经常出现连续性暴雨的极端天气。

此外，此地还曾经长期存在一种名为"瘴气"的有害气体。对外来人来说，可能导致严重的疾病甚至死亡，被很多人视为"危途"，也是山区移民群体及其后代为了生存下来必须面对的自然束缚之一。

> 咸丰《兴义府志》载："山高气寒，而盘江一带，极热多瘴，夏秋之间，热气蒸，瘦人如疟。一县之中，气候不齐如此。一岁之中，阴雨过半……岩壁扼束，林箐深阻，江流纡回隐见，广不过里许，至沙麓津，则上下皆迫狭，郁蒸瘴疠。"②

三、生态与灾害

晴隆北部山区，各种灾害严重威胁着当地人口的生存和发展。这里大部分的山地，石漠化严重，各类地质性灾害不仅种类多，而且发生频繁。自然灾害中，对当地人生产生活影响最大的是旱涝灾害。此外还有霜冻（凝冻）、冰雹、风灾、雷击等，也是当地极为常见的灾害类型。

大部分山体坡地多为沙石，地表植被不丰，森林覆盖率极低。③晴隆山区生态环境脆弱，其成因各异，表现形式也多种多样。

---

① 春（15℃）、秋（14.5℃）、夏（20.5℃）、冬（14.5℃）。

② 张锳.[咸丰]兴义府志[M].铅印本.贵阳：文通书局，年代不详.

③ 据1986年统计数据，晴隆县森林覆盖率为5.63%。特别是在北部地区的鲁打的森林覆盖率不足1%。导致森林匮乏的原因有多种。特别是近代以来的人为破坏因素，更是导致森林急剧减少的重要原因。其中，特大森林火灾带来的损失最为严重，大片森林被毁。

其一，森林面积迅速减少，自然生态不断恶化。现在，由于"退耕还林"政策的大力推行，对山地的利用方式也发生了巨大的变化，加之山地林业经济的推进，山区植被开始有所恢复。但是，晴隆北部山区的生态环境状况仍然不容乐观。

其二，水土流失严重，部分地区农业生产无以为继。由于山区地形复杂多样，地质结构也十分脆弱，所以每到雨季，大量泥沙从山体表层被冲刷下来，形成泥石流。从明代以来，为了解决基本口粮问题，山区开荒种田的范围逐渐扩大。

其三，自然灾害种类众多、各类灾害发生频繁，而且危害大。与洪涝灾害相伴随的常常还有冰雹和泥石流等，其中冰雹对于传统的农业生产危害极大。冰雹"光临"的时间不确定，除 12 月以外，其他月份中都有下冰雹的可能。虽然每次降雹的数量和危害程度有差异，但是总体而言，这里是贵州省内冰雹最多的地区之一。[①] 此外，山区还有多种其他类型的破坏性天气。例如，冷冻和"倒春寒"也是高山地区每年的常客。

在多种类型的灾害中，区域内的洪涝灾害居全省之首。长流、鲁打，及其所在的中营区就是水土流失的一个重灾区，地质灾害严重而且爆发频繁。夏季必定有暴雨，只是暴雨的次数、持续时间长度和导致的危害结果有差异而已。倾盆暴雨时间稍长，并很快在局部地方就形成规模不等的洪涝灾害。[②]

水土流失的具体成因多种多样，主要是由该地区的地质结构、土壤特征等自然因素所决定。山区的土壤以红色黏土为主，肥力有限，植物生长较慢，植被需要较长的时间才能恢复。新土壤的形成速度非常缓慢，但是每年夏季暴雨将大量的泥土混着沙子冲刷下山，自然侵蚀导致"土地年年减少，土层年年冲

---

① 晴隆县内夏季冰雹沿山脉走向而呈线性分布，主要有"四条路"：（1）北部。从普安县到晴隆县长流乡、花贡、大田乡和达土乡一线。（2）中部。从普安县到晴隆县战马、菜子乡、晴隆山、者布一线。（3）西部。在晴隆县境内，从沙子乡到普晴林场。（4）东部。从关岭县到晴隆县孟寨乡、口洞、梧桐。[参见：贵州省晴隆县志编纂委员会 . 晴隆县志 [M]. 贵阳：贵州人民出版社，1993: 58.]

② 例如，1985 年 7 月爆发的一次山洪，以中营乡为中心的乡镇都有多处山体滑坡和地裂塌方。

薄，肥力年年退化。森林覆盖率从解放初期的 25% 下降到 5.63%"。[①] 就这样，伴随着灾害性天气的频繁出现，水土流失日益加剧，生态环境越来越差。

第二节　山区的历史与人口

针对晴隆山区远古时期的情况，至今缺乏准确的史料记载。此地大致为古夜郎属地，与云南毗邻。自明洪武年间开始，关于晴隆的记载才逐渐增多。起初是安南县，后来才更名为晴隆县。境内居住着多个少数民族群体，其来源大致都可归入"调北征南"的历史叙事框架。从口耳相传的族群记忆到各家族的族谱记录，从墓志碑刻到民间歌谣，大多把各自家族入黔时间归入明洪武年间，入黔事由多为"调北征南"。这种说法不仅仅在喇叭人各姓氏家族中流传，该地区居住的少数民族群众也坚信其祖先是明代洪武年间随着官府大军进入该地。例如，在布依族群众中也有先祖是在"调北征南"时期，随军进入盘江流域的说法。[②] 这些外来的客民，虽然祖先的入黔经历有所不同，对于入黔时间的讲述也比较含混不清，而且在漫长的历史岁月中经历了多次较大的迁徙，其间虽然有多次冲突和斗争，但是最终还是走向了融合。

---

① 一般来说，即便是在植被状况较好的地区，每 1 cm 厚的土壤形成都需要百年以上的时间。但是在晴隆县内，平均每年因为流失土层损失的土壤厚度为 0.1~2 cm，在部分地区可能每年损失 3~5 cm。因此每年土壤肥力退化，土层越变越薄，肥力年年退化。[参见：贵州省晴隆县志编纂委员会 . 晴隆县志 [M]. 贵阳：贵州人民出版社，1993:58.]

② 例如，晴隆县河塘和达土布依族，主要有陆、卢、杨、柏、韦这几个姓氏。在他们的家谱或者口传先祖的历史中，都认为他们的老祖是从江西吉安府来到贵州的。鸡场区一户姓李的布依族家庭墓志铭（明代）就明确记载："祖原江西南昌府丰城县人，因洪武太祖调北征南。"据说当时是兄弟三人来黔。入黔官兵中除了部分苗兵外，多为汉兵。在进入盘江屯兵后。与当地土著居民濮越人的后裔进行融汇。发展为今之布依族。[参见：贵州省晴隆县志编纂委员会 . 晴隆县志 [M]. 贵阳：贵州人民出版社，1993: 66–67.]

一、山区的历史

（一）行政区划的变迁

整个晴隆地区的行政区划，有一个不断调整的过程。贵州省[①]建省较晚，且内部行政区划的调整也是一直在进行。清顺治年间改"卫"为"所"，辖地六里（一百一十户为"里"）十甲（十户为"甲"）[②]。清康熙年间，撤销"卫"的建制，开始以"县"为地方行政的基础单位。民国初期，为推行宪政，在原来县的单位基础上推行自治，改"县衙"为"县公署"，到民国三十年（1941年），"安南"正式更名为"晴隆"。新中国成立后，晴隆先隶属于兴仁专区，1958年并入普安县，3年后又独立出来，1965年始归兴义专署领导。1982年黔西南建立自治州，晴隆为其中的一个县。

晴隆县北部山区经济长期发展缓慢，是少数民族聚居的贫困边远地区之一，辖区行政归属也有一个变迁的过程。明代，这里称"兴让里"，民国时期推行保甲制，被划入第九甲（时称"长牛九甲"），隶属于贵州省第六区。新中国成立后，划归四区管辖。1949年年底，晴隆和平解放。1950年，该地区内有中营、鲁打两个乡，长流还不是一级独立的行政单位。现在的长流乡所辖地区，在新中国成立初期，大部分属于中营乡的管辖范围，小部分归鲁打乡管辖。后来，在多次行政区划、区划名称和管辖范围的变化中，长流的归属也经历了多次相

---

① 贵州省建省时间较晚，从明洪武年间才被划为一个省，其建省的原因是出于军事和政治的需要。为了征伐盘踞在云南的蒙古王，明洪武十四年（1381年）秋，朱元璋派遣的大军取道贵州地区。洪武二十三年（1390年）十二月置安南卫。正式作为省内一个独立的行政单位，晴隆出现于史载的时间就更为晚了。直到洪武二十五年（1392年）才开始修筑晴隆县城的卫城，晴隆作为一级行政单位才开始确定下来。现在的晴隆县，在当时属于尾洒卫管辖。洪武十七年（1384年）才开始设署，洪武二十三年（1390年）改名为卫。乾隆二十七年（1762年）把普安州土司龙天佑管辖的长牛六甲划归安南县管辖。

② 里甲制是明代为分配徭役赋税而在基层社会推行的一种组织形式，在清代仍然延续了这一制度。最初在江南地区个别试行，洪武十四年（1381年）正式在全国范围内推行。以"户"（家庭）为单位，一百一十户为"里"，推选男丁和田产较多的十户为"甲首"。里长率领十名甲首轮流"当年"，即应付差役、催办钱粮、处理相关公事等。

应的变化。其中，在较长时间里隶属于老中营区^①。

在漫长的历史岁月中，作为喇叭人生活区域之一，长流的名气远远不及鲁打、中营和花贡。根据当地人口的经济交往圈、社会交际范围和心理文化等几个方面因素，特别是考虑到族群迁徙和族际关系，兼顾喇叭人现在主要的分布情况，要清楚了解现在长流乡（包括鲁打）的历史、文化和现状，把中营和花贡等地都考虑进来才更为妥当。

在民国时期的《晴隆县志》中，地图上虽然已经准确标注了中营、鲁打和杨寨等地，但是却未见有长流的标识。而现在的行政区划中，鲁打已经属于长流乡的范围。中营和花贡单独成为一个镇，管辖范围也经过了调整。花贡现在是一个独立的镇，与中营平级。随着行政区划的调整变化，当地的经济往来和人员流动仍然在一定程度上保持着原有的传统，变化较为缓慢。

长流、鲁打、花贡与中营，相互之间的关系比较复杂。首先，这一地区是喇叭人聚居区，大部分人口都是明清时期移民的后代，所以从文化、经济生产和生活习俗来看有诸多的共同之处。以"赶场"为标志的区域经济和人员流动特点来看，长流、鲁打、花贡、中营在晴隆北部山区传统经济交往圈中是较为重要的节点，相互之间有密切的联系。其次，近代以来，包括这一片区在内的整个晴隆县内的乡、区、镇等行政建制和它们相互间的行政隶属关系都比较复杂，处于不断变化的过程中。现代各乡镇行政设置规定的各自的管辖地域范围也常有变化和交叉。

中营镇的历史较长，据说最早的居民是在明代洪武年间"调北征南"时来到这里。中营在明朝初期因为曾经作为中央王朝大军入黔时期的一个驻地营盘，准备攻打元朝残余势力——盘踞在云南的蒙古王。在战事平定之后，部分军士留驻该地，仍属兴让里管辖。后来，当地人口繁衍增加以及外来军户或者商旅

---

① 老中营区，位于晴隆县城北部约65千米，中营为当时的乡人民政府驻地，下辖9乡1镇。9乡：中营、长流、鲁打、红寨、那屯、大田、新民、河塘、达土，1乡镇：花贡镇。当地大多是沙土坡地和陡峭的山石。山间的坝子很小，面积有限，是当地粮食作物的主要生产来源地。[参见：贵州省晴隆县志编纂委员会.晴隆县志[M].贵阳：贵州人民出版社，1993：37–39.]

人员的不断流入，这里逐渐形成了集市。当地煤炭资源丰富，铅锌矿储量大，至少是在清末就已经有人进行开采和冶炼，故有"中营厂"之名。①

新中国成立初期，中营和鲁打属于平级的乡级行政单位。之后，中营和鲁打仍然保留了乡的级别，但是其下管辖的新民、兰田、红寨、杨寨、双凤和义勇等六个乡被单独列出，独立成为乡一级行政单位，中营和鲁打实际管辖的区域就大大缩小了。但是，众多小乡并存的时间仅仅五年。随着1958年人民公社的浪潮，这些乡被撤销，全部被纳入先锋公社管辖的范围之内。这种状态一直持续到改革开放初期。1984年，随着土地政策的落实，人民公社解散，小乡被全部纳入中营区的管辖范围（其中包括中营和鲁打在内的原来八个乡），直到1988年，长流、鲁打和花贡都隶属于中营区②。1992年，在全国的撤区并乡建镇的浪潮中，中营区更名为中营镇，下辖四个乡：中营乡、鲁打乡、新民乡和红寨乡，花贡独立成为花贡镇③。

中营原名中银，炼银子，后来炼铅，后来因为在这里安营扎寨，就成了草头的"营"。④我们袁家只是在中营这一带——袁家寨，其他地方基本没有。原来这个寨子中最大的地主姓赵，差不多和袁家是同一时间来到这里。袁家老祖是普通士兵，没有其他特别的身份。当时的将军是邓大将军，攻打普纳山仡佬族。袁家、赵家都是他的手下。来到此处，感觉环境好，就决定不去其他地方了。⑤

花贡镇在晴隆北部山区，曾经具有非常重要的地位，其兴起最早是因为驿

---

①　据史料记载，在清代道光至咸丰年间，私人开矿，在中营设厂，又名中营厂。

②　中营区下辖9乡1镇：中营乡、长流乡、鲁打乡、红寨乡、纳屯乡、大田乡、新民乡、河塘乡、达土乡、花贡镇（1984年设立，隶属于中营区）。

③　从1984年开始，花贡镇被单独分出，不再隶属于中营镇。

④　也有原因是银子的笔画太多，1978年，第一次搞汉字简化，所以写成了"云"。袁老师认为不存在云朵的"云"这种说法。但是笔者亲眼所见，在一块路边二三十年前的蓝底路牌上写的就是"中云"。

⑤　针对口述材料，在字号和字体上稍做区分。

道①。这里是驿道交通中从安顺（郎岱）到普安（龙吟）的一个必经之地。明清时期，是都司府所在地，也是喇叭人族谱和口述中被反复讲述的普纳山所在地。②作为滇黔驿道上的一个交通枢纽，花贡是北部山区人员和物资流动的这条大动脉上的一个重要的节点。③直到20世纪80年代，驿道还是当地人口外出的主要通道。为了更好利用花贡镇境内自然资源④，从20世纪50年代，政府在当地建设花贡农场，带来当地经济一时的繁荣，花贡曾被誉为晴隆县内的"小香港"。该地区喀斯特地貌分布广泛，山高坡陡、峭壁深谷，且近代以来自然环境的破坏也较为严重。在1992年行政规划调整过程中，花贡被单独列为一个镇，河塘乡被纳入其管辖范围。2016年，原大田乡（撤销建制）下辖的新寨村和民族村被划入花贡镇的管辖范围。现在花贡镇与中营镇平级。新中国成立以来，特别是脱贫攻坚政策执行这几年，现代道路建设，甚至包括乡村公路的条件都得到了巨大改善。过去供马帮和人步行的传统驿道迅速地淡出了人们的视野。即便如此，现在的乡村大巴仍然习惯以花贡镇作为发车的起点，附近村镇的人外出也常常是首先到花贡落脚，继而乘车去其他地方。⑤

　　长流曾经属于中营镇辖区，下辖包括鲁打、杨寨等在内共7个行政村。然而，作为一个独立的乡级行政单位，长流乡存在的时间其实很短。据记载，明朝时期实行里甲制度，长流乡在兴让里管辖的范围之内。清朝时期，针对该地域范围，

---

　　① 明清时期的古驿道，从安顺的郎岱出发，经过打铁关、毛口，进入晴隆县，经西陵渡河塘、五里碑、都田、母洒，翻过老鹰岩，从十八岗离开晴隆县进入普安县境内，约60千米。现在花贡镇的道路交通四面贯通：南北向的晴雨公路从晴隆县城到六盘水市六枝特区，是晴隆县城北部和中部重要的交通线；东西向的普安—六枝公路。

　　② 据说在清末，白旗军起义过程中，义军在攻打郎岱时，占据了都司府，作为义军的指挥部。

　　③ 明清时期的古驿道，至今保存较完好的有"五花驿道"（五里牌到花贡，约2千米。至今在花贡街边，仍有过去的指路碑）、母洒—老鹰岩—十八岗（约1千米）。"五花驿道"宽约五尺（1尺约等于0.33米），石块铺砌，遇弯就曲，系古匠人精心铺就。

　　④ 例如，普安铅矿顶头山、九重箐林场、安顺劳教所花贡留守处的茶场。

　　⑤ 现代网约车的兴起，可以直接从自己居住的村寨打车或者拼车到大城市，逐步在打破当地人出行的这种习惯。但是乡村客运大巴仍然保留了原有的派车习惯和行车路线。

未见新的命名，应该是沿用了旧称。民国时期推行保甲制度，将长流乡所在片区划归晴隆县第六区第九甲。1945 年，长流乡被归入第四区管辖。1992 年，长流乡独立成了一个乡。2004 年，鲁打被划入长流乡管辖。至此，长流全乡共有 18 个行政村。[①]2005 年到 2006 年间为建设光照水电站，沿江 4000 多人移民，采用插花安置方法进行就近搬迁。其中，在长流乡周围的乡镇，例如，花贡、五里牌、大田新寨村等地移民安置较多。[②]针对搬迁之后的情况，在 2007 年，长流乡进行了村级整合，原 18 个行政村合并为现在的 7 个行政村。

（二）山区的历史故事

在崇山峻岭之中辛勤耕作，努力生存的人们也有着极为丰富的精神世界。在漫长的历史岁月中，人们把自己的人生经历、生命历程、感知感悟、所见所闻、所思所想和愿望追求等汇聚总结并凝练成为一个又一个关于地名或者奇人异事的民间故事。

1. 关于地名的由来故事

长流原名长牛，关于其名称的来历，当地人普遍流行一个传说。据说是在明朝时期，当喇叭人的先祖来到此地时，发现了山中的一大块坝子。这个坝子附近的山形各异，细细端详似乎像是四头牛：三座山像蹲着的牛，似乎是在睡觉（长牛山、犀牛山和上寨营）；一座山像站着的牛，似乎是正在向前走（黄家垴）。对于这些祖祖辈辈以耕地为基本生活来源的人来说，可以说是如获至宝，于是他们认为已经找到了一块风水宝地，就给这四座山分别命了名，并且将坝子中央隆起的两座小山包命名为日头包和月亮包，就当是拴牛的柱子。坝子旁边有五股泉水涌出貌似莲花。因此先祖决定就在这里安家立业。"所谓'五朵莲花，二虎踞中央，四牛田中瞑，何愁不出王'。这群人不仅在这里开荒种田，

---

①　2005 年至 2006 年，因为光照水电站的建设，长流乡共搬迁移民 4000 多人。次年进行村级整合，长流乡内仅保留了 7 个行政村：杨寨、溪流、双龙、长流、兰田、虎场、凤凰等。其中，乡人民政府驻溪流村瓦屋组。

②　2014 年以来，实行易地扶贫搬迁，长流乡共搬迁贫困人口 7228 人。其中 6000 余人前后共 4 批，搬迁到兴义市洒金安置点。

繁衍生息，从军人转而成为农夫，常住此地，地名也从原来的长牛变成了长流。"①

关于中营地名的来历，有两种不同的说法。一种观点认为是在明天启至崇祯年间（也有人认为是在明洪武年间），这里曾经被作为营盘，因此而得名。还有一种观点认为是"中银"一词的误读。这种地名误读的可能性的确不是空穴来风。因当地产煤，清代曾经把产自花贡顶头山的铅锌矿运到此处加以提炼，当地人称之为"蛤蟆炉"。此外，因为发音相近而误读的可能性的确是存在的。②

关于花贡地名的来历更有多种不同的版本，大致可分为两类。第一类是造反的故事，反映了历史上民与官的对立斗争，也是当地曾经的战争与动荡的一种折射。故事的大致情节是这样的：

> 花贡地方曾经有一户人家，种了一片竹林，养了一匹白马。……可以"撒豆成兵"。后来妹妹等不及了，为了早一点实现愿望，悄悄地把马的毛染成了黑色。所以，起兵时间不成熟，提前走漏了消息。官军来围剿，把花妹和哥哥贡郎绑起来处死了，从那时起这个地方就被叫作"花贡"。

第二类以爱情为主线。都司（代表官府）听说了一对青年男女的悲壮爱情故事之后，把老王冲的土匪消灭了，其实是反映了当地百姓对中央王朝力量介入与地方社会安宁之间关系的认知。故事情节是这样的：

> 据说在古代，这里生活着一个美女叫阿花和一个才子叫贡生。两

---

① 故事虽然动听，但是有非常明显的附会痕迹。从各姓氏家谱中记录的信息来看，喇叭人各姓氏迁入长流的时间差异明显。最初应该是在普安县的龙吟镇及其附近定居。在其后漫长的岁月中慢慢向四周迁徙。现在分布在水城、盘州市、六枝和晴隆等各地。至于迁徙的原因，各家的说法不一：因为战争而迁徙；人口繁衍导致人地矛盾尖锐，为解决生计而迁徙；因为疾病而迁徙。[参见：吴伟军.贵州晴隆县长流喇叭苗人话研究[D].西安：陕西师范大学，2017.]

② 根据当地人口音而导致的误读。例如，至今仍然能看到"中云"出现在一些路边的标识，在当地人的讲述过程中也有一些相关证据。

个人青梅竹马一起长大，感情深厚。贡生到京城赶考，老王冲上有一个姓郑的山大王（土匪），看上了阿花。他扬言说，如果贡生一个月内不回来娶阿花，他就要娶阿花做压寨夫人，否则要把村寨里的人全部杀干净。为了保护村寨的男女老少，阿花不得不暂时答应了土匪的条件，等待贡生的归来。但是土匪派人到河塘的渡口把守，不让贡生回来。阿花派去给贡生报信的人也被杀死在荷塘。眼看一个月的期限到了，阿花连夜逃跑，去寻找贡生。来到荷塘渡口，正好遇到渡河回来的贡生。土匪派兵追来，阿花与贡生被堵在了渡口，无处可逃。为了不给村寨带来灭顶之灾，两人跪拜天地之后便跳进了滔滔江水。两人殉情的故事被驻扎的都司听说了，派人铲平了老王冲的土匪窝。村寨的男女老幼为了感谢阿花和贡生，建立祠堂进行祭祀。从此，这个地方就被称为"花贡"。

2. 关于战争的故事

关于"鲁打"这一地名，当地人也不知其渊源和确切的含义。这一地区水源较好，田畴成片，人口密集，有重教的传统习俗，历来被称为长流乡的历史文化中心。据说，这里曾经是"红苗仡佬"居住的地方。龙家先祖打跑了这里的"红苗仡佬"，并定居下来。这种说法和广为流传的"普纳山战斗"的故事基本吻合。另一种观点认为普纳山本来是彝族的一座神山，这一片区生活的人口应该有相当数量的彝族。这种说法和史籍所载该片区曾经属于彝族土司管辖的观点相吻合。如果采纳第二种观点，用彝语的发音来解释晴隆北部山区鲁打这一地名的含义就比较清楚了。① 也许是被打败的一方及其后裔逐渐离散，或者因为现实生存需要融入其他族群之中。关于最早定居于此的先祖记忆也可能被后来的"调北征南"之类的正统叙事所替代了。

---

① 关于"鲁打"一词的含义，有一个发音类似的地名：云南楚雄州母鲁打村。这是一个古村落，少数民族特色村寨。"母"在当地彝语中的意思是地方，"鲁"是龙的彝族谐音，整个村名的意思是龙打拦河坝的地方。据说该村名来自一个神话传说：一条龙为了阻止村庄和土地被洪水淹没，就用自己的身体造了一条拦河坝。在喇叭人进入之前，晴隆北部山区居住人口的族属问题说法不一。

二、山区的人口情况

（一）人口渊源

晴隆北部山区的人口构成在不同的历史时期有不同的特点。远古时期，缺乏确切的记载。进入封建时期，历经多个朝代，这里仍然属于"化外之地"，相关的记载不仅含混不清，而且各种说法相互抵牾的情况也不少见。但是从明代开始，贵州建省，从此翻开了新的历史篇章。建省的功能有很多，贵州成为征服云南而设立的大军通道。

正是在这样一个大的历史背景下，大量的外来人口迁入此地。关于各姓氏家族迁入的时间，有的记载较为详细，对迁徙原因、迁徙时间和迁徙过程，乃至于迁入之后的分化和再迁徙等都有清楚的脉络线索。但是有的则缺乏文字记载，家族的历史仅仅停留在口传的层面。关于其祖籍和家族来黔事由等内容则是含混不清，基本并入了洪武年间"调北征南"的叙事版本之中。

晴隆北部山区喇叭人的成分比较复杂，结合血缘、地缘和姻缘等多方面因素，基本可以确定其为"异源合流、民族融合"[①]的结果。其中从龙吟迁居到贵州晴隆的这一支喇叭人，与六枝、盘县（今盘州市）的喇叭人有血缘脉络关系。据称，"喇叭"这一称谓源自明代的"普纳山战役"，但是从山顶残留的城墙、寨门、碉楼、战壕等却不能证实其为明代的遗存，也可能战争不止一次，主要集中在明清时期。关于曾经盘踞在山顶的这股势力的族属身份问题也比较含糊，有的说这里曾经居住着"红苗仡佬"，有的说这里原来是彝族土司统治的地盘。

关于"喇叭人"称谓的来源，最为流行的说法认为源自一种竹制的防御和进攻武器，后来逐渐成为一种身份标识。这种说法在各家族历史的叙述中都有

---

① 有正式征召的军士，有从社会底层雇佣的人员，还有战争中归降的士兵等多种类型。此外，入黔时间先后跨度较大，与当地其他族群的融汇程度也表现出明显的区别。[参见：叶成勇.贵州"喇叭苗"家族史调查与相关问题探析：以晴隆县长流乡为个案 [J]. 地方文化研究，2015(1): 26–36.]

类似的内容。据说普纳山^①为当时彝族土酋的神圣之地，也是彝族土酋的核心区域，地形奇险。从口述材料的内容来看，各家族先祖的经历是都可以归结到普纳山（八纳山、补南山、查剌山）的战斗经历，打败了当时据险而居的彝族土酋，作为胜利者屯兵继而留居此地。

> 《普安县志》（卷3）载："洪武四年，命武德将军黄迁仕剿县属让里叛苗，平之。"^②

梳理地方史料和各族的家谱族谱可以看出各姓氏定居晴隆北部山区的时间、地点和迁徙的缘由、身份地位等方面的差别。邓氏（从普安龙吟迁入，主要分布在长流、鲁打和中营等地）、罗氏（从普安龙吟迁入，进入晴隆后主要集中在长流乡杨寨村的兴昌组、杨家组、光荣组）^③迁入的时间基本一致，其先祖的身份是军人，到晴隆的目的是为了铲除"夷苗仡佬"等反叛势力的残余。李氏^④与刘氏^⑤应该是同时迁入长流地方，迁徙的路线也与邓氏^⑥有明显的差异。龙氏^⑦现在的人口众多，但是其最初来黔的身份可能是农民，来黔是为了开荒种地。从各家世系代数来看，各姓氏相似（李氏22代，刘氏21代，龙氏23代），进入晴隆山区的时间相距不远。如果说龙氏是在清代康熙年间迁入该地，那么邓、

---

① 又称八纳山、普纳大山、补南山、查剌山。

② 又说"洪武二年命指挥胡源平夷寨，设军屯"。若按前说，洪武四年有土著据普纳山反叛，战事延续三年。对此《明实录》《明史》及明清地方志都没有记载。

③ 与邓氏和罗氏同时迁入的还有戴氏，从普安龙吟迁入晴隆后，主要分布在碧痕镇箐口一带。

④ 墓碑记载为清康熙年间入黔，先住晴隆老营头，后至江西坡清康熙十八年，来长流攻打普纳山，平定"红仡佬"后定居，后裔移居横山、白家。

⑤ 与李氏同时入长流，以"武教"为家传。族内对其家族世系传承的说法不一，但是字辈上却大同小异。

⑥ 为镇压"夷苗仡佬"，扫除残余，安定地方，最早进入普安龙吟，现居地为普安龙吟和晴隆长流、鲁打、中营等地。

⑦ 先住晴隆马场，后迁到六枝一带，明末清初迁入今鲁打。龙氏是鲁打人口最多的姓氏。有的说是明代"调北征南"时入黔，至今已传23代；有的则认为是在清代才进入晴隆北部山区，在鲁打地方扎下脚跟。

李、刘、罗等姓氏进入长流地方的时间应该相差不远。那么族谱中记载的先祖在明代洪武年间入黔参与的战争可能只是其最先来贵州的经历，其后则是漫长的屯垦岁月。

其中，花贡、中营和长流一带以苗族和汉族为主体，是多民族杂居地区。不同时期和区域范围内，客民喇叭人与不同族群之间的交流和融合程度有所不同。此外，在喇叭人内部也有各种差别。例如，根据入黔时候职位身份的不同而有官与兵的差异，士兵内部还因为入黔时间的先后而有老人与新人的分别。这些人口中，与当地族群交往的模式以及相互融合的程度也是深浅不一，最终形成的心理认知和文化认同自然也有差别。所以从族群成员的角度来看，有的后裔仍然坚持自己的汉族身份，有的却自认为已经是苗族或者仡佬族；从周边族群对他们的称谓来看，更多的是强调他们的客民身份（"民家子"）。这些混乱甚至矛盾的自称和他称的背后，其实是反映了一个事实，即该族群人口的来源地和迁入的时间、原因和过程等都具有相当的复杂性，也反映出与当地族群长期融合过程的阶段性和多样性。

有学者认为他们其实是一类人的总称。作为开拓者，喇叭人从湖广进入贵州之后，在日常生活中，处于当地居民的包围之中。他们虽然带来了当时更为先进的农业生产技术，但是为了适应当地的自然生态环境，防御自然灾害而生存下来，也必须不断地学习当地居民的生产生存技能，因此必然存在不同族群之间的各种形式的交流交往。与此同时，作为外来的客民，为了保护耕地、牲畜和劳动成果，也有可能是为了获取更多的生存物资，与原来的"地主"之间也可能发生紧张关系。在小心谨慎相处的过程中，为了缓和关系，他们有一个长期相互学习的过程，以维持相对的平衡互动关系。在漫长的历史岁月中，后期陆续迁入的人口更多。在生存发展的过程中，后迁入的人口与先来的人口、外来的移民与本地人口之间，通过婚姻缔结、文化活动、商业贸易等相互接触、增进了解，并逐渐走向了相互融合。

新中国建立之后，随着民族识别工作的开展和少数民族政策的推行，这个族群人口身份的界定问题也越来越受到重视。特别是在 20 世纪 80 年代初，"文化大革命"结束之后，借助国家落实民族政策的潮流，该族群的上层精英分子开始极力呼吁。为了解决晴隆县内喇叭人和里民人的族别归属问题，省政府组织众多专家学者和有关人员共同参与，对该族群人口的社会历史、经济文化、民族意愿等各个方面进行调查核实，鉴别印证。从1979年到1983年历时4年，最后喇叭人被认定为苗族的一个分支，所以现在被称呼为"喇叭苗"。①

（二）族际关系

对于封建中央王朝来说，黔地区长期处于"群蛮叛服无常"中，着实让人头痛。

> 《明太祖实录》卷203"洪武二十三年八月壬午"条记载："百夫长密即叛，杀屯田官军刘海，尾洒驿丞余成及试百户杨世杰，劫夺驿马，焚馆舍。"

明王朝为了铲除盘踞在云南的元朝蒙古势力，安定地方，需要借道贵州。主要在洪武十五年（1382年）和洪武二十年（1387年）两批大军进入贵州，屯守普安、安南一带。第一批是宝庆土军，人数不清楚；第二批则是来自靖州、五开、辰州、沅州等卫，皆从新军中选出之精锐，总人数在四万五千人。②

在征南明军中，除了部分元军的降兵降将以外，基本上都是招募的湖广兵。而湖广兵自身的族群归属问题也有待讨论。根据清代《辍耕录》的记载，认为其"为五溪蛮遗种"。而长流当地家族的族谱，例如，《李氏家谱》《邓氏族谱》《刘

---

① 根据贵州省〔1979〕53号文件指示，晴隆县抽12人组成"民族识别领导小组"，从1981年初开始对喇叭人情况展开调查。对该群体的社会历史、语言、文化、经济和民族意愿进行调查。1982年召开专家学术讨论会。根据调查资料，结合喇叭人的特点，最后认定喇叭人是苗族的一支。[参见：贵州省晴隆县志编纂委员会.晴隆县志[M].贵阳：贵州人民出版社，1993：96–97.]

② 龙氏谱书《派衍湖广宝庆》载："洪武调北征荒，三丁抽一剿蛮方。大帅兵权执掌……轰轰烈烈上阳关……分防五营四哨，驻扎镇远溪阳……扫平开州立县，先立南龙府官，次取安南立都堂……"[参见：叶成勇.贵州"喇叭苗"家族史调查与相关问题探析：以晴隆县长流乡为个案[J].地方文化研究，2015(1)：26–36.]

氏家谱》《杨氏家谱》等①，则更强调其先祖在平定地方动乱中的功绩和重要性，对自身家族的族源族属则没有提及。但是在进入贵州后，在漫长的屯田戍守岁月中，称谓就大同小异了。

> "兴让里（隶安南卫）有老巴子、亦苗类，由湖南移居于此。"又"道光二十七年（1847年），安南县之长牛六甲民716户，3485人，六甲大小30寨。其中4寨系汉民，有6寨系苗民，其余为客民（亦称喇叭人）155户。"——《黔南识略》②

> "苗人世系多不可考，各以衣服别其种类。其别种有喇叭苗，居长牛六甲。"——《安南乡土志》

由此可见，历史上把当地人口大致分为三类：汉民、苗民和客民。在客民这一称谓后面，还特别在括号中标注喇叭人。这些"操湘西土语人"③与当地原有的红苗、歪梳苗等还是存在明显的差异。晴隆县内喇叭苗大多居住在县境内北部及相邻地区。

大量军队和移民进入该地区，必然打破原有的区域平衡。这不仅表现在地方集团势力与中央王朝的对抗和大大小小的起义斗争，还有地方发展出的新兴力量与原有旧势力之间从小摩擦到大动干戈，进而导致局部地方的变乱。关于贵州的问题，也开始越来越频繁地出现在呈报中央的奏折中，派驻地方官员的"述职报告"中也就有越来越多的内容。贵州成了明代中央王朝必须重点考虑的区域。经历初期的激烈冲突与斗争，在其后长期的发展过程中，更多的是通过相互交往、

---

① 《邓氏族谱》《刘氏族谱》《杨氏家谱》《李氏家谱》中都对该家族始祖的"入黔经历"有相关记载。[参见：贵州省晴隆县志编纂委员会.晴隆县志[M].贵阳：贵州人民出版社，1993：70–72.]

② 爱必达.黔南识略[M]贵阳：贵州人民出版社，2021.

③ 晴隆北部山区中，该族群大多聚居在老中营区范围内，尤以长流、鲁打为主。据各家族谱和口传资料，其先民来自湖广宝庆府[南宋宝庆元年（1225年）由邵州升格为宝庆府，下辖武冈、新化、新宁、城步等地。即今湖南邵阳地区]内武冈州。明洪武初年入黔，庚戌三年（1370年），为"钳制土著红苗仡佬"进入该地。后定居与此。[参见：贵州省晴隆县志编纂委员会.晴隆县志[M].贵阳：贵州人民出版社，1993：71.]

相互学习，最终形成居住上的相互交错混杂，文化上的相互交流交融。

根据各姓氏族谱的记载，明洪武十四年（1381年）开始，其先祖才开始作为军人进入北盘江流域。战事之后，承袭原来的屯田制，改良并推行新的军事政治制度。为了屯戍边疆而在沿驿道等交通干线长期驻扎军队，实行军政合一的屯田制度，军人就地安家并逐渐转化为农户，从此在本地屯田，繁衍生息，形成与当地居民文化特色迥异的移民群体。这些围绕着卫所所在驻地逐步壮大并扩散开来的移民后裔，对当地的风俗习惯等诸多方面产生了深远的影响。

在定居下来之后，在村寨内和相邻村寨之间各家族的交际圈却有较大的差异。有的通过姻亲关系建立更为密切的交往，有的通过"打干亲"，在日常交往中也可以缔结较为密切的关系。从外在表象来看，交往的形式和交往的范围具有更多的个体性格特色，即所谓的"性格相投"，其深层次的原因却有很多。例如，天灾人祸、生产生活环境条件等物质因素都可能成为诱因。

> "本县各乡多系汉、苗、夷杂居，生活习惯大致相同，乡间多淳朴。但以地广人稀，生活散漫无纪，不甚注意卫生，人畜疾病者颇多。营养不良，身体不甚健全。苗夷等族皆以务农为业，识字者甚少。自耕农与佃农各占其半，衣服系自栽棉花，自行纺织土布，服装式样，男子与汉族无甚差异，女子则不相同，有着裙者，有着宽衣大袖而滚花边者，有盘髻头上者，有耳垂大环项带银环者，各族不同。惟均勤俭朴实，绝无奢侈浮华之象。居处多系茅屋，有余之家则盖瓦房，各族住屋多系人畜同居，牛马宿于楼下，人则住于楼上，其不卫生孰甚，今后当多方劝导设法改良。"[①]

其中，姻亲，"同庚""老亲"等各类"干亲"在当地建立和拓展交际圈的过程中也扮演着非常重要的作用。例如，集中在鲁打和长流片区的龙、李、刘、邓等大家族和其他小姓人家，相互之间有着千丝万缕的关系。

> 长流和鲁打的喇叭人都是外面迁来的。所谓"四大家族"，是指龙、

---

① 耿修业，钱开先.[民国]晴隆县志[M].复制油印本.贵阳：贵州省图书馆，1966: 578.

刘、李、邓这四个大姓。其实在本地住的其他姓氏也多。现在因为光照电站建设，这里的人口分布有一点小的变化。例如，长流、鲁打河边一带，还有荷塘（当时的茅口河），就有不少"库区移民"。

根据明代的兵役制度，战争时期征召人员从军户中抽选，称为"正军"。每一个军户有两个贴户，类似与现在的后备役。当军户逃逸或者死亡之后，就从贴户中补充兵员。随军进入贵州的这些下层兵士，这些地势险峻的高山峡谷间生存下来，远比平坝地区艰难，也无法保留较为完整的屯堡社会特征，从而表现出更多的复杂性。为适应当地自然环境而吸收土著文化，经济生活、居住形态及服饰特征中呈现出越来越多的地缘色彩。从各种世俗化的仪式活动、对唱山歌、聚族而居等现象中，都可以看到他们艰难的本土化历程。

（三）人口分布与迁徙

现在，晴隆北部山区的这群说湘西土语、自称来自湖广宝庆府（今湖南邵阳地区）的喇叭人已被纳入了苗族的范畴。[①] 他们在晴隆县内仍然主要居住在长牛乡（包括原鲁打乡）、花贡镇和中营镇（即"老中营区"的范围内）。区域同姓人口分布较为集中，即大多数情况选择与血脉相同或者相近的人集中居住[②]。例如，各个大姓家族人口分布就表现出明显的聚族而居的特征。虽然后来因为人口繁衍、灾害、瘟疫，或者是为了获得更好的生产生活环境等，小范围内的移动迁徙也一直有，但是总体上继续保持了相对集中的状态。

之所以选择这种居住方式，有几个较为重要的原因。第一，安全的需要。在山区，集中居住可以避免野生动物对人伤害，这是聚族而居的自然环境因素。作为从外地迁徙来的移民，为了共同抵御其他族群的攻击，人口集中可以更好地保护自己和家人，这是聚族而居的安全防御因素。第二，生产的需要。以农耕为主要生产方式的人群要在深山中开荒种地，足够多的劳动力投入才能带来相对稳定的收入，这是聚族而居的经济因素。第三，文化的需要。相对集中的

---

① 现在，喇叭人主要分布在晴隆北部地区及其相邻的普安县、六枝、盘州市等地。
② 因为姻亲关系而迁居到相同地方毗邻居住的情况也有。

居住环境，为该族群人日常交流交往提供了必要的空间，也提供了传承族群文化的外在环境，满足了人们的精神文化需求。

鲁打的龙氏在当地是一个大姓，^①集中成片分布。据家谱中的记载，最先来鲁打居住的始祖名叫龙筑松（三弟兄中排行老二），先在晴隆的马场落脚，后来才继续迁徙来到鲁打并定居于此。但是关于其最初的身份问题，却有两种完全不同的说法：有的说鲁打的龙氏是行伍出身，有的说龙氏先祖只不过是耕作为生的农民。^②

长流的李氏、刘氏和邓氏也都是大姓。刘氏和李氏入黔的时间大致相同，当地人也普遍认可刘、李同时入黔的观点。据说李氏的先祖最先在老营头驻扎，后来到了江西坡，最终在平定了"红亿佬"之后转而成为耕地的农民定居下来。进入贵州之前，刘氏和李氏本来就有血缘关系，后来与长流李氏先祖进入该地同时，最先也是在江西坡落脚，后来迁居来到长牛（今长流）。

邓氏也是最先来到长流的移民之一，始祖邓荣宗，从湖南邵阳进入普安龙吟，据说管理的范围很大，从晴隆的江西坡到普安的龙吟，已传25代，500余年。据称，在明代征兵时邓氏有五兄弟，根据当时兵丁采取"五抽二"的征兵政策，两兄弟被抽调随大军进入贵州。^③据说为了摆脱跟踪他的人，他在晴隆的莲花山宰了一匹马。后来到了江西坡，再从江西坡迁至龙吟一带，死后葬在龙吟。因此，邓氏后人是到龙吟扫墓。现在居住在长流、鲁打和中营（田寨邓家槽）的邓氏与盘县、六枝、水城的邓氏属于同一支，有密切的血缘关系。与邓氏同来的还有罗氏和戴氏^④。罗氏以长流杨寨村居多，集中在兴昌组、杨家组、光荣组；此外，

---

① 主要居住在虎场村（衡山组、白家组、中田组）和凤凰村（城子组、凹子组、鲁打组）。据家族内口耳相传，龙氏最早是在明洪武年间就随"调北征南"大军来到了贵州。

② 龙氏家谱（清光绪版）记载："洪武调北征荒，三丁抽一剿蛮方。"但是根据龙氏家族的先祖墓地的墓碑碑文（在虎场村鲁打小学旁边）来推算，该家族人口是在明末清初才开始来到此地，为求生计而入黔，以开荒种地为业，与战争无关。

③ 虽然族人多称其老祖来黔目的是为了镇压"夷苗亿佬"，安宁地方，但是据族谱记载，邓荣宗老祖的身份并非正式的参战人员。

④ 戴氏现在主要居住在晴隆的碧浪、箐口等地，没有到中营和长流一带。

则主要居住普安江西坡。

　　据《邓氏族谱》记载，邓氏先祖入黔之后的迁徙路线：莲花山—江西坡—龙吟—盘县和水城（人数最多）、六枝、长流（杨寨村兴昌组、杨家组、光荣组）、鲁打、中营（田寨邓家槽）。据记载，洪武调北征南时，从内地派兵入黔，当时邓氏有五个兄弟，其中两兄弟先到黑洋大箐，后到晴隆，过往江西坡，再到龙吟一带，死后葬于此地。据传，邓荣宗来贵州的目的是镇压"夷苗仡佬"。虽然没有正式参战打仗，更没有冲锋陷阵获得的功名，却在扫除残余、安宁地方的过程中发挥了作用。邓氏后裔现在主要分布在长流、鲁打、中营等地和普安的龙吟、江西坡等地。

此外，鲁打的罗氏、长流的戴氏和中营的袁氏①等，人口数量相对较少，暂且归入小姓范围。先祖进入晴隆北部山区的原因时间则是说法各异或者含糊不清，但关于家族的历史，来到贵州及其在黔经历的回顾中，同样非常强调明洪武年间"调北征南"的历史叙事。

1. 人口分布特征

晴隆北部山区的村寨中大致呈现为小范围内的聚族而居的特征或倾向，但是在具体区域范围内，仍然是汉、苗、布依等族群交错居住。喇叭人虽然大致是聚族而居，开始时因为语言和服饰等的差异，与其他族群的区隔和界限应该是相当明确的。

　　民国《晴隆县志》载："安南乃滇黔孔道，为军家所必争，本县人民除汉族外，有苗、猓猡、獠犵家、蔡各种。大体上可分为苗夷二类。各处均系各族杂居，并无隔阂不和之象。苗人族系多不可考，各以服装别其种类。其种别有喇叭苗，居住于长牛、鲁打一带……"②

作为客民的喇叭人，虽然外面的人把他们归入"苗"的范围之内，但是因

---

① 《胡氏军民屯册》："北至长牛、阿志、堕足、龙场、毛口以袁天定戍守。"
② 耿修业，钱开先.[民国]晴隆县志[M].复制油印本.贵阳：贵州省图书馆，1966：576，581.

为语言和文化上的差异，他们与本地原有的各个族群之前还是保持着相当的距离。为了生产生活的需要，也是为了安全和防卫的需要，聚族而居就成为必然的选择。各个族群之间虽然也有相互交往交集的场合，但是整个族群的强弱，特别是家族势力的大小决定了获取生存资源的能力大小。原有的历史因素和后期相互磨合的结果也在族群人口分布的区域特征上表现出来。土族和苗族大多移居到高山之中，布依族择水而居，汉族和喇叭人居于二者之间。这种人口分布状况与贵州各地族群分布特征呈现出高度的一致性。

2. 驿道与人口变化

晴隆县人口数量的具体情况，明代以前无记载。该地区人口的相关历史记载从清代才开始逐渐多起来。从康熙初年开始到清末的记载来看，整个县的人口保持了较低水平的平衡，总体数量有限，增加速度缓慢。例如，从康熙五年（1666年）到康熙五十年（1711年），在没有大规模战争等极端因素的影响下，45年时间里男丁仅增加31人（从1472人增加到1503人）。[①]

对当地人口数量增加有明显作用的应当主要是外来的因素。其中驿道作为联系山区与外界的主要通道，也是外来人口进入的主要路径。

> 驿道六枝、大田关、毛口河、荷塘、茶亭上来，是石梯子路，在花贡有一个驿站。有很多官方的"通讯员"，骑马来。马死了、人死了，都直接埋在这里。下面有一个乱坟堆，就是明清时期工作人员死后埋葬的地方。坟堆有很多。往下面，对面就是老鹰岩，外形非常像老鹰。现在，老鹰岩那一段的驿道石梯子相对还很完整。那一段就有三个烽火台：山脚有一个烽火台，半山腰还有一个烽火台，再上去还有一个烽火台。花贡原本是东西向驿道上的一个点。后来修建乡村公路，才形成了南北向通车的交叉道路。

---

① 据乾隆《贵州通志》记载，安南原有户额3486户，新增至4929户。1943年，全县按1镇10乡人口统计，全县总计51380人，比1938年减少3314人。1949年全县计21398户，92606人。[参见：贵州省晴隆县志编纂委员会. 晴隆县志[M]. 贵阳：贵州人民出版社，1993：41–42.]

驿站作为驿道上重要的物资和人员汇集点，带动了周边的经济发展与人口流动。直接从晴隆北部地区通过的驿道开辟较晚，雍正时期改设贵州至云南的新官道：镇宁—黄果树—普安蒿子卡。长流、中营、花贡正好位于这条新开官道上。为保障新驿的正常运转，官府还对当地的人员与物资的供给进行了一定的规划调整。

> 《黔南职方纪略》及《兴义府志》记述："外有长牛六甲地方，昔属普安州土司龙天佑管辖。自设县以来（笔者按：康熙二十六年设县），地当新驿之冲，借甲内之阿都田站以为办差之所。乾隆二十七年，因借地设驿未便，酌割长牛、斗郎、鸡场等二十三寨，共计六甲地方，拨县管辖。"

经过长期的缓慢发展，当地的人口数量总体上呈上升趋势。据清末张瑛编纂的《兴义府志》记载，咸丰四年（1854年），长牛（今长流）六甲民716户，3485人。长牛六甲大小30寨，其中4寨为汉民，6寨为苗民，其余为客民，亦称喇叭人，155户。民国二十四年（1935年），第三区1445户，6470人；民国二十七年（1938年），三区1385户，6685人；民国三十二年（1943年），中营乡4631人，鲁打乡4930人[①]。

从民国初年到中期，晴隆北部山区的人口虽然也有阶段性的波动，但是总体而言还是基本处于平稳状态。到民国末期，人口开始迅速增长。[②] 根据1953

---

① 这个阶段人口减少的原因也许是"抗战中兴，人员外流量增大"。

② 针对北部山区人口的具体数目，没有具体的记录，但是可以参照整个晴隆县人口的总体状况来大致了解境内北部地区的人口状况。民国时期前后四次（1935年、1938年、1943年、1949年）统计显示，晴隆县人口变化情况如下：1935年9651户51255人，1938年11171户54694人，1943年51380人。人口减少原因与当时的抗战局势有关。汉族占人口总数的50%，布依族约占30%，苗族约占20%（其中，中营4631人，鲁打4930人）。1949年21398户92606人。平均每户4人以上。

年第一次人口普查的统计，晴隆县内各乡镇人口总体呈现持续增加的状态。①
根据较近的三次全国人口普查结果显示（见表 2.1），2000 年（第五次普查）
人口为正增长，但在 2010 年（第六次普查）和 2020 年（第七次普查）结果中，
晴隆县内常住人口开始出现了负增长。

表 2.1　较近的三次全国人口普查结果

单位：万人，%

第七次普查（2020 年）		第六次普查（2010 年）		第五次普查（2000 年）	
人数	增长率	人数	增长率	人数	增长率
23.42	−5.12	24.68	−4.35	25.81	5.61

资料来源：晴隆县第七次全国人口普查公报。

3. 人口的迁徙

通常来说，作为农耕人口，迁徙不是经常的事，因为赖以生存的土地不能
搬走，搬家的代价太高。从土地与人的关系来看，举家迁徙一般是为了获得更
多田地和更为充足的食物，以确保证家族人口不断增长。除非万不得已或者迁
徙后所获利益长期稳固，而且是远远高于现有的生活条件时，人们才有搬迁的
意愿。

此外还得具备搬迁的现实条件。第一，准备前往的地方有充足的土地。一
般情况下，土地是不可能有多余的，但是在某一个地方经历了较为严重的瘟疫
之后，因为人口的大量死亡，也会阶段性地出现空闲的荒地。

　　没有想到，可能是因为历史原因的影响。在民国时期，这里森林
比较茂密，一般的杂草都超过人的高度。这里的人烟相对稀少。土地多，

---

　　① 全县有苗族 18587 人，1988 年为 48132 人，1989 年为 49592 人。从第三次人口普查数
据来看，莲城镇 2389 户，共 9731 人，位列县内人口之首。鲁打乡虽然距离县城远，但是人口众多，
有 2370 户，10856 人；长流乡 1657 户，7498 人；中营乡 1751 户，8188 人。此外，花贡乡也
是人口较多的乡，有 1833 户，9219 人。几乎紧挨着莲城镇，交通条件较好的沙子乡（1939 户，
10397 人）的人口相差不多。[参见：贵州省晴隆县志编纂委员会 . 晴隆县志 [M]. 贵阳：贵州人
民出版社，1993: 47.]

人口少。一个寨子两三家，四五家人，人口多的也不过十几家。因为疾病（流行病）的原因。当时因为医疗条件差，伤寒特别恼火（严重）。我大伯都去抬过死人。但是他没有被感染。其他来抬人的，回去就被感染了，后来就死了。据上面一个寨子的老人摆（讲述），他们那个寨子的人来抬这个寨子的人后，就感染了伤寒。

第二，有亲戚或者是朋友，迁入的时候要有依靠。这种依靠常常是双方需要的结果，有着共同血亲或者姻亲关系的人相对集中居住，可以在地方形成一定的安全屏障，保护自己家族人口和财产。所以，当外在条件允许、自己又无法完全占有的情况下，人丁较弱的家族愿意邀请亲戚或朋友来自己周围定居，这是其一。其二则与文化心理因素有关。相同文化背景的人，语言交流方便，生活习俗相同的人居住在一起更有安全感。同时也为以后儿女的婚嫁、集体的仪式庆祝活动等带来便利的条件。具体的表现形式即所谓的"投亲"，即借助亲缘或者血缘关系，搬迁到新的地方生活。

> 邓家和罗家的祖上都是在龙吟（祭祖都是去龙吟的罗家祭祖），在白胜有一个叫"罗家凹"的地方，几寨人都姓罗。我家祖婆就是罗氏。我猜测当时白胜这个地方还可以，坝子田坝（山间的农田）还可以。可能就是外家讲："哎呀，我那里宽点，你来我们这里，弟兄一起住。"我想我家老祖可能就是，第11代就是从龙吟迁到白胜，应该就是这个原因。

姻亲关系或者朋友关系是最初搬迁时的重要基础保障。但是迁入人口和当地人口后来的发展可能就是另外一件事了。即便是同一个家族，随着人口的增加和不断的分家之后，有些小家庭善于经营，人口多，积累的财富也多；有些小家庭刚开始还可以，后来遭遇到了不幸，发展得不好而衰败下去了。家族内部贫富分化也逐渐明显。到清末民国时期，有些人逐渐变成了剥削者。

第三节　小　结

一、自然环境与物质资源

晴隆北部山区属于一个相对偏僻、闭塞的区域。尽管受到军事、政治和经济的影响，外来力量在当地的影响仍然有限。在漫长的历史岁月中，由于生产方式、生活条件以及技术水平的限制，该区域内可供人类利用的自然资源并不丰富，当地居民基本生存条件恶劣。虽然也有较为宽松的年份，但从长期来看，这里天灾人祸众多，随时都可能危及财产甚至生命。

二、人口构成与数量基础

在漫长的历史岁月中，区域内人口和后来迁入的群体大多采取防御性、保守性的居住、生活和交往方式。族群内部的人口总量受食物的供给量限制，族群成员生活在血缘、地缘或者拟制血亲关系建立的保护圈之内。而不同族群的居住状况是长期斗争的结果，在这种情况下势力强弱决定人口分布状况和数量，即族群人口数量与该族群对自然生产资源的占有量呈正相关关系。

由于物质生活条件的限制，北部山区人口的总量呈现缓慢的增长态势。在遭受严重灾害侵袭之后，还可能出现阶段性人口减少的情况。族际之间存在着物质交换、生产协作等客观需求，但大多数情况则是生存资源相互争夺的对抗关系。

三、族群人口的文化传统

文化是族群人口生活经验的积累和生存智慧的结晶，也是该族群的标识。虽然经受自然和人为的双重压力，各个族群仍然顽强生活在这块相对贫瘠的土地上。农业耕作和家庭手工是主体，在驿道交通贯穿之处可能还有部分其他经济收入。在这个过程中，文化作为族群的标识在族群内部和族际交往中扮演着重要角色。越是在资源缺乏地区，人口之间的争斗越激烈，族群文化的标识、区隔作用就更为重要，族群成员对传统的坚持也更为持久和执着。

第三章　晴隆北部山区的生活

第一节　山区的经济生活

在漫长的封建统治时期，土地是国家管理地方的主要依据，根据土地面积征收的税款则是国家经济的主要来源，而土地属于私人拥有的财产。解放初期的土地改革运动，把大部分属于地主的土地分到了农户手中。紧跟着在各地建立互助组，推动合作化运动（初级社、高级社），建立"政社合一"的公社、大队、生产队的分级管理体制，土地被集中了起来。1981 年实行家庭联产承包责任制之后，土地从集体管理的形式重新回到个体农户的手中。

一、历史时期的经济生活

（一）传统经济发展的方式

在群山之中，长流乡辖区内，[①] 人们日常生活的中心是村寨。在交通闭塞、通信工具落后、传媒不发达的时代，群山环绕之下生息繁衍的人们，相对抱团居住，缺乏与外界的沟通，也缺乏对外面的了解。物质生活并不富裕，但是在没有大的灾荒或者动乱的年岁中，大部分人对当地的生活还是比较满足的。北部山区的人以农业为主要生活来源，农业经济基本在低水平上重复进行。耕地

---

① 长流乡 51 个村民小组，40 个自然村寨，主要人口为苗族和布依族，主产玉米、水稻、小麦。鲁打乡位于长流乡南部，有耕地 7088 亩（1 亩约等于 666.67 平方米），主产玉米、水稻、小麦等农作物。有晴隆县北部重要集市，主要人口为苗族和汉族。现在鲁打乡已经并入了长流乡辖区内。

纳税，养儿育女，一辈又一辈人，循环往复。进入民国时期，除农业赋税外，在人口相对集中的市镇，也有零星的其他税种作为政府行政办公费用的来源。

　　"本县赋税收入，以屠宰税为大宗，营业牌照税、斗息宴席税、房捐亦为主要财源。"[1]

人们生活的空间自然是村寨，而村寨内聚居的人们，大多属于同一姓氏，或者是以几个大姓为主。山区人家的日常生活节奏基本保持一致，除了田间地头的农耕劳作，就是家庭手工劳动。山区家庭重要经济来源中，纺纱织布是最为重要的一项，从纺纱、排线到织布，以及把布匹染色，并做成衣服。手工业劳动主要是女人的事，要占用农耕工作之外几乎所有的时间。在日复一日的生活中，在向老天爷要饭吃的过程中，人们想尽了一切办法，勤劳节俭、认真地度过每一天。

有饭吃是考虑其他一切问题的先决条件。可以耕作的山间坝子是农业生产条件相对优越的地方，只要有水源保障，一定是用来种水稻。但是收获的大米并不是作为每日的口粮供给，而主要是在盛大节日中或者是特殊时刻用于敬神，或者是为生命垂危的病人熬煮一碗稀粥。也许并不是相信一碗粥可以留住弥留之人，也可能是认为如果病人不幸离去，吃过了米饭就不会带着过多的遗憾离开了。因为每年能种植和收获的水稻实在是量太少，所以对大米更是倍加珍惜。

然而，由于农业基础设施几乎为零，美好的愿望常常不得不变成了无可奈何的"望天水"与"懒庄稼"。从山脚到山顶，开垦出的耕地，大多只能种"靠老天爷"、不用浇灌的玉米。玉米耐旱，可以种植的地方较多，也是当地最重要的口粮。所以，一旦说到吃饭，人们脑子里出现的一般来说不是白花花的大米饭，而是苞谷饭。[2]把干玉米脱粒，放到石磨（每家必备的食物加工工具）中稍做碾压之后，连皮带仁放到锅中煮熟即可。

在漫长的历史岁月中，当地的商品经济长期处于滞后的状态，近现代经济

① 耿修业，钱开先.[民国]晴隆县志[M].复制油印本.贵阳：贵州省图书馆，1966：584.
② 当地人称玉米为苞谷，成熟的干玉米可以存放整年甚至好几年。

浪潮对这里的影响也是比较迟缓。虽然在县内各个乡镇有相对固定的集市，集市上进行农副产品和农户自产的手工产品的买卖活动，对于一个以自给自足为主的农耕地区，可以维持一种低水平上的平衡。直到民国末年，现代意义上的商业性组织少得可怜，即使是在县城中，也只有屈指可数的几家杂货店、绸缎铺、饭馆和客栈，规模也非常小[①]，在北部山区的情况就可想而知了。

新中国成立后，随着社会安定，传统农业生产逐步恢复，农业产品的交换也逐渐增多。为了满足基层人口的日常生活所需，在政府的推动下，当地开始有了发展商品经济的客观条件和现实需求。政府计划推动的是社会主义商品经济，第一步是对旧社会的工商业进行社会主义改造，组织商贩下乡收购当地物产，销售产品。国营商业成为主体，个体商贩也逐渐增多。紧随其后的第二步则是对旧社会中相对自由的个人贸易加以限制。为了尽量多地把商品和社会财富集中起来，也有意识形态方面的考虑，商品经济发展进入了一个比较特殊的时期。直到改革开放，这种束缚和禁锢才慢慢放松下来，市场经济再一次进入一个繁荣发展时期。

（二）经济活动的组织形式

从1950年年初开始，中央根据国家建设和总体发展战略的需要，从部分地区的小规模试点开始，紧接着分区域分阶段推进，以运动的方式在全国范围内铺开。在全国社会主义浪潮的推动下，晴隆北部山区经济活动的组织形式与全国保持一致，从私有向公有、从个体经营向集体化共同劳动转化。具体操作步骤和方法是根据国家和各级政府的文件精神，各地严格加以落实。

新中国成立初期，社会从过去动荡不安的状态迅速平静下来。紧随其后是

---

① 新中国成立前夕，晴隆县城中才出现了合资经营的"群力""友联"两家商行和"食盐应济社"。[参见：贵州省晴隆县志编纂委员会.晴隆县志[M].贵阳：贵州人民出版社，1992: 3.]

解决土地和粮食的问题，推动减租、退押、征粮和土改工作[①]，土地和生产工具等主要的生产资料都被重新分配。在这个阶段，北部山区属于晴隆县内第三批土改的区域。

实现了"耕者有其田"后，农户的生产积极性被广泛激发出来，接着就开始了调整生产组织形式的工作。为了克服个体农户生产能力有限的问题，也是在全国农业互助浪潮的推动下，发挥人多力量大的优势，北部山区各乡镇与晴隆其他地区同步，在1952年开始发展农业互助组。具体形式有临时性、季节性、常年性的互助合作。可以互助协作的内容有很多，从积肥、深耕到田间管理、作物收获等全方位展开。从1953年全县粮食的产量来看，收益很好。[②]1956年，农户以耕牛马匹、土地等入股，实行计划、生产和分配"三统一"。其中，具体分配量的计算，按"地四劳六"原则，土地在劳动成果的分配上略低于劳动力的投入，鼓励合作社成员参加集体劳动，共同创造财富。同时对依靠土地等"资产投入"进行限制。在一年时间里，绝大多数农户陆续加入了初级农业合作社。[③]中央在1956年初召开会议，讨论如何在初级社的基础上进一步推动高级农业合作社的发展。高级社将取消农户的土地分红，按照共产主义的理论构想，"实行多劳多得，按劳分配的原则"。到1957年年底，北部山区已经有近80%的农户转而成为高级农业合作社的成员。[④]

奠定在普遍成立的高级社基础上，根据《中共中央关于在农村建立人民公

[①] 1951年4月，县组织100多人的工作队，到安谷片区进行土地改革试点。1951年9月，土改试点结束，省委从平坝调来80人的土改工作队，于1952年初省省土改工作队相配合，向全县分期分批展开土地改革。第二批土改乡镇为碧痕、沙子、大厂、三宝、莲城。中营、鲁打片区（包括马场、大田）属于第三批土改的范围，1952年5月开始土改。1952年10月，全县3个区（10乡1镇及58个行政村）的土地改革工作全部结束。

[②] 据当时上报的材料来看，1953年粮食年产量比1949年增产38.4%。

[③] 根据当时的统计结果，晴隆全县农户87.7%都加入了初级社，北部山区的建立初级农业合作社的情况应该与此一致。

[④] 据统计，1957年底，晴隆县内就建起了40个高级社，1957年发展到199个，入社农户占总数的77.18%。

社问题的决议》，1958 年，晴隆县委决定结合原有的基层行政区划（区、乡）成立人民公社①，实行"政社合一"的军事化管理，以连（高级社）、排（生产队）、班（作业组）为三级单位，进行层级式统一管理。与此同时，兴办集体食堂，试图推行食物的统一供给制。

紧随其后的是三年严重困难时期，之后公社内也开始部分承认私有，退还社员自留地，划分饲料地。在生产组织方式上仍然以公社、大队、生产队为层级单位分级管理，各级单独核算，生产队内部成员仍然坚持按劳分配原则。

1980 年农村实行家庭联产承包责任制，但是在晴隆，直到第二年才开始把原人民公社的土地按户结合家庭人口数量以承包的方式分到农户手中。② 新的生产组织形式极大地激发了农户的生产积极性，粮食产量创历史最高水平，人均粮食占有量也得到提升，基本满足了不断增加人口的基本粮食需要（见表3.1）。

表 3.1　改革开放前后，鲁打乡粮食产量与人口关系表

年度	人口 / 人	粮食总产量 / 斤①	人均粮食占有量 / 斤
1973 年	8660	708158	81.77
1976 年	9400	2362700	251.35
1979 年	10333	4015300	388.59
1985 年	11363	3444300	303.12
1988 年	12318	3849352	312.50

①斤是中国市制质量单位，1 斤约等于 500 克。

① 1958 年，晴隆成立了 10 个人民公社（东方红、巨龙、五星、三跃、闻风、先锋、红旗、团结、跃进、火箭）。次年因为与普安并县治，原 10 个公社进行调整，合并成为 4 个大公社。1961 年晴隆分治，将晴隆所属的 4 个大公社改划为 19 个公社。1962 年对公社辖区进行调整，将 19 个公社分解为 37 个公社。
② 当时实行的家庭联产承包责任制中，政府承诺承包政策 15 年不变，且在土地承包期间，"生不补、死不收"。[参见：贵州省晴隆县志编纂委员会. 晴隆县志 [M]. 贵阳：贵州人民出版社，1993：273–275.]

二、晴隆北部山区的经济生活

受制于山区的自然物质环境，北部山区的经济总体发展缓慢。但是在山区内部也存在各自的特色。以下将从几个比较典型的地点来看整个晴隆北部山区人口的经济生活。

（一）花贡

关于花贡这个地方，农场是焦点。

> 花贡农场是国有农场，属于国家的，属于省直管，不属于晴隆管，也不属于普安管。花贡曾经被称为是晴隆的"小香港"。因为农场在这里，当时的繁荣表现在很多方面。比如，经济、人员流动啊，市场的繁荣啊，交通这些方面……

> 去哪里都方便。那个时候这里出产的花贡绿茶很有名。从这里走哪里都方便，中营人要去晴隆也是从花贡来坐车。从花贡出发，主要有两条路，一条去普安，另一条去晴隆。

花贡农场覆盖的范围很广，甚至包括了普安与晴隆交界处的顶头山。在农场劳动的这个特殊的人群内部也有重犯与轻犯之别，他们被放到这里接受劳动改造，是异类人群。但是对于北部山区的基础建设来说，他们却发挥了不小的作用。

> 普安是管到顶头山，那个矿山。现在的顶头山属于花贡镇，顶头山这个区以前是属于普安县黔州监狱的。并且在顶头山还建有一所学校，也是属于普安的。它的地盘在晴隆县，但是它管辖的职权是在普安县。顶头山的犯人和花贡农场其他几个大队的犯人性质不一样，他们不是劳教，而是劳改，重刑犯。打个比方说，如果顶头山的犯人如果想逃跑，警告三声之后如果不停止的话，他可以直接现场击毙。

> 要说那些犯人，还是办了好些好事诶！进中营、进173这条大路都是那些犯人挖的。先修的是"毛路"。那是无法了，时代无法了。

那个时候叫改造，劳动改造。重体力劳动，被喊去挖矿。

当时在花贡农场劳改的人比较多。对于当地百姓来说，具体情况无从了解，也只是一个大概的印象。

> 那时（犯人）大概有几千哦。分几个大队：畜牧场是一个大队，乌沙一个大队，竹塘一个大队，盐亭一个大队，大坝河一个大队，茶亭一个大队，纳坝一个大队。面积占得宽，有几千，万数亩地。一个大队下有十几个中队，一个中队下有几个小队。有些具体情况已经记得不清楚了。

花贡农场的建设，为北部山区带来了一线发展的生机，其影响力主要在花贡镇和附近的一些乡。但是人生没有不散的宴席，花贡农场在经历了一个发展时期之后，前来劳动改造的犯人也有了一个较大的变化。早期主要是针对政治犯，后来农场里更多的是各类劳教分子。花贡农场生产的产品在市场竞争中被对手造谣打击之后，开始一蹶不振，后来就开始逐步迁移去了安顺。曾经喧嚣繁华的小镇，随着农场的建迁（建设性迁移）而恢复了过去的平静，再也找不回昔日的荣光。

> 1992年，撤区建镇，花贡就变成镇了。花贡因为是农场，独立划为镇，纳屯（上"屯"下"土"当地读音"deng"去声）和大田并，兰田和新民并，红寨和中营并，这些都属于中营区（马场不属于中营区，属于晴隆）。2002年，原花贡农场进行建迁（建设迁移），就迁移到了现在的安顺市西秀区，就以工业为主。现在花贡农场遗留的建筑、农业耕地、茶园，还有一部分的历史（痕迹）等都交由花贡镇地方政府管理了。之前花贡农场是非常有名的，特别是出产的花贡绿茶等一系列的茶，不仅在贵州省内有名，而且远销到香港地区。现在花贡也种植茶叶，但是已经更换为另外一种味道了。

（二）郎箐

郎箐位于长流乡，是一个很小的村寨，却是一个名气很大的地方。郎箐的发展经历可以作为长流乡乃至整个晴隆北部地区的一个典范。顺着蜿蜒狭窄的道路，笔者一行进入了郎箐寨。关于郎箐寨的来历，寨子中的文化人在政府的组织下做了梳理：

> 郎箐的原名叫苗子箐，村寨附近有很古老的"苗子坟"。近10年来，因为觉得原来的名字不好，改名郎箐，是我出生、成长、生活的寨子。这个寨子虽然很小，而且地处高山，交通不便，经济发展得也不好，原来寨子中几乎就没有识字的人，现在是每个家庭都有一个大学生。因为自然条件艰苦，只有通过读书改变命运。每考取一个，都会传为佳话。现在，每年春节前三天，政府还会组织专门的活动，把新考取的学生召集起来开茶话会，给予经济上的帮助。大家形成了一个普遍的观念，都说你看某家的孩子有出息了，我们家再苦再累，也应该努力。那个时候因为贫穷，孩子们读书回来都要帮助做家务。现在这里成为政府塑造的一个品牌，打造、提炼的目的就是为了塑造一个品牌。

据村寨入口处的"郎箐历史简介"介绍，相传在200多年前，这里是一个很小的苗族寨子，周围的人称之为"苗子箐"。十来户人家，几十口人，地址是现在郎箐寨的左侧。据说，当时寨子中的人主要从事刀耕火种的原始农业，进行部分采集和狩猎活动。由于社会生产力低下，地理位置偏僻，人口长期处于低水平发展状态。山体陡峭，周围是茂密的树林，生存压力首先来自自然环境，其次还不时有野生动物破坏庄稼，甚至伤害村民。由于与外界的交往和接触不多，劳动工具落后，在生存发展上受到各种制约，村寨中的人口不但增长缓慢，反而随着时间的推移越来越少。此外，食物来源匮乏，加之医疗技术水平落后，有些被疾病夺去了生命，剩下的也陆续搬迁了。现在的郎箐人是18世纪中期从普安县龙吟镇迁来（祖籍湖南邵阳市），现在的住址原是一片田地，苗族寨子消失后人们仍沿用"苗子箐"的称呼，后来才改称"郎箐"。

> "一唱雄鸡天下白"，中国共产党领导全国人民打败了国民党反动派，解放了全中国，成立了中华人民共和国，人民当家做了主人，国家实行英明正确的民族政策，实行平等统一的民族大团结政策。土地改革时，工作队的同志认真执行党的民族政策，为消除民族歧视，

搞好民族团结工作，就把"苗子箐"改名为"郎箐"（依据寨左山形取名）。

过去的郎箐，是一个名不见经传的小村寨。人们的生活非常艰苦，大家都没有机会读书，有文化的人不多。[1] 在漫长的岁月中，郎箐寨的发展速度非常缓慢，不仅经济文化落后，人口也稀少。[2] 从 20 世纪 80 年代开始，随着国家的改革开放政策，郎箐才获得了新的发展机会。但是地处深山，土地贫瘠，资源缺乏，加上其他各种不利因素，这里仍然无法真正摆脱贫困落后的状态。

改革开放让整个中国经济发展进入新时期，社会也开始需要大量有学识有文化的人才。各地招生制度得以恢复，大中专院校的毕业生可以充实到各个急需的岗位上。对于山区的孩子来说，读书可以改变命运，从此郎箐人越来越多地意识到读书的重要性。最初大家初中毕业努力考中专或者中师，毕业出来就可以成为"吃国家饭的人"，成为干部。后来考取大学的人逐渐多了起来，女孩子也能读书，有的还成了大学生和研究生。[3]

（三）中营 /173

1. 来到中营

"前头陡陡岩，后头大路来。"攻打普纳山的时候，派兵好久都攻不下。后来有人顺着葛藤爬上去，把服装弄得和对方一样，相当于成为对方的卧底。进去后他充当号兵，通过号声来传令："前头陡陡岩，后头大路来。"下面的人听到后，就从后面猛攻，打下了普纳山。山的这边是花贡，山的那边就是龙吟。

---

[1] 从 20 世纪 50 年代到 70 年代只有 1 人担任过乡干部，1 人参加过工作（集体所有制单位）。

[2] 1982 年土地改革时，整个寨子只有 67 个人口参加分田分地。

[3] 在村寨文化人和村居委会的共同努力下，进行了初步的统计，现全组共有 111 户，478 人，考取学校大专以上学历的共 118 人，这其中包括硕士研究生 5 人、高级工程师 4 人、教授 1 人、副教授 1 人、民营企业董事长 1 人，以及从事教育工作的 22 人。

2. 中营的袁家

晴隆北部山区是一个移民区，追溯各家家谱的记录，基本都能看到老祖迁徙的记录。

袁家老祖，最早来贵州是在明代洪武年间，"调北征南"随军来到这里平蛮，至今已有二十几代人了。袁仕清老人那个时候，一共有三兄弟。大哥袁仕新"落海"（下落不明）了；二哥袁仕华去了云南，最后在云南安家了；三弟袁仕清老人留在了中营，他有7个儿子，老祖婆埋在晴隆"梭铜坡"，最后死在贵阳"乍祚城"的陡陡坡。

先祖之所以选择现在的定居地，当地的地理环境、资源、物产等物质上的生存保障应当是考虑的重点。

中营出产煤，到处都是煤。不仅是中营本地人，包括长流这一带，祖祖辈辈都是烧煤。中营原名中银厂，袁家主要就是住在这里。从清朝时期开始，就从花贡顶头山开矿，用驮马拉到这里来（冶）炼，大约要步行3~4个小时。当时的中营据说有48家"蛤蟆炉"冶炼厂炼铅。每个炉子都很小，被当地人称为"蛤蟆炉"（当地口音：ke-ma-lu）。炼出的铅是用来制作银锭。据说，到了夜晚，中营的"蛤蟆炉"的炉火可以照亮整个天空。

3. 地名 173 的来历

按照当地人的习惯，173 就是中营。问及这个数字地名的来历，年轻的一代人几乎都是一头雾水，说不清来历。但是，对于当地中老年人来说，这个地名代称就像是昨天才发生的事，清楚得很。

中营又被称为"173"。早在解放以前，这里属于中营。二十世纪六七十年代，上面派煤矿勘探队到这里来。当时有两个勘探大队，编号分别是 173 和 198。最初中营的核心是在袁家居住的这个寨子的位置。后来修公路，通汽车的道路刚好从原来 173 勘探队的驻地穿过。之后，大家逐渐在路的两侧建房子，开商店和宾馆，现在 173 那边发展成了商业的中心，我们这个寨子反倒冷清了。

三、制约经济发展的因素

束缚晴隆北部山区经济发展的因素有很多。大致有自然因素和人为因素两大类型。首先是自然灾害频繁。这里经常是水旱交织，地动山摇。此外，水旱、火灾、虫灾、瘟疫等各种类型的灾害也是导致当地不太平的重要因素。[①]其次，人为因素也是制约当地经济发展的一个重要因素。明代至民国时期，晴隆县内天灾与战乱频繁，源于自然环境的束缚和影响，决定了当地人口的数量和人们生活质量的低水平。

（一）自然因素

农耕经济时期，可供耕作的田土和供给农作物生长的雨水是当地人口生存首要考虑的因素。在晴隆北部山区，恶劣的自然环境是决定当地人口分布和限制人口发展的最大瓶颈。长期以来的各类天灾严重影响当地人口的基本生活。

第一，洪涝灾害频繁。在漫长的历史岁月中，当地人的生产方式较为原始，对自然环境条件具有极强的依赖性，基本是依靠"老天赏饭吃"。在众多不利因素中，洪涝灾害首当其冲。从自然水资源的角度来看，自然水资源貌似丰富，但是这里几乎每年都要面临旱灾的威胁。北盘江[②]及其支流贯穿整个晴隆的北部地区，特别是在长流乡，西北、北部和东部三面临江，但是水的问题仍然是长期困扰当地人生存和发展的一个重要因素，也是当地主要自然灾害的成因之一。

---

① 崇祯五年（1632年），夏大旱，秋大疫，死者不计其数。清康熙元年（1662年），安南大旱。清康熙四年（1665年），安南卫城中闹虎患。康熙二十七年（1688年），安南境内冰雹大如拳，麦无收。康熙三十九年（1700年），县典史署遭火灾。雍正五年（1727年6月），暴雨如注，山洪猛发，冲毁江西坡桥。民国十三年（1924年）4月12日，5月16日，连遭大雹灾。民国十九年（1930年）11月，县境内因夏秋两季暴雨成灾，莲城水深丈余，灾民1.1万户，省府拨款2万银圆赈灾。民国二十五年（1936年），遭大旱，秋收不达。[参见：《晴隆县志》第54—55页。]

② 珠江上游的一条主要支流。长流乡内称呼这条江为"北盘江"。河流对岸是六枝特区的中寨乡，当地人却称这条江为"牂牁江"，乃是沿用古代地名的结果。两种称谓，其实是指同一条江。

旱灾形成的原因主要有两方面：

首先是全年降水极其不均衡。农业生产可以利用的自然水资源严重缺乏。整个冬季湿冷少雪，春季也是多风缺雨，地表缺水是一年中普遍的状况，土壤中缺乏农作物正常生长需要的雨水。因为雨季的降水没有办法保留，距离水源较远的人家，在一年中的大部分时间里，水是不够用的。一到枯水的季节，部分村寨甚至连日常人畜饮水都是问题，缺水问题严重影响人们的日常生活。

其次是由于农业水利基础设施极其薄弱。全年干旱时间较长，特别是春旱长期严重影响当地的农业生产，限制地方经济发展和社会进步，亟待改善。

> 民国《晴隆县志》载："晴隆地质，东部、中部及西南部均系石质，只北部中营、鲁打土山较多，山巅均垦为耕地，人口亦较宅地密集。水田灌溉尤属困难。因本县水田多系梯田，川河位低，且乏大河。农田水利实无法举办。龙骨车、牛车、手车等均不适用，惟望天水调匀，始能丰收。"[1]

进入近现代，当地的农业水利设施的建设仍然较为落后。缺乏对农业基础设施的大量资金投入，除了一些小的山塘之外，没有大型的水利设施。在位置稍高的土地种植庄稼，对于单个的农户来说，想要浇灌田地也是有心而无力。守着一条江水，却仍然深受旱灾之苦。

与此同时，这里也是洪水成灾的地区。每年的降雨量为 1300~1600 毫米，全年的 70% 以上雨水集中在 5—10 月。在雨季，骤然降落的暴雨不仅雨量大，而且时间长，毁坏田地，形成水涝，而且由此导致的山体滑坡，阻断交通，形成各类地质灾害，对生产生活造成更大的影响。

第二，地质灾害多。自然地质构成是地质灾害的主要成因之一。县境内山体的岩石主要是较为疏松和易于风化的石灰岩、砂页岩和泥页岩等。山地土层浅、土壤匮乏、植被稀疏，储水能力弱，而且山体坡度较大，抗冲蚀能力差，加上

---

① 耿修业，钱开先.[民国]晴隆县志[M].复制油印本.贵阳：贵州省图书馆，1966：557，588.

常年的暴雨冲刷，耕地土壤被雨水带走，甚至部分耕地被彻底被毁，岩石裸露出地面，成为不能耕作的石头山。因为长年的暴雨冲刷，一些山势陡峭的地段岩石裸露，甚至成为绝壁。

此外，对于当地人来说，地震与山崩并不是一件稀罕事。[①]地质灾害的成因中，人为因素的影响也是非常明显。挖山采矿，直接使地表裸露，由此而产生水土流失，进而成为自然灾害的一种类型。例如，对于泥石流等灾害的记忆，并不仅仅在史书中，在老人的讲述里，很多人就亲眼见过。

> 1985年，中营"崩山"，连续下暴雨，后面的山整个就垮下来了。山上的树被连根拔起。雨水裹挟着泥沙、树杈和石头从山上冲下来，把这一段路全面冲毁，下面的房屋也被盖住。当时住在这些房子中的人也都死了，有的全家一个都没有留下来。

第三，霜冻和冰雹危害严重。首先，霜冻是每年冬天都要面临的问题，霜冻危害严重影响到当地农业生产。不仅地势较高的地方，甚至在山间地势较低的凹地也饱受霜冻之苦。其次，由于维度底，海拔高，昼夜温差大，冷暖空气交错运动，一年四季都容易形成冰雹，而且有的地方的冰雹像拳头大。这里的冰雹次数多，影响面大，长期以来一直威胁着当地人的生产和生活。

第四，其他多种灾害频繁。在云贵高原向东南低地逐渐向下倾斜的地理位置上，北部山区位于大陆性季风气候区，南方的暖湿气流和北方的冷空气也在该地区交汇。因此这里经常是天气多变，容易形成各类灾害，是风雨雷电的重灾区。风灾、雷电、冷冻灾害是家常便饭。一年四季，强烈的空气流动都能形成猛烈的山风，进而形成威胁山体植被和农作物的风灾，成为当地主要的灾害类型之一。与此同时，每年夏季的雷电袭击是家常便饭，暴雨伴随着雷电袭击

---

① 史籍记载中只是针对整个晴隆县的情况，但是由此也可以了解到北部山区地震的大致情况：明弘治八年（1495年），多次地震，直至年末；嘉靖三十年（1551年）夏，境内地震，山崩，死者众多；万历三十年（1602年）夏，境内地震山崩；崇祯四年秋（1631年），安南卫地震山崩；乾隆二十一年五月（1756年6月），县境地震，乾隆二十四年五月（1759年6月）又震；道光元年（1821年），安南县地震。

事件常常发生，家用电器被雷击毁也是常有的事，所以现在很多人家都需要在家里安装电稳压器，才能保障生活正常进行。冷冻灾害①每年都有，严重影响到当地人的生产生活。

在同一个季节中，可能有多种灾害同时存在或者在境内多次出现，②受灾的面积和严重程度往往是触目惊心的。例如，1937年的大旱和紧随其后的瘟疫遍及各区，导致很多村寨"十屋九空"；1942年普遍的雹灾（4月）和水灾（6月）；1943年的虫灾和旱灾，受灾人口占全县总人口的48%，北部山区也是重灾区。

此外，火灾也经常出现，但是清代和民国时期，相关记载缺乏。因为民间火灾官方不管，受灾人户只有靠亲朋接济渡过难关。新中国成立后，火灾在当地也较为频繁。③起因也多种多样，小孩玩火、生活用火不慎、烧灰积肥，也

---

①　例如，1984年1月19日到2月10日，冷冻23天，导致房屋倒塌或者损坏、牲畜死亡、农作物冻死，甚至高压电杆都断了163根。

②　例如，1930年全县春旱，部分地区（二区和三区）遭受雹灾，6月水灾。1941年4月和6月遭受雹灾和水灾，7月全县大旱。1951年4—5月，多个地方（莲城、凉水营、三宝、协厂、安谷、沙子、碧痕、马场、大田等地）遭受了三次严重的雹灾袭击，此外还有水灾。1952年8月，全县虫灾。5月，部分地区（三区）发生雹灾、水灾和流行性疾病等，各种灾害在交替来袭。1953年春夏两季，持续大旱。1954年，部分地区（河塘）暴雨水灾。1962年，全县（其中，中营区最为严重）普遍遭受旱灾、雹灾、水灾和虫灾。1975年5月，下了一场冰雹，更是90年来罕见，大如拳头的冰雹夹杂着狂风暴雨持续了3个多小时。狂风把小孩卷走，牛被刮入河中，其中一块约40斤重的巨大冰雹将一农户的房梁打断。1984年5—6月，县境内相继发生冰雹、洪涝等自然灾害，导致山体滑坡，地裂地陷。这一波灾害刚过，7月下旬到9月上旬，全县持续干旱52天。1985年6月25日至7月2日，连续大雨暴雨，中营乡为中心的七乡一镇出现76处地裂，122处滑坡，房屋损毁、人员和牲畜死亡，部分农田和水库设施全部被冲毁。1985年11月至1986年5月底，县内普遍持续干旱，夏天水灾之后紧接着就是病虫害。1987年1—4月，严重春旱，河流断流，水渠干涸，田地开裂。

③　例如，1951年11月，马场乡9户49人遭火灾。1953年2—6月，多地相继发生火灾。1954年4月，大梨树全寨60余户在火灾中被毁。1964年，7个公社10生产队发生火灾，损失大小不一。

有故意放火烧山等引起的火灾。①

（二）人为因素

北部山区贫瘠的土地承载着养活大量人口的重任。为了养活越来越多的人口，人们不断开荒种地，这种对自然持续不断开发是影响当地经济发展的一大要素。此外，战争动乱和政治运动也是影响当地经济发展的重要因素。明代至民国时期，频繁的战乱，源于自然环境的束缚和影响，决定了当地人口的数量和人们生活质量在低水平，甚至是长时段在生存的边缘挣扎。新中国成立之后在各类政治运动推动下，努力发挥人的主动性，农业生产暂时性取得了一些成绩，随后也付出了相应的代价。

生态环境的破坏是山区经济发展的重要障碍。对山地长期的、不合理的开发活动是导致当地难以发展的原因之一。随着人口增长和粮食需求的增加，向土地要粮食，越来越多的山地被开垦成耕地。大面积开荒虽然可以短时间内增加粮食产量，却会对山体植被造成严重破坏，继而形成水土流失，甚至造成大面积的地质灾害。从长远来看，把陡坡山地开发成农田是弊大于利。山体耕地以坡地为主，每年一到夏天，倾盆而下的暴雨直接冲刷疏松的地表土壤，大量的、集中的雨水带走了珍贵的泥土，导致地表土壤肥力下降，农业产量降低。这是

---

① 1970年，全县火灾31起，人员伤亡、牲畜烧死、房屋和粮食烧毁。1972年1月，大田公社鹞子生产队19户遭火灾；2月，莲城镇、砂锅、雨集，因为生活用火不慎引发火灾，共影响到55个单位384户；11月，坪寨33户遭火灾。1974年2月18日，高岭大院生产队4户火灾；28日，碧痕公社干河生产队24户火灾；5月17日，莲城去青山公社青山大队第二生产队17户遭火灾；30日，中营区达土工色新寨黄土坡生产队火烧28户。1975年6月，沙子工色联合大队第一、二、三队失火，焚毁39户。1975年10月，中营公社上米谷生产大队（公房3间，学校房屋3间，民房1栋）、学官公社蛮子田生产队（公房3间，粮食和种子1592斤）；12月，红寨公社野羊坡生产队（19户），各地火灾频发。1976年加强预防工作，发生的火灾明显减少，仅为1975年火灾次数的3/10。1977年8月，坪寨公社木业第三队烧毁26户；1978年12月，凉水公社果园场火灾；1979年，31起149户；1980年，全县34起火灾；1982年，烧毁49户；1983年，15起；1984年，27起；1985年，25起；1986年，36起；1987年，42起。总之，火灾仍然非常容易发生，而且造成的损失也较大。

一个长期以来人们无法破解的一个怪圈。为了保证基本口粮的生产而导致了大面积毁林开荒，而毁林开荒加剧了水土流失，反而导致粮食生产能力逐年下降。其结果就是不仅自然灾害种类多，而且人为因素导致的灾害也发生频繁，影响面大。各种因素叠加在一起，严重限制了当地人们生产生活水平的提高。

这个问题很早就受到了重视，但是具体解决措施与实际效果不尽如人意。民国时期，为了应对日益恶化的自然生态，开始重视对当地生态环境的保护，曾经三令五申严禁"放火烧山"。1949年年底，晴隆和平解放，随着社会稳定，人口快速增长，人地矛盾也越来越突出。毁林开荒日益严重，农业生态失调问题也越来越突出。山体植被破坏严重，加剧了水土流失，大部分的山体缺乏成片树林保护，有的地方是灌木林或者灌木丛与农田间杂，有的地方甚至岩石直接裸露变成了石头山。

首先，伴随着山体植被破坏程度的加深，自然对当地人生产生活的影响也以越来越极端的方式表现出来。其中对长流乡人生活影响最为突出的是旱涝灾害和大面积地质灾害，是导致当地人生存困境的直接"祸首"。

其次，连绵不断的大小战争也是山区经济停滞甚至倒退的一类因素。战争剥夺了大量青壮年人口的生命，消耗辛苦劳作才积攒下来的有限物质财富，也限制了人口的发展。发生在这里的战争有多种类型。

第一，地方豪强势力之间的争斗所引发的区域性大规模动乱。例如，明代的大小"土司之乱"，直接打破了山区的常态。战争不仅带来劳动人口大量死亡，而且会消耗掉大量生产生活物资，多年积攒的财富瞬间就可能化为乌有。[①]

第二，全国或者贵州省内大的政治格局调整带来的变化。例如，从明洪武

---

① 明弘治十一年（1498年）"米鲁之乱"持续了四年时间，士兵曾一度围困安南卫城，官府调动了大量军队，最终才将动乱平息。正德七年（1512年）因为争袭长官司位置，导致冲突，进而杀戮土官，引起动乱。朝廷派军讨伐平乱。明天启二年（1622年）水西苗（彝）酋首安邦彦反明。渡北盘江围攻安南，卫城陷落。天启四年（1624年）水西安氏归附。永历十四年（1660年），因田界争执，马乃营土司龙吉兆与安南卫屯军王回子，积怨成仇。龙吉兆勾结李定国、鼠场营土司龙吉佐、楼下营土司龙吉祥结盟，率士兵攻打安南卫。招抚无效之后用重兵，平定马乃营。

二十五年（1392年）迁安南卫，开筑卫城（今莲城）开始，晴隆县就是在军事力量的直接推动下得以建立。整个明清时期，特别是在清代初期，晴隆更是兵家必争之地，局部战役打得非常惨烈。晴隆县城在官府军、叛军或者起义军之间多次争夺，是一座守不住的、多次陷落的城池，也是一个没有退路却必须"誓死捍卫"的地方。①

第三，各地零星的"造反"活动。这类活动对于地方经济社会的稳定发展与族际关系发展等方面的冲击也是很大的，总体表现为事发的偶然性、持续时间的短暂性、造反人群身份的民族性。从现有文字资料的记载来看，这类严重影响区域社会的动乱发生十分频繁，例如，明代仅仅从正统年间到天启年间的动荡②。战争可能是在一个王朝走向没落阶段，也可能在所谓的盛世时期，一波又一波起义的农民放下农具拿起了武器，不断揭竿而起。义军和全副武装的官军，都无情地洗涤着这块本来就贫瘠的土地。各类史籍中对于事情的起因、大致的经过与兵败的结局等有详略不一的记载，但是这些"义军"和"官军"所经之地对经济社会生活的冲击却被自然"隐藏"。

再次，近现代以来新出现的各种动乱更是直接影响到山区的经济状况。具体的诱因可能是各种各样，但是所有这些动乱都在不同程度上加重了地方的不

---

① 永乐十一年（1413年），安南卫改隶贵州布政使司。清顺治元年（1644年）清军入关，顺治四年（南明永历元年，1647年）春，孙可望率张献忠遗部经过贵州准备进入云南，强渡北盘江。时任永宁知州曾异撰（住安南卫城）及进士程玉成等，准备扼守北盘江，兵败退守安南卫城，最后城破战死。顺治十五年（南明永历十二年，1658年），南明晋王李定国兵败退守盘江铁索桥，十二月火焚铁索桥，兵退云南。清军木竹筏渡河，取安南卫。康熙十二年（1673年）十二月，平西王吴三桂反清，占据安南卫。康熙十九年（1680年）十二月，永宁州游击李本琛反清，火焚铁索桥及木桥，踞安南卫。

② 例如，明正统十三年（1448年），苗族鄢卜班率众起义，围攻安南卫城，两年之后起义失败。正德二年（1507年），苗族阿本率众起义，被镇压。万历三十八年（1610年），毛口一带老光凹聚众起义，巡抚胡桂平率兵镇压。万历四十七年（1619年），老光凹再次起义，围攻永宁州，朝廷集汉军和土军镇压。崇祯十二年（1639年），毛口一带苗民又起义，崇祯十四年（1641年）最终也被镇压下去。明天启四年（1624年），城东哈马一带苗族千余人起义，围困阿底寨，不久失败。明天启六年（1626年），盘江诸寨苗民起义。

稳定因素。

新中国成立后，面对层出不穷的问题，政府采取了一系列措施，这些措施也呈现出较为明显的阶段性和时代性特征。新中国成立初期，地方顽固势力活动仍然嚣张，基层社会仍然处于动荡之中。此外，由于缺乏现代生产技术，还会出现很多偶发性事故。虽然这种情况的影响范围有限，但是对区域社会的稳定和经济的发展也具有一定的破坏作用。[①]

此外，自然与人为因素相互作用而形成的发展经济的不利因素。例如，为了更好地打通区域交通障碍，促进经济发展而进行的开山修路、河道治理等。但事与愿违，因为缺乏科学依据，盲目蛮干的结果却引发了新的灾害，甚至危及当地人口是生命财产安全。[②] 这种情况的影响具有区域性和暂时性，对整个社会稳定的影响作用较为有限。

（三）人地矛盾与生计方式

1. 人地矛盾

晴隆县境内大部分地区耕地匮乏，可耕作的土地总体较少。长流乡境内土地相对多一些，随着人口的不断繁衍，基本口粮压力也越来越大。虽然人们勤劳节俭，但是一遇到老天不作美，如何吃饱饭就成为这群生活在群山之中又没有办法离开的人们迫切需要解决的问题。从另外一个角度来看，按照中国人多子多福的传统观念，只要有足够的食物，就会尽量多地繁衍子孙后代。所以，一旦没有战争和自然灾害，当地的人口就会阶段性地迅速增长。这些新增的人口没有其他出路，也只能继续在这块有限的土地上刨食。这样就形成了一个怪圈，

---

　　① 北部山区矿产资源比较丰富，开发矿产本应该成为改变当地贫困状态的一个较好的路径。但是在贵州，采矿技术一直都很差，经常导致事故发生和人员的伤亡。例如，1958 年，县城南 12 千米的小寨煤厂井下发生瓦斯爆炸，造成死伤。该煤厂于 1980 年被关闭。

　　② 例如，1960 年 1 月 20 日，为了开拓船只航行通道，航道工程队用定向爆破技术炸掉了北盘江中的虎跳石。6 月，连日大雨，北盘江洪水猛涨。因为虎跳石滩被炸，河床变化，江水激流冲破堤岸。洪水冲毁河塘及毛口两岸农田。之后也经常有洪灾暴发。

尖锐的人地矛盾一直是困扰当地人生存和发展的重要因素。[①]

人地矛盾带来的直接恶果就是水土流失。第一，大面积开荒种地导致山体水土流失加剧。因为是山区，全县原有的耕地以坡耕地为主。新中国成立之后，为了满足当地人口对粮食的需求，支持国家的发展，人们组织起来"与天斗、与地斗"，不断向大地要粮食，男女老幼全上阵，开荒种地获丰收。然而，可供开发的区域却是更为陡峭的山体。"不顾一切抓粮食生产"，以满足人口基本口粮的需求。然而一旦有充足的食物供给，人口很快就会成倍增长。为了生产更多的粮食，就需要开垦更多的"荒山荒地"，如此循环，刹不住车。但是往往事与愿违，几年之后粮食产量并未随着耕作土地面积的扩大而增加，反而逐年减少，部分地块甚至出现了"绝收"的情形，形成恶性循环。[②]

2. 生计方式

晴隆县长流乡农户的生计方式以农业为主，农业生产以口粮种植（玉米、小麦、水稻、红薯等）为核心。晴隆县境内，山体属于典型的喀斯特地貌。虽然北部地区多为土山，但是"土壤为砂土或黏土，含酸菌性土地极少"[③]。因此，在这种土质状态下，只有不断扩大农业生产面积才能得到足够的食物，满足当地人口的生存需求。为了获取更多的粮食，人们逐渐把从山脚到山顶可以利用的空间都开垦成了耕田。

首先，传统的生计方式限制了当地的发展。在漫长的历史时期，农业生产的基础设施建设严重滞后，生产能力低下，生产方式粗放，产业结构单一，经

---

① 例如，长箐寨是杨寨村中最贫困的村寨。从地名来看，这里应该曾经是竹林茂密或者树木丛生的地方，但是现在这里既无竹林，也无树木，只有稀疏的灌木丛。寨子在半山坡上，仅有 12 户人家（其中 11 户在 2019 年已经搬迁到兴义洒金居住区）。与外界唯一联系是一条泥巴路，步行要花近一个小时才能到千米主干线（晴普界牌处）。村寨居住人口属于大花苗。交通条件特差，生存环境恶劣。据当地老人回忆，当时（1961 年）是因为饥饿逃难才来到此处。

② 第一，陡坡开荒。新中国成立以来，全县人口从 1949 年末的 9.2 万余人增长到 23.4 万余人，造成普遍粮食紧张，饭不够吃。为了抓粮食生产，加快了当地毁林毁草开荒的速度，继而导致水土流失。贫瘠的土地上，粮食产量逐年下降（1978 年粮食平均亩产 319 斤，1985 年粮食平均亩产 220 斤）。

③ 耿修业，钱开先.[民国]晴隆县志[M].复制油印本.贵阳：贵州省图书馆，1966:557.

济发展滞后，生活水平不高。传统经济作物的发展也不理想，不仅种类不丰富，而且由于山路崎岖，交通闭塞，根本运不到外面去，难以实现经济价值，所以生产的积极性不高。[①]

其次，传统生计方式破坏了生态平衡。落后的积肥方式导致山体植被破坏，进而形成水土流失。人们非常努力地开荒种地，对自然环境进行掠夺式开发，想方设法为贫瘠的土地增加"肥料"，得到的却常常是最不愿看到的结果。[②]为了满足人的基本生存需要，增加土壤肥力，提高收获量，就得给庄稼施肥。当地居民长期以来最常用的传统肥料就是铲草皮灰积肥，类似于"杀鸡取卵"，对生态破坏力极大。[③]每年冬春，为了准备育苗基肥，人们在山坡上把草皮铲起烧灰。到处被剥成了光板板，直接导致水土流失。这种习惯对局部山体生态造成的打击常常是毁灭性的。

再次，山区现代化发展带来新的水土流失。这其中，开矿修路导致的水土流失首当其冲。例如，挖山开矿，破坏山体，导致大面积山体裸露。挖矿产生的废渣无法处理，随处堆放形成新生的地表疏松层。[④]一旦暴雨来临，雨水裹挟着泥沙冲向山下形成新的水土流失。同时，在山区开矿就必须修路，兴修的盘山公路工程巨大，对地表植被大面积破坏，也是形成新的水土流失的重要因素。此外，为了烤火取暖和增加经济收入而砍林薪炭也是常见的现象。而且各类山区新兴工矿企业发展所带来的环境压力，也是困扰当地人口基本生存和发展的

---

① 近年来，这种状况有所好转。在政府的组织安排和大力推动下，发展特色种植业。现有经济作物的种类明显增加，种植规模与种植模式也有较大变化。例如，甘蔗（糖蔗和果蔗两种类型）、花椒、茶叶等的规模化种植，薏仁米、核桃、烟叶和跨季节蔬菜的集约化生产，杜仲等山区中药材培植，柑橘、脐橙、李子等高产优质水果不断得以推广。

② 农业产量显著降低，干旱年份甚至颗粒无收。例如，1978 年前平均亩产 300~350 斤，之后逐年减少到 200~250 斤，有的地块甚至每亩仅收获 10 斤。

③ 每年冬春，在林草山坡上，大量铲草皮烧灰是为了积肥育苗：烤烟苗、油菜苗，或者是用于栽洋芋（土豆）、种苞谷（玉米）。山体表面的草皮被剥掉，原来的草山变成了光秃秃的陡坡，林区地面也被剥成了光板板。

④ 当地煤炭资源储量丰富，集中分布在辖境内东南部的兰田村一带，小型煤矿很多，缺乏规划乱开采，时间一长，开采的面积不断增大，对自然生态环境造成影响。

重要问题。①

（四）交通因素

在现代乡村公路开通之前，进出该地区是一件非常艰难的事。"要致富，先修路"对于长流乡人来说，这不仅仅是一句口号，更是改变晴隆北部山区贫穷落后面貌的一件大事。但是，道路交通建设受到山势地形等诸多自然地理因素的严重制约。因为特殊的地理地质条件，加之经费和技术等方面的问题，在这里修建公路是一项非常艰巨的任务。

1. 陆上交通

晴隆北部山区属于北盘江上游，历史上被称作黔西南州的北大门，过去这里也是驿道交通的一个重要节点。②但是总体而言，路上交通仍然十分不方便。不仅仅是进出晴隆的道路，而且从晴隆县城出发到周边地区的公路建设都十分滞后。

在抗日战争时期，由于位于西南大后方的重要交通线上，晴隆县内现代公路的建设进程较快，其中"二十四道拐"即是一个典型的代表。便捷的现代公路是来往车辆的通道，也带来了整个地区人员和物资流动的新方式。公路的开通对传统的驿道可以说是一种致命的打击。传统驿道需要翻山越岭，如果没有来往行人，本来就不宽的路面很快就会被各种植物所淹没。因此，公路所到之处，传统驿道很快就被荒废。

但是，当时的公路只是覆盖了传统驿道"一线路"的部分区域，对于北部地区的人来说，从长流经过花贡到晴隆的石板路很长时间内仍然在使用，很多上了年纪的人都有步行到晴隆的经历。

---

① 1985年7月1日开始，连续7小时的暴雨，导致山洪暴发，中营乡为中心的7乡1镇受灾，到处是地裂和山体滑坡。1997年7月4日，一场大暴雨，山洪暴发，造成大面积洪涝灾害。1977年7月26日和1984年6月6日，暴雨造成的损失也非常严重。滑坡塌方，房屋倒塌，道路被毁，水库冲垮，大量人员伤亡和财物损失，泥石流冲过的耕地长期不能恢复耕种。

② 这里属于从黄果树开辟的新驿。晴隆县境内原来的交通干线是"一线路"（这条驿道从东到西，贯穿整个贵州），新开的驿道在晴隆县境内与"一线路"不重合。

民国二十五年（1936 年）晴隆县城到北部各乡驿道里程数 [1] 如表 3.2 所示。

表 3.2 民国二十五年（1936 年）晴隆县城到北部各乡驿道里程数

起点	终点	里程数 / 千米
莲城镇（县城）	鲁打	73
莲城镇（县城）	马场	17
马场	大田	13
大田	河塘	22
大田	顶头山	18
大田	中营	30
中营	鲁打	13

直到 1956 年，从晴隆县城到鸡场的简易公路才开工建设，此后相继修筑了十余条简易乡村公路。其中，晴中公路（晴隆县城到中营）[2] 修筑的过程非常艰难，而且因为资金和技术等多种问题，建设期间曾经时起时停。该公路要通过机构地质、地形很特别的地段：西泌河峡谷、麻布河峡谷、马脑岩、红岩大山等。特别是在大田、中云地段，因为经常性的大量滑坡路段，所以工程量很大。此外，红岩隧道工程艰巨。在当时，属于全省公路建筑史上罕见的难关。[3]

1973 年，新民、长流两乡群众自发组织起来，在区和公社革命委员会的支持下，在原来"毛路"（60 年代末地质队进行公路地质勘探是修建）的基础上改造和修缮路面。从中营乡人民政府驻地到长流乡人民政府驻地，全程 22 千米，

---

① 耿修业，钱开先 . [民国] 晴隆县志 [M]. 复制油印本 . 贵阳：贵州省图书馆，1966.

② 贯穿晴隆县的南北，属于交通干线，全长 76.6 千米，途经马场、大田和花贡镇。

③ 从县城至马场、马场至花贡、花贡至中云，整个公路分为三段修建。各段公路都建立组织领导机构和路段工程指挥部，领导修筑路工作的实施。1985 年，县交通局根据贵州省计委，省交通厅关于粮、棉、布修建县乡公路的安排意见，部署了全县用粮、棉、布补助修建县乡公路的工作，最终才得以使晴中公路的各段连接，得以通车。

该路贯穿整个新民乡。①

2. 水上交通运输

长流乡属于北盘江水系流域范围。北盘江流经中云区之长流乡地段可以通航，但是河岸所设渡口的船只只能摆渡到对岸，适合一些短距离的运输活动。1958 年年底，晴隆和普安并县，第二年年初开始建立普安县木船运输队和下马河造船厂队部及造船厂厂部，为打通北盘江上游水上交通运输线路做准备。

虽然为此付出了时间、精力和金钱，但是努力的结果并不理想，最终以失败而告终。②1961 年 1 月，为了扩大水路运载量，保证船运安全，安顺专署交通局在盘江桥上游小盘江航段开办木船驾长训练班。1961 年年中，由于资金困难，而且航道也不符号通航要求，县木船运输队和造船厂相继解体。至今，当地的水上运输还是在一个低水平上停滞不前。

四、不懈努力地发展经济

（一）总体状况

自然资源匮乏，环境恶劣必然增加当地人的生存压力，而落后的交通又严重限制了当地人口的流动和迁徙，进而导致当地经济社会发展速度缓慢。然而，

---

① 1976 年改造工程完毕，车辆能通行。该改造工程，国家投资 1.7 万元，完工后交地方养护。后因管理不善加上多次被水冲毁，道路不能通行。1984 年，地方财政拨款 7 万元，县交通局组织人员重新测量设计，并进行整修。1985 年 2 月，全线竣工投入使用。1985 年 7 月 2 日，中营片区发生特大洪灾，山体滑坡，路面断裂，道路被毁。1988 年下半年，为了开发中云和新民的煤焦，县财政拿出 3 万元，对该路段进行疏通，汽车可通行。然而，兰田至长流一段在很长时间里都没有重新修复。

② 1959 年 7 月 17 日至 19 日，兴义交通局工程队与贵州省交通厅第二航道工程队，合作组成北盘汇踏勘组，踏勘河段，并对河塘地段的虎跳石滩进行重点考察。1959 年年底，为疏通航道，由第二航道工程队负责，对虎跳石滩采用定点定向爆破法疏通河道，扩大航运量。1960年第一季度，投资造船厂 1.2 万元。虎跳石滩被炸，按理论来说是增加了船队的水运里程，但从此这个地段北盘江的水文情况巨变，上游河床下切，导致河塘地区的泥土大量被洪水冲刷，新开辟的航段，不能达到预期通航的标准。洪水暴发的时候，冲破堤坝，冲毁田地甚至导致人员伤亡、财产损失。

穷则思变，更需要每个家庭和每个人的共同努力。从土地可以获得的收益不能完全满足家庭的需要，所以不少头脑"活泛"的人把眼光转向了市场。

北部山区的市场是有历史基础的，集市也是长期以来区域经济和文化活动中心。集市按照原来的传统按照生肖顺序排序，一般来说，一个集市6天一场。这样，整个区域内集中进行交易的时间在各个片区轮流，基本能满足周边农户的日常物资交换的需求。各个集市也因为销售的特色商品不同而形成了一定的"汇聚效应"，同类商品交易更加集中在某一两个具体的集市上。另外，由于外来因素，例如，花贡农场的设立，对局部商业贸易的种类、数量和方式等发生了影响，在一定的时段内表现出一些新的特征。

晴隆北部山区的传统集市主要有三个：鲁打、中营、花贡。三大集市既有相似性，体现了区域市场交易的共同特征，也具有各自的特色。集市以农副产品为主要的交易物品，手工业产品的种类和主要交易的场地在各个集市中都有，但是仍然有普遍的交易习惯，购买商品种类的不同决定了农户前往赶集地点的选择。

赶场的人多种多样，赶场目的也是各不相同，有商人也有农户，偶尔也有猎户出售山上捕获的野味。商人从事商品货物买卖，以赚取利润为目的，其中还可以分为坐商和行商两类。坐商在集市上是有固定铺面或者是摊位的店主或者摊主，本钱相对多一些，买卖货物也有各自的特色，一般情况下在集市中有固定的地方。行商则是一些流动赶场的小本经营的商贩，在集市上摆摊地点也尽量固定，方便前来赶场人找到自己买东西。行商一般不是鲁打本地人，每次赶集也是凌晨时分就上路，背着或者是挑着要卖的东西，步行几个小时才能来到集市所在地。赶场人中数量最多的是当地农户。农户来集市的目的是卖掉自产农副产品，再购买自己家庭急需的物品。一般来说，当季出产什么就卖什么，整个市场交易的大宗货物都是当地当季的产品和农户饲养的牲畜。交易价格因为市场竞争、供需关系、买卖时间点等的不同而有差异。物品价格基本合理，不太可能有特别的高价商品。例如，每次赶场时间只有一天，需要在有限的时间范围内完成绝大部分交易。在赶场快要结束之时，价格一般比刚刚开场时便宜。

因为农户背来的产品如果卖不掉就变不成钱，没有钱就无法买回家中急需的东西。另外，卖不掉的东西还要背回去，走几十里山路回家。所以在市场快要散去之前，压低价格，尽量快快地把东西卖出去是绝大部分人的选择。

（二）发展的基础

1. 针对农业人口

20世纪50年代，公粮问题是晴隆县政府工作的重点。解放初期（1950年），征粮面临很多困难，公粮征收仅限于城区和附近的几个乡。此外，私营粮商操纵市场，抢购粮食，哄抬物价，也加剧了市场粮食价格的畸形变化。县人民政府成立后，开始进行"武装征粮"[①]，征粮工作逐渐步入了正轨。首先得核查土地和粮食产量，制定符合实际的征粮政策，确定征粮数量和时间。[②]

征粮政策和粮食的计算方法多次调整。1952年到1957年，关于粮食的征购问题，几乎每年都有大大小小的一些调整和响应的说法。从"依率计征"到"统购统销"，从"自报民评""粮食代购"到"随征代购"和"定购"。[③]在基本保障农户的基本口粮之外，绝大部分余粮都被集中起来，支援刚刚起步的工业建设。到1958年，国家基本完成对社会生产组织模式的变更，确立了以公有制为基础的社会组织形式。

20世纪60年代是一个比较特殊的时期，生存问题重新摆在了人们面前。国民经济三年困难时期粮食短缺。即便是在晴隆县城，粮食供给就面临巨大困难，

---

① 由干部组建征粮工作队，发动知识分子，雇佣社会力量，并宣传党的粮食征收政策，当年农民交纳公粮410.07（稻谷）万斤。

② 1951年，完成了计划的粮食征收任务。依据"依率计征、依法减免、合理负担"原则，在查实田土产量基础上，进行全年一次计算公粮，分夏、秋两季征收。

③ 1952年，依率计征粮食。产量评定采取"自报公议、民主评定"的方法。1953年12月开始，为了控制粮源，稳定粮价，推行粮食"统购统销"政策。采取"随征带购"办法，农业地区，多余的粮食统购80%~90%；林木地区、经济作物地区适当减免。当年，征购目标完成。1955年实行定产、定购、定销的"三定"政策，落实到户，3年不变。在定销上，对缺粮户粮食供应实行"一年一定"。1957年提出"增产增购"，坚持以"三定"为基础，定产定购数字不变，留粮标准不提高，确定增购余粮的比例。

周边乡镇的情况就更为严峻。但是困难时期之后，政府积极引导和农民生产自救，粮食生产迅速得以恢复，[①]农户生活逐渐恢复到往日的正常水平。

20 世纪 70 年代，主要是通过政策手段不断调整粮食的管理办法。重点针对农村地区农业人口，粮食征购的政策指标一直在进行不断调整。征粮作为一项政治任务必须完成，这是一个方面；另一方面，考虑部分受灾减产的地区，从减免征税到灾荒救济等，也有相关的帮扶政策，缓解社会矛盾，维持地方基本生产生活。从政策执行的总体情况来看效果很好，绝大部分指标都顺利完成。[②]

改革开放以来，农村的管理制度发生了较大的调整，农业经济的发展进入了一个快速发展的时期。放弃了过去以行政命令为主的做法，转而通过政策调整来激发农户生产劳动的积极性。从 1979 年到 1988 年，鼓励粮食生产的政策从"放宽"行政命令式的管理模式，转而主要通过奖励等激励措施，有效地促进了当地的粮食生产。在进行粮食征购的同时，为了应对偶尔的特殊情况，为满足当地人口的生活需要，也利用市场流通带来的便利，从外地调入了部分粮食。

山区粮食的整个发展过程，在各个年份中的相关记录中也有较为清晰的反映。例如，1979 年把留粮标准确定为不同产区各类粮食的具体留存数量，对部分地区进行了适当调减。[③]1982 年实行"粮食征购、销售、调拨包干一定三年不变"的粮食管理办法。1983 年始，实行"粮肥挂钩"办法，征购大米每百斤奖售标准化肥 100 斤，苞谷、小麦和其他杂粮每百斤奖售标准化肥 50 斤；完成超购任务，多交售粮食，除按超购加价外，大米每百斤奖售标准化肥 200 斤，苞谷、小麦和其他杂粮每百斤奖售标准化肥 100 斤。但是总的来看，当地粮食征购越来越少，

---

① 据晴隆县地方史料记载，1966 年和 1967 年，粮食征购 1200 万斤。按人口平均口粮达不到基本标准的生产队适当调减农业税或者全部"拆征代金"。

② 1971 年始实行"一定五年不变"的征粮政策，而且是"增产不增税，减产要减免"（一般受灾 20% 以下不减免；受灾 20% 以上不足 30% 的，减应征税额的 30%；受灾 30% 以上不足 40% 的，减免 50%；受灾 40% 以上不足 50% 的，减免 70%；受灾 50% 以上的，全免）。当年粮食总产 8587.91 万斤，征购任务基本顺利完成。

③ 平均留粮数量：水稻产区 400 斤 / 人，杂粮产区 300 斤 / 人，水稻、杂粮兼产区 350 斤 / 人，集体提留平均 50~70 斤 / 人。1979 年，征购基数下调（由 1225 万斤下调到 890 万斤）。

而且还需要不时从外地调入粮食。①

2. 针对非农业人口

针对工矿地区的非农业人口划分等级、整顿统销、压缩项目等多管齐下。②在三年困难时期，还采取了一些特殊手段渡过难关。③之后，对粮食分配的标准还进行了不断调整，但仍然维持了"统购统销"的基本格局，通过各类"票据"对各类生活必需物资进行总体控制。直到1988年开始才逐渐放开。④

3. 针对特殊情况的处理

第一，特别时期的应急手段。在"全民公有制"的理想设计下，通过一系列政治经济手段，把社会资源和生产资源，甚至生活资源都尽量集中起来。在救灾救急中体现集中力量办大事的社会主义"优越性"，包括调剂"返销口粮"⑤、调整粮食供给与消费模式⑥等措施，有效应对急重险难、迫切需要解决的问题，调整区域不平衡发展，促进行业或某项事业的快速发展。

---

① 1984年粮食产量6760万斤，比上年减少2883万斤。1986年至1988年，3年共完成粮食征购922万斤，占同期平均销量1477万斤的20.79%，平均每年需从县外净调入粮食1 231万斤。

② 1958年，晴隆县有16个国营厂矿（5267人），加上城镇居民及各区非农业人口，共计1.4603万人。各类人口粮食定量标准，按"基本不动、偏高偏低的适当调整"原则，进行调整压缩。原定量标准9等、21级之外，增加4个等级，共25个定量等级，330个工种。1959年，粮食销量下到1132.84万斤。

③ 1960年至1961年，各级粮食定量下调的同时，严格控制职工和非农业人口的增加，清理计划外用工。查实核对集体用粮单位，严禁虚报冒领、贪污盗窃粮食。

④ 1962年调整部分低标准粮食定量。1963年鼓励居民节约口粮定量，倡导"节约归己，储粮备用"。1966年开始实行粮食包干供应。之后不断针对粮食统销问题进行整顿。例如，1978年的"四查""四结合"等方法，将压缩粮食销量。调整各种粮食补贴进行了调整。1988年9月，压缩粮食销售项目，改为议价供应或市场调节，调整或者取消城乡各项补贴、补助。流动人口凭票购买粮食。

⑤ 1964年至1970年，农村平均每年返销粮食224万斤。1975年以后，为了应对频繁的自然灾害，农村增加回销指标，由1971年的117万斤，逐步上升到1978年的566万斤。1983年改进农村返销粮供应办法，一般实行议销，国家只给个别重灾户有返销或救济指标。

⑥ 1953年对农村缺粮户实行凭证定量供应。供应对象进行群众评议、摸底调查、分类展开、审查核实、发证到户，并定期定点供应。

针对农村地区，粮食供给和消费模式也随着客观环境和条件的变化一直处于不断调整变化之中。

第二，应对农村部分特殊群体。例如，针对农村"缺粮户"的问题，1956年的农村粮食供应实行"一年一评"制度，从时间、地点和粮食供应量三个方面着手，采用"定量、定点、定时"的方法来确定。这种措施体现了政府对农民的普遍关心，对困难农户的确起到了帮助作用，也强化了意识形态领域的宣传作用。

（三）发展的路径

1. 坚持口粮种植的核心地位

在山区人口传统的观念中，稻米的种植具有特别重要的意义。一旦耕作条件允许，种水稻是每家的必选。在漫长的历史岁月中，水稻的种植在低水平上徘徊。1959 年以前，当地的水稻亩产为 300~500 斤，糯稻的产量就更低了，每亩 200~300 斤。影响水稻种植的因素不仅仅是土壤的肥力够不够、水源是否有保障等，还与水稻种子的质量密切相关。新中国成立以后，通过政府集体的力量，大力开发、引进和推广优良品种。新旧交替的速度越来越快，水稻种子的种类不断丰富，水稻的亩产量达到了过去人们想也不敢想的高度。[①] 虽然现在回头来看，原有的一些老品种也有其独特的优点，但是为了达到高产的目标，以解决当时更多人口的吃饭问题，产量成为当时农业生产成效考核重心，反映出那个时代的基本思路特征。

对于普通农户，日常口粮中玉米是最为重要的农作物。因为山区地形和土质等原因，玉米有更强的适应力和更为广泛的种植面积，所以大量种植玉米作为主食是长期以来人们经验的总结。传统种植方式基本是见缝插针，不施肥，实行广种薄收。每亩的产量 100 斤左右。新中国成立之后，玉米种植也受到了极大重视。与水稻"更新增效"相同步，针对培育玉米新品种、生产杂交品种

---

① 1960—1964 年，推广中杆大穗品种，1965 年，平均亩产 520 斤，1980 年，外调来种子 200 余斤，平均亩产 1029 斤。水稻种类 91 个，早稻品种 6 个。

和发现地方良种并进行推广种植，这种从种子入手的方法有效提高了玉米每亩的单产（1958年单产为286斤）。为了进一步增加产量，开始在栽培技术上下功夫。就这样双管齐下，玉米种类和产量不断增加，老品种玉米也随之逐渐淡出了人们的视线。[①]

在水稻和玉米之外，利用主要农作物种植的时间差，增加种植生长期较短的农作物，更加充分利用地力。其中在水稻种植间歇期，补种小麦获得更多的粮食就是其中一例。小麦种植不用精心的田间管理，虽然每亩收获量不大（几十斤左右，根据天地的肥力和质量的不同而由差异），但是在缺少粮食的山区也是非常重要的口粮来源。小麦大致是在民国时期开始在山区种植，到新中国成立时，当地土生品种已有17个。为了增加小麦亩产量，从改变种植技术、加强田间管理和增加土地肥力等多方面入手，小麦品种不停更换，产量连年提升。[②]与小麦相比，大麦的种植很少。[③]此外，土豆、红薯等根块类可以用来充饥的食物也是当地人每年必须种植的农作物，通常在田边地角或者是不成规模的小块地上种植，每年种植的量不固定，而且种植的地方也不停在变动，因此没有进行完全的统计。

2. 发挥配给政策的推动作用

要从根本上解决晴隆北部山区经济发展的瓶颈问题，基础设施建设是关键。为了基础建设有足够的人力投入，在资金短缺情况下，也采取了一些特殊的手段。其中，"补助粮"和"以工代赈"作为前后相继的两种主要措施，有效地动员了众多农业人口进入地方基础设施的建设中来。

---

① 1970—1989年，农业栽培技术不断更新，农作物种子淘汰、改良和新品种推广等，有效推进了主要农作物的种类更新和产量增加。

② 1954年推广点播和条播，加强施肥和中期管理，单产75斤。1963年，农业部门派员深入农户，提前动员，早做准备。供应化肥，与传统绿肥和人畜粪肥结合使用，淘汰本地高秆品种，引进新的高产品种，单产达106斤。1979年，使用两种的同时推广分厢种植。从1980年起，小麦向高产、抗病的质优品种方向发展，先后引入多种良种，本地品种全部淘汰。

③ 大麦只有零星种植，主要有5个地方品种：纤纤麦、红毛麦、光头麦、白线麦、黑大壳，钧属"壳大麦"，产量低。

所谓"补助粮"是指在国家举办的大型基础建设中，例如，在兴修水库、建桥修路等大型工程中，农业人口自带口粮到建设工地来劳动，国家给每人每天补助半斤商品粮。在普遍实行集体农业公社制度、集体劳动"挣工分"的年代，农村劳动力大量富余，而且没有其他可以赚钱营生的路径。所以，一旦政策允许，大量青壮年劳动力很快就投入到基础设施建设中来。这种方式在具体操作过程中，也有一些细节问题需要处理。例如，有的项目因为规划设计不合理，导致人力物力的浪费。有的工程在建设过程中，由公社自己组织，没有纳入正式的国家项目规划中，投入的劳动力计算方法与"以工代赈"类似，没有国家补助是商品粮，但是可以计入每年为村集体劳动的"工分"，计入年底进行粮食分配的决算之中。这种做法适应了当时的具体环境条件，也取得了一定成绩。[①]农村的交通、水利等大型基础建设项目的投入和建设成功为整个山区经济发展奠定了基础条件。

"以工代赈"则是把工程建设酬劳与政策挂钩，初期对参与工程建设的人员进行身份上识别和政策倾斜，后期随着需要劳动力数量的增加，相关的限制性条款就不再提及。改革开放之后，参与修建公路和水电工程的民工可以获得一定的粮食或者是现金，有助于提高劳动积极性。家庭联产承包责任制的推行和人民公社的解体解放了大量的劳动力，建设工地上的劳动力也实行付费方式。1985 年 5 月，晴隆县开始"以工代赈"的方式修建乡村公路，[②] 北部山区的乡

---

①　1955 年开始，晴隆县加快交通建设，改修运粮道路（26 条计 187 千米）。1958 年投资在果场、林场和水利工程建设上。逐步投资修建的地方公路有 10 条（晴隆出发到鸡场和马场的两条公路，以及各乡镇之间的乡村公路，例如，哈马—者布、沙余—紫马、大厂—地久、中营—勇寨、鸡场—雨集、马场—花贡、莲城—菜子、三棵树—黄果山等）；国家投资建水库（官田、崃龙坳、燕窝寨、箐口、龙翻身、贺龙宫、紫马、庙田、中营、火把、毛寨、者布大洋河等水库）、电站（响水河、独角、红寨、罗家屯、学官等电站）和水轮泵站（孟寨、新合等水轮泵站），疏通水道（龙洞、母岔河、固田、达南等水沟）。

②　所谓"以工代赈"是指政府投资建设基础设施工程，作为一种扶持政策，让受赈济者参加工程建设，而不是直接发放救济。以工代赈推动劳动力投入农村小型基础设施工程，贫困农民可以增加收入。晴隆县内 1985 年后采取"以工代赈"，国家投资 499.99 万元（大部分以物资折价）。1987 年，县基本建设支出决算数为 117 万元，1988 年为 28.4 万元。

村公路也在这种政策推动之下得以不断完善。

五、挖掘山区商业经济潜力

集市在传统中国乡村具有多种功能，它是物质交流的主要场所，也是地方经济活动的中心。来参与集市的人有商人、农户和猎户。商人充分利用集市赚取利润，是集市直接的、最大的受益者；农户依靠集市换取生产生活所必需的物资，是集市的坚定支持者；猎户是集市中的特色人物之一，不经常来"赶场"，一定是手中有"货"才出现在集市中。[①]

（一）商业经济的基础

长期以来，晴隆北部山区人多地少，土地贫瘠，生产技术落后，自然灾害频繁，每年收获的粮食与人口基本生存需求之间的矛盾十分突出。虽然每个村的具体情况有所差别，不同时期经济社会发展的特点也有变化，但是总体而言，人们的生活状况依然不容乐观，贫困依然是较为普遍的现象。

商业经济不仅仅在北部山区，在整个晴隆一直都很弱小。民国时期，晴隆县内的商业贸易基本集中在县城，有绸缎铺、百货店、商行、旅舍、饭店等。有的商号在交通和经济条件较好的乡镇还有分店或者销售点。例如，民国二十八年（1939年）王少候在西街办"食盐专卖店"，并分别在周边的马场、安谷、碧痕设销售点。商号主营食盐、食油、棉纱、布匹，货物主要来源于桂粤两省。食盐主要从滇、川两省购进。而相对地处偏远的鲁打和长流却没有相关商号的记载。

晴隆县解放后，首先在城镇和交通方便的区乡增加了铺面或者摊点。对于商业经济的政策也有一个不断变化的过程。从总体看，新中国成立初期，为了尽快让社会恢复生机，政府曾经鼓励甚至是组织商贩下乡，方便农户购物，也促进了商品的流通。当社会发展步入平稳之后，"公"与"私"在意识形态

---

① 例如，张××射弩技术好，在晴隆县射弩比赛中得过第一名。早些年，他打猎捕到野生动物后，要走3~5个小时到龙吟、长流、鲁打的市场上卖掉。

上的对立，个体商业不断被加以限制，加快个体商业“社会主义改造”的过程①，而对于国营商业则是不断培植，进行相关的机构设置。②但是改革开放政策执行之后，这种状况开始急剧转变。从解放初期开始不断建立，直至“文化大革命”期间一直盛行的供销社体系逐步解体。个体经济迎来了新的发展时期。③

（二）商业经济的发展：三大集市的魅力

民国时期，鲁打乡的集市规模最大，属于晴隆县内的“一级市场”。④按照当地人的描述，二十世纪八九十年代每逢鲁打赶场，可以说是人山人海。不仅仅是鲁打本地人，鲁打周边乡里的人和普安龙吟的人都来这里赶场，甚至有水城、六枝等地的人来这里采买“山货”。鲁打集市六天一场，市场交易物品种类繁多，既有当地生产的农副土特产品，也有部分农户加工的手工产品。手工产品中，鲁打人织布做衣服最为有名，手工精良，染色技术高超。在人多地少的年代，为了养活家人，当地人花费大量时间来织布缝衣，绣花做鞋，熬制染色的靛青。因为质量优良，价格公道，特别受人欢迎。⑤

---

① 1953年第一个5年计划中，为了促进商品经济，组织商贩下乡，送货上门销售。1954年，不提倡专营，但是仍然允许私营商业零售商和小摊贩跨行跨业经营部分产品。1955年，国家对私营商业进行社会主义改造，对私营商贩均实行合作，商贩只能在赶乡场时进行营业。

② 1956—1957年，对农村商品进行大购大销，通过合作形式组织商品展览会，扩大经营范围。

③ 1979年，实行新的经济体制改革，城乡个体商业迅速增长。截至1988年底，全县城乡个体商发展到2200余户。

④ 鲁打乡集市是晴隆县内一级市场。鲁打距离县城最远，因为地少人多，劳力闲散，所以大量人口从事手工劳动。每次赶集人数都在8000人以上。经营的特色手工业品（土布、花线、花边、项圈、手镯、耳环、银箸、爆竹、竹制工艺品）、农副产品（甘蔗、红糖、桐子、染料、鲜肉、鸡、鸭、禽蛋、蔬菜）和大型牲畜。以属相鼠、马为赶场天，六天一场。因为邻近水城六枝特区，所以农副产品大多外销。[参见：贵州省晴隆县志编纂委员会.晴隆县志[M].贵阳：贵州人民出版社，1993：264–265.]

⑤ 民国《晴隆县志》载：“本县一般农民收支均不能相抵。每年收入除完粮纳税外，盈余不敷最低生活费用，其不敷数，大都由赶场买卖以资弥补。”[参见：耿修业，钱开先.[民国]晴隆县志[M].复制油印本.贵阳：贵州省图书馆，1966：588.]

中营区的集市最为稳定，交易产品中技术含量较高。从赶场人数和成交金额来看，中营集市的规模比鲁打小，但是因为中营地方产煤，需要烧煤加工的各类铁质农具是这里的特色。远近村寨的人，甚至其他乡的人也来这里购买。此外，中营地方生产的白纸和草纸质量好，也是能够稳定销售并获得较好利润的商品。中营集市也是六天一场，与鲁打的集市时间是错开的，需要购买不同商品的农户，一般根据自己的家庭生活情况，背粮食或者土特产品来卖，再买回需要的商品。①

花贡镇的集市在北部三大集市中不是最大的，但是却最具特色。在清代新驿道系统中，花贡是一个节点，是人员与货物集散中心。民国时期，随着驿道的衰落，这里转而成为当地人外出的一个重要始发地。从这里可以步行到晴隆县城，也可以走到普安县龙吟镇，大山中的许多货物同样要经过这里才能"走出去"。同时，外面的商品要卖到山里来，也需要通过花贡这个转运站。加之花贡地方也有自己的土特产，所以，商业贸易在花贡虽然是有起有落，但是从较长时间来看，花贡的集市可以说是经久不衰。②

进入 20 世纪 50 年代，花贡经济社会发展又迎来了新篇章，花贡集市也有了新特点。贵州省劳改局在花贡建设劳改农场，大量人口进入花贡。花贡农场种植了大量的茶树、果树，开采铝矿、锌矿等，同时还生产红糖和白糖等产品。其中，农场出产茶叶的量非常大，而且很有名。在 20 世纪 90 年代，花贡茶叶因为味道好，不仅在贵州省内有名，而且通过中国进出口商品交易会等途径远

---

① 中营区集市距离晴隆县城有 129 千米。境内煤矿藏量丰富，地方工业和手工业产品种类较多（例如，铁质农具、白纸、草纸、炮竹、土酒），农副产品（例如，桐子、谷类、薯类等）也是集市的主要销售产品。六天一场，市场人数约 3000 人。

② 花贡镇集市距离晴隆县城 105 千米（与此相比较，从化工到普安龙吟距离较近）。1955年，省劳改局开辟花贡劳改农场，曾于1959年起在母酒设糖厂，生产红糖，兼制白糖。种植粮食、甘蔗、蔬菜等，同时农场又种植苹果、黄果、橘子和花生。此外，大量种植茶树，茶叶加工成绿茶、红茶。茶叶品质好，味道香，远销省内外，还通过中国进出口商品交易会出口。花贡镇附近的丁头山开采铝矿石和锌矿石，有数百人以上。花贡有酒厂，附近田寨烟煤蕴藏丰富，传统造纸业技术较好。花贡集市上买卖的物品种类丰富，特色鲜明，一般赶场的人数也在 6000 人左右。

销省外甚至出口。花贡农场的场部以及医院、学校和工程队都在花贡镇上，大量工作人员和家属子女，外来探亲探视的人员也会在镇上活动，花贡镇就有了稳定的有购买能力的"消费人群"。此外，花贡镇上建有酒厂，还有其他加工工业。后来与水城之间通公路了，外面的产品更容易进来，山里的东西也可以通过花贡交易，继而卖到更远的地方。花贡镇的集市从此有了更为丰富的产品。

（三）经济管理的铁拳

新中国成立初期，因为国家的特色需要和组织安排，针对民国时期的"自由买卖"进行了一定的调整安排，[①]并加强了相关的管理工作。从集市上交易的产品种类和数量两个方面入手，逐步加强严格控制。如果违犯了相关规定，就会被定义为"投机倒把"[②]。商贩的贩运和加价出售被认为是在扰乱市场秩序，而且获得的经济利益也是非法的。[③]

当然，相关规定和具体的控制制裁措施也并非一步到位，而是有一个渐进的、

---

① 晴隆县境内，历史遗留的市场 26 个，现有 21 个，即莲城镇 1 个，莲城区 3 个，鸡场区 2 个，碧痕区 6 个，中营区 9 个。

② 根据上级有关政策，划定界限，组织专门机构，对投机倒把活动进行专门打击。非法倒卖工农业生产资料；抬价抢购国家计划收购物资，破坏国家收购计划；从国营和供销合作社零售商店套购商品、转手加价出售；个人坐地转手批发；黑市经纪，牟取暴利；买空卖空、转包渔利；欺行霸市、囤积居奇，哄抬物价；倒卖计划供应票证和银行有价证券；倒卖金银、外币、珠宝、文物、外货、贵重药材；偷工减料、掺杂使假、以假充真，骗钱牟利；以替企业、事业等单位办理业务为名，巧立名目，招摇撞骗，掠取财物；出卖证明、发票、合同，代出证明、代开发票、代订合同，提供银行账户、支票、现金，从中牟取非法收入。[参见：贵州省晴隆县志编纂委员会.晴隆县志 [M]. 贵阳：贵州人民出版社，1993：267–268.]

③ 自 1963 年以来，晴隆县工商、公安、税务联合执法，严厉打击投机倒把，刹住资本主义经济歪风，稳定社会主义经济发展。[参见：贵州省晴隆县志编纂委员会 . 晴隆县志 [M]. 贵阳：贵州人民出版社，1993：267–268.]

不断加强的过程。① 在这个过程中，市场也可以作为国家统筹发展经济的手段之一，发挥一定的作用。市场在严格的管理下运行，有的商品是绝对不能在集市上销售的。② 如果有农户（当时称社员，不过基本没有）或者生产队（当时成社队）有产品要出售，必须卖给当地的粮食部门或者供销社，这样才具有合法性，私下交易的行为都是非法的。一旦被发现或者被检举，不但货物要被没收，而且还要受到严厉的处罚。如果是县内各社队相互调剂交换大牲畜，也需要加强管理。但是，为了响应国家的号召，支持其他受灾省份，采购人员也被允许在市场购买牛马等牲畜，但这种情况属于例外。③

　　进行市场管理的机构和人员也有一个不断变化、逐步完善的过程。针对城乡集市贸易，成立工商所直接加以管理。各乡镇工商所归口县工商局管辖，其内部的人员构成、机构运作和管理权限等各个方面也在不断调整。④1979年，伴随着改革开放，北部山区的市场再一次被逐步放开。首先，农户在完成了当年的公粮缴纳之后，允许农副产品在市场上自由买卖交易。其次，工商所管理

---

　　① 例如，1953年到1978年，实行以国营计划经济为主，市场调节为辅，为危害统购统销政策，对集市的商品交易进行严格管理：对于一类和二类物资，必须进行严格的管控，在完成国家任务的条件下，允许少量种子上市。三类物资在完成派购任务后，农民需要上市出卖的亦只能卖给国家。手工业产品（土纱、土布）不许上市，只能自用。自1950年起到1959年，依靠发动贫下中农，义务协助管理集市贸易，达到"只许买卖双方正当经营，不许套购贩运及其他投机倒把活动"的目的。

　　② 1966年，为了发展绿肥，保证种子在市场上余缺调剂，晴隆县内各市场关闭小麦、油菜种子的同时，对于"三豆一花"（胡豆、豌豆、马豌豆、花生）也一律不准买卖。

　　③ 1966年，对大牲畜交易进行管理。只能在县内社队相互调剂，不能交易。但是为响应国家号召，也有"对外支援"的情况。例如，帮助支撑受灾省份（河南、安徽、山东等地）的采购人员在城乡市场购牛、马等。

　　④ 1950年，税务局接管原税捐稽征处。1951年，设立交易所市场管理委员会（工商、税务、供销社、商业、粮食、公安等部门负责人），各区分别设立"四管分会"（区政府、粮管所、供销社、税务所组成）。1963年，恢复工商科，1964年，市管会并入工商科，区分会并入工商所。"文化大革命"期间，工商机构与财税合并，1970年分开，又并入贸易局，成立工商私改领导小组。1978年恢复工商体制机构，将工商科改为县工商局（地方乡镇集市具体归工商所管理，这种管理方式后来一直得以沿用）。

的重点也进行了一定的调整，主要目的是规范市场运作，加强产品安全性，并加强对"封建迷信"和"淫秽色情"等非法产品和过期食品的管理。①

（四）商业经济的变迁

借着改革开放的大好形势，充分利用地缘优势，沿海地区比内陆地区更早一步开始了行动。随着大量工矿企业和手工作坊的不断开工建设，率先发展的地区开始需要越来越多的劳动力。而中西部地区因为基础条件和思维的限制，发展相对缓慢，很快就比沿海地区落后了一大截，自然就走上了向沿海输出劳务的道路。然而因为文化水平低，学习新事物相对慢一些，现代工业劳动技能等也缺乏，从山区走出去的务工人员就业的层次普遍偏低，大多聚集在劳动密集型企业，从事手工加工或者一些粗笨的重活，工资收入也普遍偏低。即便如此，还是越来越多的人离开山区去打工，这让个体家庭经济逐步好转，却也同时导致整个乡村的逐步衰落。传统农业生产缺少青壮年劳动力的大量投入，农作物耕作面积和种类急剧减少，农业收入在家庭经济总额中所占比例也越来越少。山区经济发展走到了一个十字路口。

2014 年开始，山区执行脱贫攻坚政策。政府再一次重拳出击，脱贫攻坚为山区经济发展开辟了新道路、注入了新活力。扶贫政策执行以来，山区的面貌发生了巨大的变化。②例如，长流乡加强总体规划，提出明确的政策要求和脱贫攻坚的结构安排，开始增加资金投入，摸索产业脱贫的经济新路子，③从产

---

① 1979 年，规定市场上不准测字、算命和行"巫医"，同时查禁黄色和迷信物品。1985 年，食品、饮食卫生检查开始实施，并当众销毁过期食品。

② 晴隆县内，2014 年贫困发生率为 48.9%。经过 5 年的不懈努力，2019 年年初，贫困率下降为 15.82%。2020 年实现全乡整体脱贫。

③ 根据"一乡一特"与"一村一品"设计规划，调整产业结构，发展经济林、大牲畜养殖和烤烟种植，发展产业，成效显著。

业推动、基础设施和易地搬迁三个方面入手,取得了良好的成绩。①

这是一段艰苦的路程,各地的具体操作方法还得与当地的实际条件相结合。乡内各村野根据所处的地理位置和自然资源禀赋的差异,具体的措施多种多样。例如,溪流、双龙和兰田等 7 个贫困村进行产业布局,通过种植辣木实现脱贫。同时整合退耕还林和移民扶贫项目的资金,建加工厂、产品研发实验室和研究基地(食疗研究基地,保健研究基地),生产辣木系列产品(辣木叶酱菜、辣木口服液等),并延伸相关产品的产业链,解决部分人口的就业问题,保障他们长期稳定的收入,带动村寨经济发展。②

溪流村是一个移民搬迁的重点村③,全村 11 个村民小组,农户根据实际情况找发展的路子。利用紧靠北盘江的位置优势,在经营传统商品④(瓦屋组村民开传统酒坊、粮油、副食、果蔬、食杂和农资物品经销点,石龙组村民经营现代化服装、建材、家具等工业产品和加工业产品的商店)的基础上注重发展旅游服务业(例如,巴岱段组村民开休闲鱼庄,长光组村民开宾馆、饭店、音乐酒吧等),各类专营店、品牌店,宾馆酒店和现代金融和邮政服务应有尽有。⑤

---

① 长流乡下辖 7 个行政村:溪流村(乡政府所在地)、杨寨村、双龙村、长流村、兰田村、虎场村、凤凰村。在脱贫攻坚政策实施之前,都处于"深度贫困"状态。为实现整乡脱贫,政府精心组织安排,投入大量资金和人力,终于取得了良好的成绩。第一,产业扶贫。例如,经济林、大牲畜规模养殖、烤烟种植。第二,基础设施。例如,建设提水工程并投入使用,解决了溪流、长流两个安全饮水问题。维修党员活动室,完善"五小工程",加速"村村通""组组通""户户通"公路建设,新开挖"产业路",解决交通出行问题。第三,易地扶贫搬迁。超额完成了共计 7 000 多人的易地扶贫搬迁工作任务。

② 2016 年至 2018 年,退耕还林、移民后扶项目,种植经济林木,建加工厂,通过经济发展帮助农户脱贫。2020 年,在原有产业的基础上发展高粱、烤烟、花椒、百香果、魔芋成片规模种植,生猪、牛密封规模养殖,针对建档立卡贫困户均实现 1 人 1 个以上产业覆盖。

③ 2018 年,易地搬迁任务特别大,特别困难。

④ 例如,心连心超市、华联万家超市、独特服装超市、胜伟装潢部等。

⑤ 例如,卢记粮油果蔬百货经营店、学彦食杂店、杨学敏食杂店、李飞农资专卖店、流光岁月音乐酒吧、佰侬服装超市、利民超市、益家人综合商场、成波皮鞋店、兴隆家电家具城、营盘旅馆、新生贵州母婴生活馆、知足鞋店、康莱宝宝母婴店、望山湖宾馆、平安旅馆、金龙旅馆、邮政储蓄银行。

罗门口组、长光组、云盘组、下湾组、瓦厂坳组、溪流组等地的村民也都有各自的营生特点。[①] 而这些服务类宾馆、超市、餐馆和各类商店基本都是 2015 年之后才开始不断涌现出来的。

杨寨村平均海拔为 1170 米，以种植水稻、玉米、小麦等口粮农作物为主。人多地少，为人地矛盾十分尖锐的一个贫困村，也是扶贫搬迁人口最多的一个村。[②] 为了摆脱贫困，村民和村干部尝试了多种方法。从最初的各家各户完全靠外出务工挣钱，到现在多条腿走路、多方面发展。虽然经历了很多困难，却是发展变化十分明显的一个村。

政府主要从两个方面入手：基础建设和产业发展。在改善交通条件方面，加快基础建设，不但投入资金改善生产生活的基本条件，[③] 而且是村村通、组组通，甚至实现了"户户通"，乡村道路交通条件得到了根本改善。此外，正在建设中的纳兴高速（纳雍—兴义），在杨寨村将有一个出入口，这将是杨寨村以及整个长流乡的交通状况巨变的又一个关键点。

在发展地方产业方面，成立合作社，通过"特惠贷"等注入资金，发展地方农林畜牧渔等产业。充分利用当地资源，结合地方光照和水资源特点，发展水果和中草药种植，发展规模化养猪和生态养鱼，针对土质和市场环境规模化种高粱和魔芋等。[④] 2018 年以来，群众无论在家乡发展还是外出务工，收入明

---

① 例如，长光组五金店，云盘组电信营业厅、聚点会所、鱼滋味餐馆、顺心烧烤店，下湾组刘相旅馆、仙人屯组水上农家餐馆、龙向食杂店，瓦厂坳组春源百货批发部、刘记牛肉馆，溪流组聚便宜服饰。

② 现在的辖区内有 20 个村民组、14 个自然村寨，全村 1658 户。2019 年，建档立卡贫困户 658 户 2681 人。移民搬迁之前 6275 人，人均耕地不足 0.5 亩，分别搬迁到兴义市和晴隆县城。2020 年，杨寨村剩余未脱贫 176 户 444 人和已脱贫 457 户 2271 人。

③ 为解决杨寨村季节性缺水问题，在集中供水方面，2018—2019 年建成自来水人饮工程，水源点为 5 个，日供水量 1050 立方，人均 0.035 立方。在分散取水方面，全村共建有水窖 293 个，实现村民安全饮水全覆盖。

④ 2018 年以来，杨寨村 2996 亩耕地都进行了产业调整，把大片林地逐步转化为生态林、经济林。1200 亩中药材、600 亩辣木、325 亩玛瑙红樱桃、500 亩桃。全村 635 户建档立卡贫困户通过入股合作社，226 户还通过获益的"特惠贷"资金发展种养业。

显增加，纷纷翻新或新建房子。例如，凤鸣组的罗景杰在外出打工期间学习种
茶技术，成了种茶能手。他回到晴隆筹集资金，开办公司，不仅使自己摆脱了
贫困，而且还带动了周边的农户致富。① 此外，兰田村发展花椒产业②，凤凰村
种烟养羊③，幸福村通过扶贫产业提水灌溉工程发展旅游产业和煤矿开采，这
都是地方发展经济的特色。

第二节　山区的社会生活

一、行政区划

明代大量进入的移民渐渐子孙繁衍，人口也在不断增加。为了更好地推行
中央政令，促进山区的经济开发，也是出于对管理的需要，在清代逐渐加快了
对晴隆北部山区行政建置的工作。清顺治十六年（1659 年）改安南卫，辖 6 里
10 甲。其中，鲁打、长牛为第九、十里。民国初年，县衙改称县公署，改职官
称谓为知事（大令、县尊）。民国十六年（1927 年）实施宪政，以县为自治单
位。④

花贡原来的乡政府是在白胜（在今花贡上面 6 千米处）。解放初期，在各

---

① 他筹资 60 万元，在沙子镇成立"晴隆县山水茶业有限责任公司"。公司现有茶园基
地 410 亩，各类茶叶加工机械 30 余台，年加工能力 500 吨，带动周边 1000 多户农民致富。公
司产品远销浙江、四川、广西等地。

② 兰田村有 15 个村民组，829 户，有小学 1 所，全村经济来源主要以劳务输出为主。种
植花椒 1300 亩，覆盖贫困户 121 户；种植百香果 200 亩，覆盖贫困户 20 户；林下养蜂 308 箱，
覆盖贫困户 16 户。

③ 2018 年，搬迁入驻指标为 650 人，分两个搬迁组入户动员搬迁。晴隆县"1238"工程，
利用荒山种草发展山羊养殖，山变绿了，生态也有了明显改善，实现了生态、经济、社会
效益"三赢"。

④ 县政府中县长 1 人，外设经费局、建设局、蚕桑局，派出机构区公所（区长 1 人），
公乡所（乡长 1 人）。乡（镇）以下设闾（闾长 1 人，管 5 邻）和邻（邻长 1 人，管 5 户）。
1938 年，县设联保。1941 年，按国民政府统一编制，撤销联保，恢复区乡（镇），沿用保甲制度。
1944 年，在乡（镇）一级设民政股、经济股、户籍股、警卫股和文化股，各股股长 1 人。[参见：
贵州省晴隆县志编纂委员会 . 晴隆县志 [M]. 贵阳：贵州人民出版社，1993: 98-99.]。

地设立乡一级行政管理单位（其中就有鲁打乡和中营乡），后来改为公社（公社内部分为大队，大队之下再分为小队，小队是具体生产劳动的单位）。改革开放后，重新恢复到乡的建制，合并之后只有4个乡。老中营区包括很多个公社：鲁打公社、长流公社、新民公社、红寨公社、纳屯公社、花贡、大田。1992年，成立筹备会推动"建并拆"，当时的镇长叫作筹备会主任。之后，中营成为镇，剩下的恢复为乡的建制。鲁打乡并入长流乡，从此不再有鲁打乡这一级行政编制。

鲁打与长流的行政归属问题也经历了所谓的"分分合合"过程。1949年，长流隶属于鲁打乡。1953年，长流乡从鲁打乡中分离出来，成为独立的乡。[①]但是，四年后（1957年）在成立联合乡的风潮中，鲁打、长流，连同周边的几个乡镇都被并入联合乡。但是，联合乡仅仅维持了一年就被撤销。次年（1958年）改设人民公社，长流和鲁打都被并入了团结公社。改革开放初期，伴随着土地承包入户，人民公社解体，在这个片区有8个乡：鲁打、中营、义勇、双凤、杨寨、红寨、新民和兰田。1984年，这8个乡被合并成为中营、鲁打、红寨、新民4个乡。1988年，设立中营区，下辖9乡1镇。[②]1992年，推行撤区建镇，成立中营镇（中营、鲁打、红寨、新民4乡被并入中营镇），镇政府驻地在原中营乡所在位置。

二、社会生活

（一）乡情

作为一个长流乡走出来的文化人，对于家乡的情况更是了如指掌。

> 鲁打那一片有七个村：青山、凤凰、大坪、虎场、杨寨、双凤、龙向。原来的鲁打只是凤凰村里头的两个组，分上鲁打和下鲁打。鲁打是属于凤凰村里头的两个组。就是我讲的龙营总老人家，这个寨子都属于

---

① 当时长流也正式从鲁打乡中分立出来，一起从鲁打乡分立出来的还有双龙。

② "9乡"包括：中营、长流、鲁打、红寨、纳屯、大田、新民、河塘、达土；"1镇"：花贡镇。

鲁打。它的具体，有一个鲁打寨，鲁打寨又分为上寨和下寨。

我家是凤凰村的。但是在我小的时候没有合并为凤凰村，我们喊大坪村。最后合并给凤凰。现在的大坪是合并之后的，有六个组，分邓家、龙家、陈家、刘家四个姓。还有一个兰田组。兰田组是以它的整个组也是姓龙，还有一个北路组，北路组也是姓龙。在鲁打，龙姓蛮大，在大坪它就占了三个组，相当于占了一半天下。夺去一个家族占据一个寨子。我们邓家和龙家也有亲戚，就是面对面，中间隔了一块地。一理下来，反正老祖是各自的地方搬来的，我也搞不懂。就像我们大坪的邓家，是从普安的龙吟搬过去的。所以我们的这个老人家是埋在普安的龙吟墓碑。这个在邓氏族谱里头有记录。

（二）待客

在过去，虽然大家的物质都不丰富，但是热情待客却是本地的传统，有时候甚至是竭尽所能。现在的情况已经发生了很多变化，而不变的是当地人的性格和习惯。

晴隆人特别好客，虽然这个地方物质匮乏，待客却一定要有肉。在平时是吃不上肉的，有客人来才会有肉待客。本人可以不吃，我们先把客人招呼了。主人饿肚子的，这个我也是经历过的。当然，现在的条件好多了。我们回老家去，提前打电话说，你不要做肉，不要杀鸡，山上摘野菜来给我们煮好，就这样要特别交代一下，要不然端上桌的菜又全部是肉。要是换到以前，走哪家去做客，如果餐桌上不上两片腊肉，就会觉得主人家抠门。

第三节　山区的教育文化生活

在历史上，或许是因为物质资源有限，或许是族群之间的矛盾冲突的激烈，晴隆北部山区是文化人相对缺乏的地区。限制教育发展的因素有很多：金钱和食物、教育机构和教育人才、教育观念和区域文化风尚等。

一、山区娃的上学路

读书的钱从哪里来？对于 20 世纪 60 年代的很多家庭来说是一个严重的问题。当时大家都穷，家中孩子还多，一个家庭五六个孩子，有的甚至更多。供孩子读书，就不得不有所取舍。一般来说，女孩子基本是上不了学的。家庭人口多，吃饭的压力巨大。另外，家务劳动必须有人来做，女孩就是当时理所当然的不用读书的人选。男孩到了读书的年纪，父母还是会送去学校上学的。即便是有机会上学的孩子们也基本是"打着片子"到学校，也就是光脚上学。

二、山区教育的特例

（一）关于花贡农场的记忆

我现在工作的地点是在花贡。凡事都有一个兴衰，花贡农场曾经的鼎盛时期已经过了，现在衰败景象的背后有很多原因，具体到管理上……拆迁之前，花贡到处是茶园，没有现在看到的苞谷。1955 年，这里开始建场，直至 2002 年，这是花贡最为繁荣的时期。其实，从 20 世纪 90 年代末期，花贡的茶业就已经开始走下坡路了，经济开始下滑。一是农场对茶园的管理有问题，二是茶园的老化问题，三是与这里出产铅锌矿有密切的关系。以前，花贡的茶味道香醇，产量大、名气大，市场也很大。花贡农场出产的茶叶曾经畅销到国外，在深圳还有一个办事处。90 年代，市场竞争越来越激烈。为了抢占花贡茶叶的市场，竞争对手开始拿这里出铅锌矿做文章。他们说花贡的茶叶含铅重，这样就把花贡茶这个品牌打下去了。说败就败了，花贡农场的茶业走到了无法继续维持下去的地步。

各个大队不光是重视茶园，还有养猪的、养马的。花贡农场虽然喊（被称为）茶场，其实里面什么都有，哪个大队都有茶。像纳坝的果子和茶园，畜牧场有养殖，竹塘、茶亭是以茶叶为主。我们小的时候还去偷过里面的水果（笑）……穿件外衣，里面穿……

原来的几个大队，一个大队负责搞基建、修房子。当时镇上就在这个街上还有一个园林队，以基建为主，它有基础建设的哦！现在花贡镇街上邻路的那一排门面房就是那时修的。大队里面铁工、木工、焊工、钳工，哪样工都有，样样都有。

当时农场的职工和当地人接触交往的时候其实是很多的。农场并没有单独葺一个围墙，把其他人围在外面。农户在场部附近修房子他们也不管。农场里面只有那些地方（关劳改犯的地方）有围墙。平时也要带他们出来干事，要给当时的劳改犯找活路，让他改造。干警除了在监狱内有局限，但是出了监狱大门以后，他们的生活和我们地方百姓的生活是一样的。也就是说，管教员无论是干部还是家属，基本上是融入了当地人的生活之中，也成了这个镇的成员。他们也没啥特别的，都是一样的。他最特别的就是我刚才说的，在监狱的区域内是特别的。在生活上，买东西时，我们都可以相互交流的。

花贡农场从 1955 年到 2002 年，时间蛮长。人多的时候有 8 个大队，几千人。1 个大队下设 3 个中队。有教导员/指导员，按照部队的编制实行农场管理。解放初期，拉了好多西南地区的政治犯进来，还有山东人，包括好多南下的干部。这里离行政中心远，地处偏远。原来的路到马场就没有了，从大田过来都不通公路，如果犯人想逃跑，根本就跑不出去。他们在农场，其实就是一种廉价的劳动力，只给饭吃。挖矿、挖公路路基，现在公路的基础干线都是那个时候劳动农场建设的，之后只是在原来路基的基础上进行了改建和打路面，也就是道路的基础建设，都是他们干出来的。

（二）关于花贡子弟学校的记忆

花贡农场是在 1953 年开建，1955 年的 10 月份进场。因为子女找不到地方读书了，所以农场在开始进场后就开始建校了。开始时开办的只是 1 年级和 2 年级，3 年级以上的孩子到中营读书，包括顶头山上的农场子弟。后来学生才慢慢多起来了，最后办到了高中。那几年的教学质量是差不多的诶。那时是丁宝元当校长。当时的农场有几个大队，每个大队有住房。大队里面专门负责管教的被称为管教员。在子校中教书的同样也是有制服，相当于司法警。给我们上课时也是穿警服上课。但是他们和管教（员）是分开的，教书就是教书。管教员和家属一般也是住在一起的。有的大队驻地离学校就比较远了，最远的是茶亭，如果家中有小孩上学的话就比较困难了。比如，乌沙、纳坝这些大队的子弟就要走路来上学，但是不好走的啊！有的甚至要走两个小时的山路，也有的大队是派大车送（农场的）学生来上学。有些是在下面大队的管教员，但是，爱人有的是在医院，有的是在学校，那么孩子就可以就近上学了。当时的情况也就是有三个点：大队、医院、学校。

花贡的教育主要是在农场进入之后，它有这个历史，变化的思路才比较清晰。如果换作其他乡镇，可能就比较多元化的。农场来到之前，教师这块那并不是……花贡农场的子弟校里面，刚开始办 1 年级 2 年级，一个班招收有人数不多，一个班 20~30 人，一个年级一个班。后来班级的人才多了起来。原来小学只有五个年级，记得是在 1985 年中营崩山那年，1986 年的时候就已经有六年级了。

1996 年到 1997 年开始，农场开始衰落，农村的学生也可以进子弟校读书了。当时有两个学校，一个农村学校，一个子校，相当于就把学生分流了。如果进不了子校，你就在另一个学校。1991 年我读小学的时候，一个班 30~40 个人。那个时候就已经有六年级，有初中了。1997 年我读初中的时候，一个年级两个班。当时的教室还是瓦房，用板板铺砌的那种。后来，劳教所来了之后，有钳工有木工，用的桌椅板凳逐渐逐渐就规范了。

这里原来有 8 个大队，花贡地方政府反而没有多大地盘。农场内部开办的子弟校很有名，有强大的师资力量。开始办学的时候，子弟学校的老师从内部招，手续很简单，没有过多的程序。我们也上过他们的课，他们讲课讲得好。我清楚记得有一个老师叫李田，还有一个老师叫李彦尧，他们就属于这种情况。在这些老师的教导下，从这里考取了一个上清华大学的学生，这个学生的老爹也是这里的老师。这个学生是迄今为止唯一一个从花贡子弟校考上清华的，现在已经是第二汽车制造厂的老总了。就这样，花贡子弟校打红了晴隆的教育。花贡的亮点就是从那个时候开始的，这也是县领导口中说的晴隆教育曾经的辉煌。那个时候，花贡在教育方面确实是有名，最后这个名声到长流那边去了。

李老师是重庆人，当时他在这里教高二的时候，我正在读初二。前年他回来，发现花贡到处都变样了，包括原来农场的子弟学校。按照教育局的政策，原来的校舍已经全部被改造成了大房子。李老师找不到地方了，找到几个就地安置（就业）人员。他们是以前的劳改犯，刑满释放之后就留在了花贡，成为农场的看守工人，管理茶园。他们的子弟挨着我住，都说："邓阳校长晓得，他在这里当过校长，原来也是在这里读书。你要回你的母校，你曾经工作过的地方来看，只有他带你了。"李老师在校园里四处走走看看。我跟他说："这个地方曾经是办公室，这个地方曾经有一棵柳树……"他就回忆一下，然后照相。接着，他带我去看他曾经坐牢的地方。从学校出发开车不到十分钟，我们就到了农场中犯人曾经服刑的地方。原来的围墙还在，李老师就给我说他们当时晚上上夜校，也就是学习上政治课的地方。他讲："这个地方就是当年我学习的地方。白天干完活，晚上拿起一小板凳坐下来学习。"

改革开放之后的1981—1982年，花贡农场开始不进劳改犯（劳改犯改到其他监狱了），这里只收劳教人员，包括贵阳、安顺等地州吸毒人员，花贡农场也改成劳教所。从劳改农场改成劳教所之后，花贡子弟学校的师资力量也开始下滑。

三、山区的文化生活

晴隆北部山区的传统社会受制于自然地理空间，由此形成生活共同体，并进而成为特定族群内部成员相互情感的形成，促进了成员对其群体共同性的集体认同。

（一）区域文化特色

1. 区域空间认知

晴隆北部山区是一个相对封闭的地区。现在辖区内喇叭人数量最多。作为喇叭人集中分布的主要地区之一，长流乡北边是水城县的猴场乡（北盘江对岸），南边是中营镇，东边是六枝特区的中寨乡（北盘江对岸），西边是普安县的龙吟镇。这个区域从土壤质地、自然地理环境和自然资源等方面来看，自然资源并不是特别充裕。当地人口以农业耕作为基本生活来源，但是土地相对贫瘠。虽然位于从镇宁经贵阳到黄果树直至六盘水和云南地区的一条新开发的驿道上，但是人口流动和农产品的运输等还是比较困难。

> 驿道是朱元璋时候修建，洪武年间，相传是奢香夫人修建的这一段，具体情况我们也不知道。按照地方的保甲制，派地方民工这种方法来修建的。据说在老鹰岩这一段修建的过程中，工程的负责人，即现在的项目经理，在一块大石头上刻了字"陈××殉难处"，可能是当时修路的过程中大石头掉下来打死了人。随着现代交通建设，驿道就走向了衰落。现在交通发达了，这些驿站可能已经走不进去了。驿道从这里直接去云南了，没有去长流和鲁打。

人们对于区域空间的认知与当地人口组成密切相关。因为传统农耕生产方式和艰难的交通以及由此而带来的封闭的地理空间，决定了这里的人一生之中绝大部分时间中都是在熟人之间打交道。刘、李、龙为当地大姓。其中，李姓和刘姓主要在长流，龙姓主要在鲁打。各个大姓在其家谱中都自称先祖最早是在明洪武年间从湖南邵阳等地随着大军进入当地。关于这一点，长流乡内各个村寨还有很多相关的民间故事。然而历史时期的不同史料中关于这群人的渊源、族属和称谓，文献典籍中的记载却极其不统一。有的认为他们是明代普纳山战役之后"湖广兵"的后裔，当地人称其为"老巴子"①；有的将其归入"獿人"的后裔，俗称"民家子"②；有的认为他们为"仡佬之属"，是"自滇迁来"，或者是"自楚流入"，但又与汉人文化更接近；还有的认为他们是"夷人九种之一"③，"本非苗类，其朴野几与苗人相等"；或者是"花苗别种"④，即认为其是从花苗中分出的一支。

传统的村寨是一个熟人世界，从儿时所见所闻，到成年后再老去，新鲜事并不多。从老人们讲述的神仙鬼怪故事到富有哲理的谆谆教诲，重复了一代又一代人。如果还想知道得更多，可以跟着做生意的人，甚至是跟着马帮出去看看"外面的世界"。依靠脚力步行，一天走一个来回的话，可以到龙吟（今普安县境内）。如果分段走几天，可以走得更远。但是，据说最远也不过是到盘县而已。如果是为日常生活所需，可以到中营镇，这里的集市上既可以买到食盐、煤油，也可以把自家女人织好的布在那里换成家庭必需的物件。更为重要的是，到中营赶集和定居中营的人，大多属于相同的族属——喇叭苗（当地人更愿意称喇叭人，他们认为自己与苗族是不一样的）。

> 这里路不通，吃水困难，小病靠忍，大病靠拖，人都不行了才往医院抬，生存条件很恶劣，发展什么产业都不行。交通靠走，通讯靠吼，治安靠狗，娱乐靠手。

2. 建筑文化特色

在全县36个乡镇中，建筑设计具有代表性的乡（镇）有8处⑤，北部山区的花贡、中营和鲁达就占据了3处。特别是鲁打乡是全县人口最多的一个乡，

---

① 民国《普安县志》卷15·苗蛮；[清]爱必达《黔南识略》卷28·普安县。
② [清]爱必达《黔南识略》卷29·普安直隶厅。
③ [清]爱必达《黔南识略》卷3·大定府·水城厅。
④ [清]爱必达《黔南识略》卷9·苗蛮。
⑤ 大厂镇、花贡镇、碧痕乡、中营乡、鸡场乡、凉水营乡、沙子乡和鲁打乡。

为了满足当地人口基本居住需要，在有限的空间范围内，房屋建筑相对集中 ①。建筑的造型设计和装饰在整个晴隆县内与其他乡镇的建筑相比更有特色。此外，鲁打乡的集市贸易场所占地面积大 ②，每次赶集的时候，可以说是人山人海，热闹非凡。

（二）区域文化的形成

1. 关于祖先的记忆

我们邓氏的老祖是"平蛮大将军"，来到贵州这个地方，其他几个姓氏家族是下面的部队和战士等，例如，罗家等。第一个落脚点在龙吟。从第 7 代到第 11 代人这段时间，陆续从普安龙吟分支外迁，现主要分布在长流和鲁打。在长流，龙、刘、李、邓四个姓氏最强大，人口最多。其中，邓家在长流有十几个大家族。把关于自家祖上的记载和口口相传的内容汇集到一起，写下来。整理清楚是哪一代，叫什么名字，具体是从哪个地方来到现在居住的这个寨子。现在，长流的大田、大定、邓家凹、长竹箐、半坡，这些区域有好多寨子都有邓姓人家。把这些内容集中起来，做成家谱。各家的家谱都记载了老祖从湖南带兵出来的路途，从哪里到哪里都有一些描述。遗憾的是，家谱中的《路途记》搞丢了。据说，《路途记》中的记载更为详细，具体是在哪里吃了饭，在哪里歇歇气，在哪里歇息，都有。

2. 移民群体的文化活动

移民群体从中原地区带来的文化，在与本地原有族群交往的过程中，前期进入的移民与后来的移民之间，文化交流乃至与文化交融都在悄然进行。最初来到北部山区定居的这群人，据说非常好斗。

嘉靖《贵州通志》卷 3 载："兴隆卫和威清卫卫戌军士皆湖湘人，宗族交代从戎，无定籍，无恒产，'诈而好讼'。"

---

① 村庄占地面积达 595 亩。全乡有住宅面积达 19.6 万平方米，公共建筑（包括驻地各单位）1.3 万平方米，生产建筑 600 平方米。

② 场所占地面积约 16.3 亩。

原来的长流乡人生活苦寒，基本生存都面临各种困难，所以有“从尚武好斗到耕读传家的历史演替”的总体特色。现代教育在这里起步已经相当晚了。直至民国初年，整个晴隆县境内的人文环境依然十分落后。

民国《晴隆县志》载：“苗夷等族皆以务农为业，识字者甚少。”

从文化特性来看，这群生活在崇山峻岭之间的人，虽然土地偏僻贫瘠、活动范围受限，却注重“诗书传家”。特别是作为移民后裔的喇叭人，以农耕为本，以安身立命为主要追求目标和文化价值理想。①

进入晴隆北部山区定居的移民，大多出自卫所中的底层，在闲暇时间的活动中也能体味到其尚武的精神。例如，为了娱乐消磨时光，随军而来的“端公”表演“武教戏”②，或者进行“庆宝坛”活动。“武教戏”的表演有固定的唱本，唱本内容就是讲述喇叭人进入贵州的过程。“端公”以“愿请祖师”作为仪式的开篇，梳理家族的渊源世系。接着邀请“天地君亲师”入位，根据家谱，排列家族的“上中下三堂”。从最早是入黔的始祖开始，讲唱《路途记》③和《叫魂科》④，叙述迁徙的路线和道路的艰难。例如，入黔准备、途经场所、战斗场景等。唱本中描述先祖“调北征南”的诸多细节内容：先祖入黔、龙场点兵、

---

① 刘静．“慎终追远”衍义：泛论贵州喇叭苗的文化自觉[J]. 贵州大学学报（社会科学版），2017，35(1): 99–102.

② 2014 年，苗族武教戏被评为贵州省第四批省级非物质文化遗产代表性项目。

③ “原籍湖广宝庆府，武官洲水南桥木瓜寨，枫木岭西宁县南阳巷，青州西楼瓦寨上等中等下等毛眼铺，金风银风天柱县，黄泥江镇远府，青天龙里贵州城。一到贵州两重天，长街短巷过新年；每人头上三尺布，家家灶上一块盐。到威青坪坝，普定安庄岗岭顶，站盘江河宝殿铺海马庄，安南卫江西坡普安县，一字孔平驿交水，曲靖府驿龙马龙杨林到丁云，好住宝广二十七里，下乡七都人氏言。”[参见：李亚．移民与生存：喇叭人的入黔记忆与地域认同[J]. 怀化学院学报，2018，37(6): 1–5.]

④ “原是湖南宝庆府，分兵拔马武岗洲；家有三丁抽一个，家有五丁抽二人；一成来到贵州地，贵州有个大地名；一成来到龙场坝，住在龙场点清兵；龙场有个普纳屯，夷蛮革老在上头；前门磊磊惊不动，石头磊磊路难行；头兵之时设一计，顶起巴子打上来；夷蛮革老都杀尽，复身住在安南城；先立贵州南龙府，后立安南一座城；恩为贵州八蛮反，我今卦子点雄兵。”[参见：李亚．移民与生存：喇叭人的入黔记忆与地域认同[J]. 怀化学院学报，2018，37(6): 1–5.]

普拉山战斗等，还能够与家谱记载相互印证。

"庆宝坛"简称"庆坛"，即祭祀供奉在家宅中的坛神，是在家族中举行的仪式活动。活动有繁简两类形式，在长流乡内流行仪式活动以坛棍为核心，因为坛棍是祖先与神灵的居所，仪式中建立了一套求助巫医、治疗疾病、驱鬼除煞的象征性医治系统，体现了整坛仪式的结构体系。[①]

第四节 小　结

首先，艰苦的环境可以激发人内在的斗志，通过教育之途改变人生命运的理念支撑着新一代长流人。教育培养了一代又一代乡土社会的建设者和文化传承人，也是个人和家庭实现社会地位提升的重要途径。当今中国，基层社会正在经历一场巨大的时代变迁，秩序与权威得以重建。乡土社会中新型权威在村级组织建设、村庄选举活动和政治参与中崭露头角，也可以反映在家庭结构和家庭关系网络之中。教育对于基层社会的影响不仅仅体现在文化领域，也体现在物质生活中。现在的长流乡人人重视教育，深信读书可以改变现实的处境，可以出人头地。从长流乡的大山中走出，在大中专院校继续学习，成为有身份的人，毕业之后定居黔西南州各地，乃至全中国各地的人才众多。这是长流人教育的成效，也是作为长流人最为自豪的地方。

其次，区域族群关系和传统文化活动是教育发展的社会文化基础。移民群体从中原地区带来的文化，在与本地原有族群交往的过程中，前期进入的移民与后来的移民之间，文化交流乃至与文化交融都在悄然进行。数百年来，一代又一代的喇叭人反复通过庆坛仪式的操演传承着他们的这种信仰文化，同时也在不断地丰富着其中的内容。晴隆喇叭人庆坛习俗在不断表达诉求的实践过程

---

① 何飞.晴隆"喇叭苗"庆坛仪式的象征分析：以杨寨村庆坛习俗为例[J].贵阳学院学报(社会科学版)，2015，10(4)：36-40.

中，形成了自己独特的文化意义系统。他们通过这种庆坛的仪式展演，将这自成一体的文化意义体系加以圣化，用以解释自己日常生活的合理性。

最后，山区教育的发展与基本生产生活环境相适应，也是外来力量介入和冲击的结果。随着现代生计方式的变迁、跨区域人口的流动，传统区域社会的平静被打破。在相对闭塞的区域范围内，不同族群人口，甚至是同一族群内部的不同姓氏之间或者不同支系之间，竞争无处不在。为了争夺有限的生产生活资源，也为了获得更好的威望，社会文化资源的竞争可能表现在各种公共事项或者共同的观念之中。分化竞争与村民互动和互助合作同时并存。在"面子"观的驱动下，村民之间的人生竞赛一直在进行中。特别是改革开放以来，个人主义的崛起与集体意识的萎缩更是加剧了这种内部竞争关系。教育在家庭预算中的比例日渐增长，其实也是前述各种压力作用的产物。因为教育可能带来家庭成员的社会地位升迁和经济地位的保障。

第四章　个案呈现：老一辈教育者的
人生历程与教育反思

在地理地质和气候环境独特、自然资源禀赋的山区，人类为生存所面临的挑战多种多样。山区条件下成长的个体，其内在与外在的各类因子也备受重视。特别是在自然环境脆弱、自然灾害频繁的地区，个体的生存发展经历其实就是整个区域环境的一个折射。通过展现和分析教育战线中普通人物的个案，我们可以探讨这一区域内普遍性、共同性问题。本章运用生动形象的口述材料[①]，通过个体经历来呈现一个时代教育发展画卷。

第一节　山区教育人才的培养

个体经历是一面反映时代社会经济和文化政治生活的镜子。作为山区族群的一分子，晴隆北部山区生活的老一辈知识分子每每谈起往事，语调不自觉得就变得沉重。"人类群体接纳灾害的方式受到自身政治、经济、社会和文化等一系列因素的影响。"[②]老一辈人在饱受物质匮乏之苦，经过多年努力奋斗，多次妥协退让和不得已地屈服于命运安排之后，终于迎来了相对宽裕的晚年生活。然而，年轻时候刻骨铭心的记忆，仍然历历在目。

---

① 按照学术惯例，笔者将田野调查所涉及人物的姓名做了一定的技术处理。

② 何茂莉. 山地环境与灾害承受的人类学研究：以近年贵州省自然灾害为例 [J]. 中央民族大学学报 (哲学社会科学版)，2012, 39(6): 61–67.

一、彭校长（1942—）

几经辗转，我们找到了这位已经退休在家的老校长。见到老校长的时候，精神矍铄的他刚好打理完农田里的活，放下手中的农具，开始和我们聊天。

时间长了，忘记喽。

老校长是这样开启了他的话题。在交谈过程中，老校长思路清晰，对于那些过往的人和事，特别是一些关键时间节点上的重要事情的经过，记忆得都非常准确。从花贡地方到花贡农场，从花贡农场子弟学校再到花贡学校的创立与发展；从他的读书成长经历到后面曲折的人生道路，从人民公社时期的大队会计到民办教师、公办教师、校长，以及成为教育站站长，他的人生历程如一张生动形象的画卷，徐徐向我们展开。

（一）从求学到建校

新中国成立，给山区普通人家的孩子带来了读书的机会。从一个字都不识的文盲到能识文断字的有知识的人，对于当时的人来说确实是一件很难的事。

我是1942年出生的，1956年我14岁，我家从普安坪东区搬下来。我在白胜小学读一年级的上学期，在白胜小学读一年级的下学期，花贡农场建校后，在花贡农场读二年级，读三年级时就到中营去了，在中营读到小学毕业。在中营读的时候校长是谢知娥。那个时候没有六年级，读到五年级就毕业了。

我毕业的时候还哭了一场。当时，蒋老师刚开始教我们，看我可怜，就送我一本初中的书，说："你拿回去自学，到时候有可能就成龙了。"我就是依靠那本书，自学初中的内容。1956年，我14岁的时候入学，1961年学到五年级，小学毕业时我已经19岁了。那时候国家有政策哦，凡是年满16岁的青年，都要下放到生产队支援农业生产。那时候花贡文化人缺乏，就把我整去当大队会计了。

为了普遍提高人口的基本文化素质，国家下定决心要为广大贫下中农子弟提供教育服务。就此，懵懂少年有了接受教育的机会，为将来新的人生奠定了基础。即便这样，各地还会因为具体环境条件等客观因素导致设立学校的时间和方式等方面出现各种老故事。

花贡镇原来没有学校，以前花贡的学校是在白胜。那是以前旧政府时期建的学校，新中国成立前就有的，喊作白胜小学。新中国成立前，在上卦（今河塘社区，也属于花贡镇辖区内）也有学校，其他地方都没有学校。在现在的花贡镇这个位置上没有学校。"四清"（1964年）结束之时，为了检查运动的成效，中央来了一个赖团长检查"四清"工作。他批评老黄（当时的村支书）："老黄，你当支书，花贡连学校都没有一所，所以现在你重新上来，你必须把学校建起来。"就这样，在他的指示下，开始兴办花贡学校。

花贡学校是1967年开始建校的。首建花贡学校就在那个堡上，第一栋房子就是我建的。一楼一底，五个教室，就是现在的（花贡中学里）办公室那地。为了建花贡学校，去棉花山找木料，自己背树子，买材料，自己建房子。自己去买木料，发动群众去扛，群众出劳力。建校那年的年三十夜，家人等到天黑了还没有见我回家，家人等我回家吃饭都等够了。当时修了五间房，一楼一底，作教室，老师没有办公室。有六个班，一到六年级。桌子是用板搭的，那时最艰苦。用石头垫起，不对头（没有放稳的话）还会倒下来打到学生。这种状况一直持续到普及教育的时候才开始慢慢改变。

办学的条件总体是逐步得到改善，也呈现出明显的阶段性和时代性特征。其中影响最大、见效最为明显的还是在改革开放政策执行之后，随着国家经济的复苏，有了足够的资金发展教育，教育基础设施建设才提上了日程。更加重要的直接原因还是中央的总体布局和要求，政策落实到地方时，短时期内山区中小学的教学设施和办学条件迅速得到了改变。

那时候花贡没有学校，靠农场。"四清"以前，花贡没有学校。几个大队（子女读书）靠农场，在农场里读。大队也没有学校。我是

1973 年开始当校长，当了十九年的校长。那时候，花贡镇四个村都有学校。竹塘、乌沙、白胜、花贡四个村的学校都是由我一个人负责，每个星期去一趟直到后来调到教育站。当时，农场属于省直属单位，公职待遇要比地方上的待遇高。所以一些老师自己愿意调过来在这里当老师。

其实，老师的流动性不是很大，一个学校里连续干（工作）十年以上的老师非常普遍。因为老师要流动还需要教育局批示，没有教育局同意，他也动不了。（招收老师）要教育局批，（学校）不能随便乱找。那个时候没有像现在的"公招"，调动还是要有关系。教师配置等一般业务由县里面统一安排，不仅管学校、管生源，也要管老师。那时的教师大部分是外地来的，本地的很少。河南普安县的，哪个县都有。比如，籍贯是普安县的（老师），要到晴隆县来当老师，一般都是毕业时分过来的。那时候不兴考，毕业一起分配。师范毕业生是从 2005 年开始不分配了。

1980 年学校的条件就改变过来了。那时候是"普六"，普及小学教育。后来才是普及初中。"普六"时期，更换桌子的钱由国家出，国家把桌子凳子做好之后拿给你。一年换 10~20 套，慢慢地就改变过来了。原来用木料建的房子，转为公办之后，房子就撤掉了，基本修平房（砖瓦房）。修平房是在 20 世纪 80 年代。1980 年大建，要搞普及教育，入学率要达到 95%，达不到这个就不行，就开始大建了。入学率达不到 95% 的话，不行。虽然没有什么惩罚，但那是命令性的，达不到不行，是必需的。首先，县里面县长要负主责，一层压一层，要完成。必须要达到 95%。你这个镇，这个学校，定下来，到那一年你必须要完成。完成了的，国家重（视）一点，支持（多）一点。建校啊、课桌啊，这么子搞。改变设施、改变教学环境来增加入学率。以前条件太差，虽然有娃娃来上学，但是那时候一个年级就 15~16 个学生。转为公办后，学生才开始多起来了。

（二）从乡村会计到教师

那个时代，政治运动直接影响到很多人的职业身份。当事人从事什么样的职业不是自己主动选择的结果，更多是处于"被选择"的位置。那个时代，"工作"意味着不用依靠种地获得口粮，意味着每月有固定的收入，生活有保障。所以"得一份工作"不容易，心里就十分珍惜自己手里的每一份工作。

> 我从 1960 年开始干会计，从小队会计一直干到大队会计，一直干到"四清"快结束时。当时进行清查，说是为了改进嘛。有人就说，我家岳母成分是地主，我不能当大队会计，因为大队会计是支书的秘书，文件都要经过我的手。所以就喊我去教书，我就去当民办教师了。

在知识普遍缺乏的广大农村，时代也给了这些有知识的人一些机会，有了一份正式的工作。当然，具体到每个人，情况也是千差万别的。从民办到公办，从"社来社区"到"不出村"，每个人的机运巧合不同，走过的道路也不尽相同，后期发展也有差异。作为乡村教师，地位升迁已经是一件了不得的事情，但也基本是深深地扎根在这块泥土上了。

> 从 1967 年开始当民办教师，到 1972 年 12 月转正了，我是跟着学校转正的。也就是说，学校转为正式的公办学校。对这个学校的开创者来说，我也正式转为一名公办教师。花贡学校从 1967 年，就开始建校。开始的时候我还是一名民办教师，到 1970 年 12 月 30 日，我转为公办教师。正式的公办教师，一个月的工资 19 块 5。1971 年开始，花贡学校转为"民办公助"，开始转为公办。1972 年"民办公助"时，国家从外面调来一个姓龙的，他是普安莲花山的教师，由他来负责整个学校。1973 年，他走了之后，我成了学校的负责人。那时候，根据中央的精神，"初中不出村"，所以每个村都办初中。到 1977 年，开始搞普及教育。1980 年，又恢复办初中，从小学一年级办到初中。

> 刚开始的那个时候，教师主要是外面来的知青，用下乡来的知青当老师，也从其他各个县去请老师来。后来搞普及教育，当时的教师主要是"社来社区"的民办教师。后来，慢慢地从外面调来老师，开

始办初中。又分批从外地招教师，就这样慢慢起步。在知青教师走了之后，从普安、鲁打、白胜等周围调教师过来。

到 2002 年，我调教育站，让罗文林来当花贡学校的校长。之后是龙兰、邓吉龙他们来干校长了。

2002 年上来教育站之后，花贡子弟学校还在。当时的花贡学校原来是九年制，后来又改为六年制。我在的时候是小学和初中一起办，好像是在邓吉龙来了以后，才开始分校了，上面为小学，小面为初中。

（三）教师"过关转正"，学生教育收费

新中国成立以来，基层行政区划变化很大。特别是教育改革带来的变化最大。学校开始兴办的时候，因为缺乏师资力量，要成为教师的条件还是比较宽松的。只要是村里有点文化，能识文断字的人，就可以到学校里来教书。

我是公办教师，每月工资 19 块 5。我记得直到 1982—1983 年，正工资有 20 多元。当时一个村的一个学校里有 5~6 个老师。那个时候，教师紧张的哦，有些班级没有教师。一个人带一个班。

民办教师是山区小学的中坚力量，活跃了近半个世纪。作为人民公社时期集体办学的产物，民办教师介于国家干部与农业人口之间，既要教书育人，又要下地干活。民办教师也算是当时的文化人，具备一定的文化基础是被选择的基本要求之一，选择也有一定的程序性要求。但是，教书得到的微薄收入不足以养活家人，所以还要从事农业劳动。不仅仅他自身是农民身份，他的配偶和孩子也是农民。不但要处理教书与种地的矛盾，而且要接受国家的管理，即不断精简控制、整顿、考核。

后来进行教育改革，首先就对教师队伍进行清理。对于那些耐不住清贫中途退出了教师队伍的人进行一刀切，就不再有转为正式在编教师的资格了。对于那些虽然一直在教师岗位上工作的人要进行考核。考试通过的，分批分次进行转正，成为正式的在编教师。有极少部分老教师，年纪已经很大了，确实没

有能力通过考试，也不能继续胜任教师的工作，最终也是没有得到转正的机会。"在强大的国家力量面前，代课教师根本不具备与国家权力互动的机会和渠道，代课教师无论代课时间有多长，表现有多好，都始终是属于临时性质。"[①] 通过"关""转""招""辞""退"，能转变为公办教师身份是一种幸运，部分人员则离开了教师岗位，回归农民本色。

> 教师大多是民办教师。那个时候民办教师造孽（可怜）啊！那时候民办教师的工资与学生的人数挂钩，大概是五块，工资太少了。后来才有了民办教师被转正为公办教师的机会。要从民办教师转变成公办教师，也不是一件容易的事，教师转正必须得"过关"，也就是要参加考试。不过那个时候的考试和现在考教师资格有点不一样，主要是针对那几年还在岗的民办教师，组织统一的考试，通过了的就可以转为公办，分成了好几批，慢慢转正的。

从另外一个角度来看，学生上学也是一件很难的事。家庭子女的多少，经济状况的好坏等是最为重要的因素。虽然"读书是有用的"是一个普遍的观点，但是要供养孩子上学却不是一件轻而易举的事。

> 那个时候上小学是要收费的。一学期一块五角，但是很多家庭拿不起啊！每个家庭都是子女多，一家有三四个娃娃读书。背粮食到乡场来卖，两毛钱一斤，卖的粮食主要是玉米，其实家中的粮食本来就不够吃。饭不够吃，养猪养鸡也养不起。更何况当时也是不准养啊！那时候娃娃十一二岁才读一年级的情况很普遍，家庭经济普遍太恼火了。所以当时一个学生的实际缴费普遍是五角，很多学生的学费是拿粮食来抵。粮食是从大队里拿来的，但是那时候大队的粮食也不够多。

教育资源在当时是稀缺的，对于山区的家庭来说，这不仅意味着孩子在求学道路上面临各种困难，更是一场经济的考验。为了孩子更好的未来，许多家庭不得不"买单付账"，支付高昂的费用。这些费用的名称可以各种各样，而

---

① 张济洲. 文化视野中的村落、学校与国家 [D]. 上海：华东师范大学，2007.

且有着明显的时代印迹。

二十世纪五十年代花贡农场建场之后，为了解决农场干警子弟就学的问题开始建立了一所子弟学校。子弟学校最初只有小学一到三年级，后来逐步扩大，成为从小学到高中各个年级完备的子弟学校。花贡农场很有名，当时的花贡子弟校也有名，招收外来学生（非本场子弟）要高收费（时称"农民费"），需要六十元钱才能进去，而且还要经过考试。我当时就去参加了考试，成绩是第二名。为了能让我进去读书，家里也省吃俭用凑足了钱，把我送进了花贡子弟校。

教育改革带来了山区农村教育的新面貌。教育资源的丰富，孩子们有了更多的、更为宽松的教育环境。农民子弟与农场子弟之间的身份差异在当地也逐渐淡化，求学机会渐趋平等。

虽然是花贡子弟校曾经有收"农民费"的情况，但是花贡学校自开办以来，从来没有针对不同学生收不同学费的情况。后来花贡农场建迁了，子弟校划归地方教育局管，花贡子弟校和花贡学校之间就没有什么差别了。入学条件也开始变得很宽松了，学生愿意到上面（花贡子弟校）来读也可以，到下面（花贡学校）来读也可以。不管是农民子弟还是农场子弟，都没有关系。当时入学也没什么要求，只要你愿意就可以去报名。只是要从一个学校转到另外一个学校去读书的话，也需要学校与学校之间打招呼。比如，家住原来（农场）医院的，离下面近，愿意去下面读，打声招呼就可以下去读。现在花贡中学背后有一排大瓦房，以前就属于场部医院。紧挨着花贡学校。有学生愿意就近到那里去读，就可以去读。但是要给校长打招呼。有的呢，像我的情况，属于农民家庭，又想去子校里去读。那么通过学校去打招呼，也就是前面说的"走后门"那种关系。但是，也不是想去报名就能得到报，不是的。有的学生是因为有亲戚在（子弟校）中当老师，就可以去了。

（四）那个年代的知识分子

在那个年代，只要是能识文断字、"肚子里装着墨水"的人就可以被称为知识分子。从新中国成立到 20 世纪 80 年代左右，他们都属于社会中的少数人。这类人大致有两类：第一类是本乡本土的文化人。这类人的政治背景相对简单，社会关系网络也基本固定在本乡本土范围内，属于乡土文化建设的中坚力量。

> 那时候文化人缺乏，找不到人。大队会计是到兴义那边请来的会计。以前是你要我当，我就当嘛。大队会计是从 1963 年开始当，当到 1970 年。我 1970 年 4 月参加公助①。当时的老辈人中不好选人才。这里是苗族人多。从会计转变为老师后，从 1973 年开始，我当上了学校的负责人，后来慢慢成为校长。那时候不是喊校长，而是喊负责人。那时候就是我一个人干，负责人、副校长、校长、教导主任，全部由我一个人包了。一个星期，这几个学校里转一趟。具体的话样样都负责，教务的事全部是我负责。那时候还没有教务主任，就是我一个人。我自己也要教书。像在中心学校么，一个年级一个班。一个人负责一个班，我出去的话，请人帮忙带一下。那时候教师缺得很，五六个班只有三四个教师。

第二类是外来的文化人。其中包括上山下乡的知识青年，即在城市等经济文化较为发达的地区接受过现代的正式教育，因为政策因素暂时来到乡村锻炼。他们年轻、充满活力、思维灵活，但是具有较大流动性和不稳定性，有的人在心不在，有的随时可能离开。此外，还有一些较为特殊的文化人，正处于再教育改造阶段。从政治上来看是一群"危险分子"，但对于识字率低下的乡村社会来说，他们也有一些特殊的价值。

> 在二十世纪七十年代，花贡农场是针对犯了错误的知识分子，比

---

① "民办公助"，是一种办学形式，即由企业或个体的资助办学。与"公办民助"的公立学校不同，前者属于民办学校。此类学校是教育产业化的产物，主要是在义务教育阶段。国家拥有中小学的所有权，政府给予政策上的优惠，学校经营权相对独立出来，可以独立面向社会吸纳教育投资，同时收费不受义务教育收费限制，招生有优先权，可以向学生家长收取择校费。

如思想等各方面犯了错的人就在这里接受劳动改教和劳动教育。但是那些人知识文化非常渊博。虽然是一个子弟校，但是当时这里的教学资源很有名。当时创办这所中学的韦校长就发现了这个优点，大胆用这些人，拿来进行授课。他虽然是犯了错误，虽然在改教，但是他的知识不能让它荒废。如果要把它应用起来，就把他拿来当老师。那个时代的知识分子，知识能力是非常强大的，所以就把他弄来教书。九几年时，花贡农场的高考，在整个全省也算是有名次的。花贡镇这个地方是以农业发展为主，但是不以营利为目的，主要是针对来这里改造的人，用劳动来教育他们的思想，即通过"劳动"对他们进行再教育。

花贡学校和花贡子弟学校（花贡子校）都在花贡，是两个独立的学校，距离也比较近。2002年花贡农场建迁（建设迁移）之后，花贡子校收归地方管辖。期初仍然保留了两所学校的原有校址和办学模式，后来，为了充分利用基础设施，发挥教育资源优势，把两所学校的师资进行了重新整合，开始进行"中小学分家"。也就是把中学的班级集中到原花贡学校内，即现在的花贡中学，把小学的班级集中到原花贡子弟学校的校址中。也就是现在的晴隆县花贡镇花贡中学和晴隆县花贡镇花贡小学这两个学校的来源。

以前，学校没有围墙，范围比较宽，后来经过规划，现在花贡小学所在地虽然是原农场子弟学校的原校址，但是占地面积就比较小了。2003年，花贡劳教所搬走以后，就把花贡子校纳入当地政府管辖，小学和初中分家。现在的花贡中学的位置，以前是称为"花贡学校"，原"花贡学校"改名为"晴隆县花贡中学"，上面就改为"晴隆县花贡小学"。分层就是从那时开始的。到2008年，才正式更名为"晴隆县花贡镇花贡中学"和"晴隆县花贡镇花贡小学"。

从行政归属级别来说，花贡农场属于省直属单位，农场干部子女比较多，所以开办了十二年制的农场子弟学校（包括小学、初中、高中），小学和初中只针对农场场部的干部子女和工人子女。高中部分可以针对附近的各县市，自行招生，所以出现邓校长讲的高收费的情况。九年义务教育之前的教育是要收费的。针对外来学生，收费是正常收费。比如说，我父母是在这个镇上经商的，不是农场的工人，也不是农场的干部，我们想要进入这所学校上学，怎么办？"找关系"，"走后门"，"托关系"，说是某某干部或者是某某工人亲戚的子女，那个时候花贡中学的教育质量在整个贵州省中都是有名的。

关于教育这一块，在我的印象中，针对每年高三高考成绩，花贡子弟校都把考试的喜讯全校公布。在1997—1998年这段时间，那时能考上专科的，也是很厉害的。从这个学校考取的有七八个专科学生，还有走中专、中师类。1999年，花贡子弟学校就逐步撤销高中部。后面还和贵州省经管学校联合创办，开设了一个警校班，只是针对初中或者高中毕业的干部子女。这个班只开了一年，到2000年，就直接把高中部取消了。在花贡学校和子弟校合并之后，紧接着是花贡的"中小学分家"。那个时候，当地的小孩就只能去外地读高中去了。比如说有的是去晴隆的高中，有的是去普安一中读的高中，还有去安顺，六盘水上高中的情况。

（五）作为教育管理服务的教育站

按照晴隆县教育局的管理规划，对整个县的教育机构和部门的工作进行了层级划分和工作内容的细化分工。教育站作为县教育局与基层各乡镇学校之间的桥梁便应运而生。作为一级基础教育管理机构，设立教育站并不是当地的首创，在整个中国普遍存在。它们是现在各地"中心校"的前身。

花贡镇原来属于中营区，1992年，撤区变镇，正式成立了现在的花贡镇。1992年撤区并乡我就到教育站来了。到教育站任工会主席，任出纳员，管经济、发工资。教育站相当于县内各个学区下的一个站所。这个学区和现在城市里的学区不是一样的。教育站对所辖地区的教学工作具有引领作用，相当于县教育局的一个下级组织。成立教育站，站内有工作人员，负责下面各个学校教师的工资和具体的教学工作等。

教育站中的工作人员不多，工作的内容基本可以总结为上传下达。但是实际的工作内容有很多，既要迎接上级的各类检查和提供相关报表，也要面对辖区内各个学校和办学点的千头万绪的具体工作，还要对工作和教育政策落实情况进行检查和督促。

但是教育站的任务很实，但是机构有点虚，办公场地有临时机构的感觉。

教育局对接教育站，教育站就对接（负责管理）各个学校，样样都管。教师工作、工作情况、教学进度、普及教育。相当于在以前教育的基础上提升了一级。这一级是来管他们，像教育巡察、工资发放、人员编制人数等。后来是在2016年或是2017年，教育站改为中心学校。中心学校的职能和教育站的工作一样，性质不变。中心学校的管理方式，是直接对接各校校长，校长是在它下面的一级，相当于是在教育局和学校的中间设立的一个管理层。教育站的设立也不是晴隆县独有，在整个贵州其他县都是这样。每个镇或者是一个乡的教育辅导站设有站长，现在是中心学校，称为中心校校长，他们不单独负责一个学校，而是负责整个片区内的所有学校。它是一个单独的机构，有的有单独的房子，有的没有。也就是自己没有房子，靠政府拨给。然而我们中营是单独葺了一排房子。花贡这里没有。花贡从来就没有（教辅站独立使用的）房子。

开始时中心校还是在林业站对面租房子。后来政府大楼修好之后，就搬到了政府大楼里。宾馆左面旁边的房子，二楼，有两格。后面政府又把房子收回来。然后在计生站这边，也是属于政府的，有空房，又租给中心校办公用。现在还是在那里。

二、邓校长（1953—）

长流是怎样一个地方？生活着一群怎样的人？为什么要读书？为什么会选择通过读书改变命运？带着一连串的疑问，笔者进入了郎箐寨，一个"每个屋檐下都有一名本科生"的特殊山寨。走进了邓校长的木屋，倾听这里人才辈出的缘由和他的人生故事，他们的求学经历、生活波折和对教育的感悟，展开一幅内容精彩的美丽画卷。

（一）文化人家的父辈往事

北部山区的人口基本是聚族而居。作为移民的后裔，追溯先祖的来历既是满足一种寻根的情感需求，也是传统文化代际传递的重要途径。

我们这个寨子，姓邓的要多些，是解放初迁来的，都是姓邓。姓李的只有 3 家，具体说来这 3 家之所以迁到这里来，那是在新中国成立前后，因为和我们有亲戚关系，到寨子里来玩，住下后就习惯了，所以就迁来了。在民国时期，鲁打的人口就已经很多了，土地也是有限的，一直都很紧张。新中国成立前后，有的人家土地稍微多一点的，也有买卖土地的。这样，他的亲戚给一点，自己出钱买一点，还有的是自己租一点，就有土地种了，不占别人的便宜。到新中国成立初期，这里的贫富差距是有的，但是不太大。新中国成立后评地主的时候，要评哪家是地主。我家的幺爷爷家就被评为了地主。因为幺爷爷家土地稍微多一点，他也不干劳动，就被定为地主了。

本来我家成分也可能是地主的，但是到我父亲时，把家里的土地"弄丢了"。具体的过程是这样的，父亲是文化人，他交朋友比较多，有些朋友弄他去赌钱，去玩。他的赌技又差，文化人又不耍赖，被朋友诓骗去赌钱就赌输了。把自己家里的牛拉去卖了，土地也卖了。结果新中国成立的时候，家里的土地就没有幺爷爷家多，就没有被评成地主。

按传统观念来说，父亲当时就是"败家子"了。其实并不是这样的，我父亲也是有思想的人。在新中国成立前，1948 年的时候，他买了苏联造的"俄枪"，拿过去参加共产党。新中国成立后就是共产党的户籍干事。只是到 1951 年假案，才把干部身份丢了。当时，我们这个地方的人和外面来的土改工作队有矛盾，地方的这些人都是在乡政府工作的，都是地方的有头有面的人物。土改工作队就说当地的干部破坏土改。那个时候，大家都不懂研究政策，就这样被冤枉了。那个时候的材料上可能是有各种疑点。所以后来我父亲就回家，没有工作了，一直到1986年才平反的。平反那年，我在晴隆读书，找了很多人得到的资料，后来才平反的。父亲最终被确定是国家干部，冤屈算是洗清了。但是从1951年到1975年他去世，正是养儿女最辛苦的时候，真是不容易啊！1986年才得到平反！

（二）曲折的求学路

即便孩子要读书，想读书，也不是都能实现愿望。在求学的过程中，因为当时的具体政治经济环境和具体的家庭处境，很多人中途就不得不放弃。能够坚持下来，而且能够学有所成，都有各自不同寻常的经历。

我1953年出生，生在新中国，实际上我读书时太挫折了。我是9岁才读一年级。7岁那年就应该上小学了，但是因为3年困难时期，农村这些地方就没有学校了，1962年才又开始办学校。1962年9月，我已经9岁了才开始读一年级。小学是在村里面上，在杨寨小学读到5年级。1967年又遇到"文化大革命"，读几天就回来了，又没有读书的机会了。我有多曲折啊！

后来我也去犁地了，用牛犁地诶！先是放牛、看牛，后来是用牛犁地。挖煤这些，我都干过的。我们这里有小煤矿，自己挖来烧的那种。1971年我才有机会读书。去插班读初中，在鲁打中学。虽然当时年龄已经大了，但是个子小，看不出来。1973年初中结束后，我就到晴隆民中读高中，1975年7月高中毕业。高中毕业，又回来干劳动。

一般来说，那个时候高中毕业了，可以找一个好一点的事情干了。但是我的情况还很特殊。诶，有一点"历史问题"。我家历代都是有文化的人，我父亲在新中国成立前投奔了共产党，做了共产党的经济干事。新中国成立后在政府里（工作），是政府的户籍干事。后来1951年，遇到一个假案，被关了10个月，就这样干部（身份）丢了，就回来务农了。

1975 年高中毕业，1978 年参加民办教师。1978 年，我们村里面要办一个初中，要民办教师，我去考，就考取了。1980 年，我又考取晴隆师范，读了两年。1982 年 7 月毕业。那时候在师范学习没有分科，是全科，哪样都学。数理化、外语、音乐、美术、体育，样样都学。毕业回来分配到现在的中营二中。1983 年 4 月，我调到鲁打中学。之所以要调动，是因为我爱人的病。我爱人当时是严重的抑郁症，精神错乱，我被迫调了回来。鲁打中学挨着我家，走路只要个把小时。这样的话，就可以照顾到家了。虽然当时中营的（教学生活）条件应该比鲁打更好，但是从家到学校要走路啊，两个多小时。在鲁打中学，从 1983 年 4 月，一直干到 1988 年 7 月。1988 年 8 月，任鲁打中学的教导主任，在学校，我主要是教语文。虽然我读高中的时候，主要是数学好，但是后来干了几年劳动，把数学的大部分（知识）忘了，所以（后来）就教语文了。

（三）种粮食却吃不饱的年代

那个时代，作为农民家庭的娃，还得到土地里面去刨食，面朝黄土背朝天"修地球"。但是作为山区的孩子，如果体格比较弱小，要靠农业生产养活自己就太难了。

我们这个地方，一代一代都是靠辛苦。大部分人都比较困难，我现在还住在瓦房里。那个时候要"挣工分"。开始时我负责看牛，后来才能犁牛。因为个子小，力气不够，按照当时工分的计算方法，成年人是 10 分，我得 6 分，后来得 8 分。最后，我能够犁牛了，就得 10 分了。得 10 分的话，我记得，到年终分配的时候，一个工分 3 角多。年底汇总计算，粮食是按"人 7 劳 3"。就是按人口多少计算，劳动力算 3 分。最后决算的时候，把粮食这算成钱。具体算法是按人口来分配粮食以外，把劳力拉平，哪家工分多，就多进一点钱，工分少的，要出钱。比如说，我家有 5 口人，只有 1 个劳力，你家有 3 口人，2 个劳力。劳力多的自然工分就多，劳力少的工分少，年终结算时，工分少的要出钱给工分多的。所以，有些家庭没有粮食吃，需要借或者买。那时候，我们这边还要去普安买粮食，走大岩，翻山下去，一天一个来回，要走8~9个小时。早上天不亮就走，回来到家的时候，天已经黑了。

即便是拼尽了全力，从贫瘠的土地里面产出的果实还是不能吃饱肚子。为了活下去，寨子里的人哪样办法都想过，都尝试过。

不是说只有鲁打人有经济头脑，这也是经济所迫啊！可以说是无孔不入了，哪样办法都想了。

粮食不够还得买粮食，钱从哪里来？想办法啊！寨子里的人擅长织布，但是这里不种棉花，织布的线是靠买来的。织成布之后卖出去就可以多得一点钱。用这些钱买点粮食，再买线来再做（织布）。实在没有办法的时候，有的还把旧衣服拿去卖，盖过的被套拿去卖。旧东西直接拿去是卖不掉的，要进行一些"加工"。用竹箐（一种植物染料）煮过之后就和新衣服一样了，再拿去卖。另外就是去借粮食。我们不懂事的时候，这种情况有，我们懂事之后，借粮食的情况还是存在的。在青黄不接的时候借1斗^①，后面还的时候可能要还1斗5。还有就是借1斗玉米，可能要还1斗大米，都有这种情况。

特别是在"文化大革命"期间，对农村的管理和限制是非常多的。当时大家都吃不饱，如果是哪家想自己搞点什么，那是不允许的。

虽然这里的山很多，也不是想种什么都可以的。原来是不允许自己私人种的哦，要"割资本主义的尾巴"，土地和粮食全部归集体所有。个人一小点自留地，但是太少了。如果你随便去挖点地种粮食的话，少的被没收，多的甚至还要被批斗，可能还要被拉去坐班房。那时候即便是在犄角旮旯种点什么的，都会被发现。有些人要说，要揭发嘛。虽然揭发别人对自己也没有什么好处。但是人心啊，别人有吃的，自己没有，心里不舒服。还有生产队的那些队长、小队长，如果不揭发他人的话，最后他们自己也是要挨批的，所以他们发现哪家私自种了

---

① 1斗为12.5斤。

什么，也要管的。

改革开放，农村土地承包制度改革之后，情况有了很大的好转。但是，因为是山地，加上土地肥力不够，所以这里主要是种玉米、红薯、土豆和小麦。

> 我 1982 年师专毕业出来，每个月的工资才 38 块 5。当时如果干民办教师才 10 块，一年再给 360 斤粮食。粮食主要是苞谷和大米。苞谷和大米各半。有时候也有小麦，土豆不算。小麦算在玉米这一头，粗粮。我们这里主要是种红薯。地势高的主要是种土豆。小时候吃的苞谷、小麦要多点。大米不多，达不到 1/3。吃一顿大米饭，吃一顿肉是很难的，包括吃面条的机会都不多。从这里翻过木龙崖，可以到龙吟。木龙崖很高，差不多有晴隆这么高。到那边主要是买大米。也有人从龙吟买小麦，拿回村里加工成面条之后又挑到龙吟那里去卖，赚一点辛苦钱。剩下的麦麸这些又可以充饥。搭点玉米，搭点大米这些做吃的。做面条需要有技术，还要有机械。当时做手工面条只有少部分人做，用机械加工面条是后来的事了。当时加工面条的机器虽然有些寨子里有，但是少，普及不了。周边大部分人都只是从事农业劳动，面条不会做。

（四）360 斤粮食农转非

通过户籍制度对人口进行分类并加以固化，这是那个时代的特色。作为一种与生而来的身份，如果要改变，不仅仅是努力读书就可以了，当时还有各种相关规定。这就决定了山区小孩人生道路上必定要遇到更多的困难，甚至是挫折。

> 那个时候孩子农转非，户口迁移，要几百斤粮食，政府拿救济粮来支撑。考取了学校还要交 360 斤粮食。户口要从农业户口转为非农业户口，要卖掉一年的粮食。政策就是这样的，360 斤粮食还要交到仓库里面去。政府说的，360 斤粮食是拿来转户口的，这里面是很辛苦的。我家的三个娃娃前后考上大学，拿粮食转户口只是前面两个，20 世纪 90 年代那时候都要交。我家老二是要给政府交救济粮的。那个救济粮是不还的，政府会想办法解决。老三没有交。老三的时候，

政策变了。老三是 1986 年生的，2004 年考的。另外，我还供弟弟上学，他也要农转非，他也是交了救济粮的。那个时候，多弄几个户头，政府一家补助 60 斤或者 80 斤粮食，几家凑在一起够 360 斤粮食就够了。

这里面名堂多得很。表面来看，按政策农转非必须交 360 斤粮食。救济粮似乎是一条变通的道路。其实并不是一回事，这是两个部门的事。360 斤粮食是粮食部门的事，无论你想什么办法，粮票也好，粮食也，其他指标也好，你要拿 360 斤粮食来。而你从政府那里去要是你自己的事，他不管。而且给你 360 斤粮食不是一个户头，就是刚才我讲的，东一家西一家，张一家李一家。这些心酸的往事，不愿意提起了。

（五）为家人和村寨骄傲

遗传基因也好，家族传承也罢，能够通过读书改变命运，改变人生轨迹的山区孩子常常呈现出家族式特征。有家庭的娃娃读书都很好，最后考取了学校，毕业之后当了干部，整个家族都沾光。有家庭的娃娃读书不好，读不懂，最后不得不放弃读书这条路。

我家应该是有读书的传统。我父亲懂知识，在新中国成立前还做过教师。我家从曾祖父到祖父，到我父亲这辈，他们都要么是先生，要么是教师，到我这一代也是搞教育的。但是我下面的三个儿子，他们都不干教育了。三个儿子都是工程师、高级工程师。

其实，这些成就的背后是更多的辛苦和努力，也有家庭成员之间的相互帮扶。即便是经历了各种艰难困苦，对于读书事业的不离不弃是最终摆脱贫困的制胜法宝。

我在家是排行老二。我家总共有 5 姊妹：1 个哥，2 个妹（后来 1 个妹死了），1 个弟。我父亲是 1975 年逝世的，50 岁，旧历的 6 月 15。当时我弟 9 岁，那个时候我也不大，22 岁。当时我正在读高中，准备参加考试。我母亲很能干，勤劳，想尽一切办法养活我们。1982 年，我读师范出来。当时家中虽然还有大哥，但是大哥老实，他读到二年级就没有读了，也没有文化。后来他成家了，自己还有4个娃娃，生活也很紧张。后来他的4个娃娃都没有上大学。到他的孙子这一辈，有2个孙子读大学了。其他几个读初中、高中，都在读书。

为了养活自己和家人，我知道得一份工作是多么不容易，所以十分珍惜这份工作，认为所做的只不过都是应该要做的。我用微薄的工资供我弟弟读书。他是在鲁打中学读初中，后来考取贵州电力学校，中专。幺兄弟后来读了中专，现在在凯里供电局搞自动化和电脑这一类。他读书厉害，因为我父亲不在了，所以经济上供不起了，不然他应该能读大学的。

不过，如今的环境和条件改变了，大家有了更多的选择，读书已经不是这里出人头地的唯一路径了。村寨中生活的人也发生了很多变化。也许是因为环境的艰苦，读书改变命运的示范效应在当地还是深入人心的。

现在留在寨子里的老人多，年轻人几乎没有，只是个别人因为有点事情在家，大部分人都出去了。现在村寨里有112户人家，去年（2021年）我统计是109个大学生，今年（2022年）又有十几个。我自己有三个儿子，没有闺女。本来第三个就是想要一个闺女，没想到还是儿子。老二和老三相差7岁。老大1977年出生，属蛇，和我是一个属相。三个儿子上小学、初中都在本地，初中就在我所在的那所学校。三个都考到兴义一中读的高中。老大考上武汉大学；老二是交大，硕士毕业；老三是上海大学，去瑞士进修过，马上要去加拿大读MBA（工商管理硕士）。现在，我家老二、老三都是高级工程师。老三26岁就评上了工程师，马上要去加拿大读MBA。老大负担要重。原来他是在星辰会计电子公司当生产部经理，后来因为两个兄弟拖累了，他自己又生了三个孩子，为了多挣钱就出来做生意了。如果不是这样的话，老大现在也应该是工程师了。

（六）从"辉煌"到"二线"

在二十世纪八九十年代，鲁打中学是整个北部山区教育的骄傲。这所学校不仅给无数山区孩子带来了希望，还为他们提供了人生奋斗的目标样本和实现身份转变的具体路径。正是教师们用心血和巨大的付出成就了这所学校的辉煌，也是在巨大的生存压力下，晴隆北部山区绽放出绚丽花朵。同时，国家教育政策和教育投入也为山区人民带来新的希望。

  鲁打中学最为辉煌的时候，在全县的中专、中师考试，全县录取40多个人中鲁打中学就可以考去12人。最初的时候，那时候我还在当教导主任。1988年当教导主任，1992年我才当校长。1992年3月，我去原来的兴义师专参加校长培训3个月，我们是第一批。回来后，8月份当校长。当校长后，我还继续任课，担任一个重点班的语文课。那个时候鲁打中学已经很厉害了。特别是1995年到1996年，在全县最有名。1996年全县教育大会，因为鲁打中学的升学率高，把我喊到主席台上，在主讲席上坐着的。我干工作是兢兢业业、认认真真的，也有获奖的记录。有一个是在教育站的时候获得的"优秀教育工作者"奖。

在"大家"与"小家"之间奔波，疲惫和无奈是那个时代的乡村教师最为深切的感受。当时，作为一所山区的学校，鲁打中学之所以能取得这样的成绩，老师和学生都付出了很多。

  那些从远的地方来这里读书的学生要住校。简易的房子。我记得，那时候一个学生的学费是四十多块钱，包括书费、杂费。书杂费本地和外地学生一样收取。学生吃饭是自己煮。有一个食堂，学生自己拿菜、拿豆来，不算钱。派一个人给他们做。老师也是在食堂吃的。老师一个食堂，学生一个食堂。学生食堂是学生自己拿南瓜、土豆、白菜来。老师自己出钱，从工资里扣一点。我记得是十二块。

  1995年具体考取了多少学生，我已经记不住了。当时一个班太大了，有七十几个人，有的班将近有八十人。当时的鲁打中学考取的人数，算上师范、高中，有一半。好的一个班有一半多。一个年级有两个班。一个班好一点，一个班稍差一点。入学的时候凭考试的成绩分班。每个学期开学的时候考试，有时候中途还要筛选。要评估，能够考中专，还是能够考师范？还是高中？成绩好、年龄小的学生，推荐读高中；年龄大的学生再看是考中专还是中师更适合。1995—1996年是最好的时候。学生有的是本乡，来自长流、中营、鲁打这一片附近的村寨。那时候长流和鲁打各是一个乡。另外，还有水城、盘龙、普安、龙吟、石鼓，还有六枝这边的中寨乡，这几个地方都是来鲁打中学读的。

1996年8月，我被教育局调去中营职中当校长。中营职中不是职业学校，是普通初中。它的校园有一点宽，有几十亩地，其中有二三十亩地的柑橘，椪柑。他们说有四五十亩，我估计是三十亩，也有可能是五十几十亩，作为师生劳动活动的场地。但是，一年的产出效果不好。我走了以后他们就拿来改种杉木了。1997年，我爱人又病重了。1997年7月结束之后，我又要求回鲁打中学来。我走之后，安排一个副校长主持工作。1997年8月，我又调回来鲁打中学任校长，直到2000年7月。

伴随着学校的辉煌成就，教师的升级或者换岗也有了新机会。进入新的岗位，专心工作与照顾家庭的两副重担依然压在身上。面对时光流转、岁月流逝，年岁增长的压力，更换岗位之后的工作一如既往，并逐渐回归了平淡。

从2000年8月到2008年4月，我担任长流乡教育站站长。其间在2001年家庭被评为州级的十星级家庭。教育站从1992年元月就开始了。前一任站长是龙荣总。普安县委书记龙刚的父亲。在教育站工作期间，那个时候就是抓"两基"。当站长的时候是抓两基。那时候是"普九"。"两基"是普及青少年文盲，基本问题是要青少年全部入校，入校率达到97%，文盲90%。"两基"就是"两个基本"：基本消除青少年文盲和基本保证青少年入学。那个时候的数据统计是特别认真的。村干部、组干部都要在每个寨子动员，开扫盲班，还是很紧张的诶。中学需要改扩建学校，修建校路。我们要组织村干部、组干部，动员老百姓，动土地，修学校这些，忙得不亦乐乎，太忙。有时我十几天不能回家，老婆病了，找人来给她看病，我自己都不能亲自回来。

她也有些怨言，我打电话，她看到是我的手机号都不接了。我觉得对不起她，提出向组织辞职。到2008年，我已经年满55岁，爱人身体不好，娃娃都不愿回来，我提出辞职，组织同意，退居第二线。教育站没有学生，不需要上课。所谓"退居二线"，还是继续在教育站上班，只是不再担任领导职务。那个时候，到各个学校看看啊，站长不在的时候，我带队下去检查啊这些。只是到周边这些学校看看时，要轻松多了。

（七）我生活中的"书香长流"

"书香长流"是对晴隆北部山区教育历程的一个总结。这个概念源自当时的黔西南州州长李昌琪的倡导，更与以长流乡为代表的晴隆县现代教育的快速发展和取得的成就密切相关。

> "书香长流"是他们提议的，我没有参与这个事情。这个估计是李州长当时提出的，我们这边的学生考取的人多，出去到兴义和周边的各个县，各个单位都有我们这边的人。

"书香长流"也是一种希望。不仅是每个家庭的希望，家族的希望，更是国家的希望。

> 现在这个寨子按平均数来计算的话，"每个屋檐下都有本科生"，平均一户一个还要多了。一家有三个的有好几户呢！有两个的比较多，也有（一家）没有（一个大学生）的情况。但是这种情况是少数。有些家庭的经济状况还不差，但是选择不同了。以前读书是为了改变命运，读书之后就有正式工作，但是现在不用读书也可以找到工作了。但是我们寨子学风比较好，大部分人喜欢读书。

然而，"书香"并非自然生成，它是恶劣生存环境压迫的结果，是穷则思变思想开出的花朵。

> 实际上，我们这里土地少，在全乡是土地最少的，一个人不到5分地。解放初期是六七个人口分土地113亩。现在是478口人，112户。

现在随着人口繁衍，人地关系应该更紧张了。但是现在大部分人不在家了，打工的，考取学校后走了的，（在外面）工作的。而且这几年新生儿不多。现在还有人都往外迁户口了。像我的三个儿子，户口都全面迁到外面了。现在这里搞示范村建设，国家投资，大亚湾的对口资源对改变村寨的面貌发挥了巨大的作用，但是那是因为读了大学，在外面工作，是国家工作人员了。所以现在读书的人往外迁的还是多，毕业出来工作之后自己愿意就把户口迁了。

"书香长流"的背后是亲情，更是责任。它不仅是长流一个地方的情况，也是整个北部山区的流行趋势。

> 这个寨子不大，实际我们是靠辛苦诶。我当时的工资很微薄，我爱人辛辛苦苦在家里面干劳动。当时我母亲60多岁，还在帮我们带孩子，喂猪。我在鲁打中学吃的粮食是从家里面拿去的。每年喂猪，才有肉拿到学校去吃。为了把孩子带出来。我当年去师范读书，母亲老了，要靠我那点微薄的工资来支撑。后来娃娃读书的时候，有的读高中，有的读大学，也是他们拿工资、拿钱来帮助的。所以说是家庭要互相帮助，拉拉扯扯的，所以说有"五苦精神"，孩子是苦读，父母是苦供，教师是苦教，亲戚是苦帮，政府是苦支。从自己读书到教书再到养育娃娃，这个过程中的苦衷，娃娃也是看得到的。我们就这个偏僻地点，只够20多个人吃饭的土地，要供这么多人，根本就不够吃。我们这地方的孩子读书就很努力。家长亲戚也要经常做思想工作，让娃娃承担这个担子。

> 现在大家都重视教育了，村子里有娃娃考上大学已经不是什么稀罕事了。我有一个妹妹，嫁在邻近的一个村。她们那个村子的教育情况也都不错。现在全乡每个村大学生都差不多，都有了。

当然，"书香长流"这种提法也有十分现实的经济发展需求和动力。随着国家政策和地方政府的大力推进，乡村发展正蓬勃兴起。示范乡村里的小"书屋"建设，作为地方政绩的展示，作为村寨文化建设的样板，成为当下山区的一道风景线。

现在我们这个寨子是县级乡村振兴示范点。现在村寨中搞"书屋"建设，当然也不是每家都要建一个书屋，就只有几家。我们寨子现在只有9间瓦房，其中1家要改造，只有8间瓦房了。8家，每家腾出一间房子来搞书屋，现在正在筹备中。我恰好又住在一个瓦房，瓦房里面又重新盖过，并且要求每家还要建一个书房。我搞了一个简易书房在这里，你们来看看。政府买了一个写字台，一个书架。以后有参观的人来，就可以到我家来参观。

（八）文化人晒书的晚年生活

跨过岁月的长河，回首曾经的苦难，真正是感受到现在生活的甜蜜。

当时，家里娃娃多，读书需要钱，向亲戚借钱的话要自己开口借，主动拿钱的少。一般能从一家借到上千元就厉害得很了。现在可以借2000~3000元。以前我孩子读书时，一个月工资还很少，我记得1989年我当教导主任时，工资是89块5。现在的情况已经变化很多了，退休能拿7600元。

退休生活可以说是"退"而"不休"，学习已经成为一种习惯。只不过，逐渐衰老的身体随时在发出"提醒"。

2013年的12月，我就退休了，到现在已经9年了。退休之后就没有管教育的事了，不过我还在不断学习。前两天大雨，屋顶漏雨，把书弄湿了。这两天晒书，现在还有一些还在外面晒。晒书又比较讨嫌，有些要一页一页地翻，很麻烦的。所以我这两天都没有外出的。最近我身体不太好。我前两天查出来有冠心病。我这条腿现在不太行了，老婆身体不好，我想外出也不能去。原来是因为家庭拖累，我几次去外面都没有去成。现在爱人的病好些了，也是不愿意和人交谈，虽然生活还能自理，但是其他什么也不干，也不外出。哪个家庭她都不愿意去。

步入晚年，生命本身的价值是一个非常切实的问题。总的来说，时代在不断前进，社会在不断进步，作为一个文化人，顺应时代的变化和要求，追求丰满、有意义的人生。

退休之后，乡里面有什么活动的话，又去活动一下。有两年参加他们组织的"关心下一代"活动。还有一年，他们聘请我当村里的名誉支书，搞党建，写材料。那些村干部不会做资料，党员活动有很多检查，有很多资料要做，所以我去帮他们做的（哈哈）。今年（2022年），我们寨子搞县级乡村振兴示范点，现在帮他们写点东西。

现在到村子的这条路是大亚湾投资的，第一期是105万元，第二期是110万元。140万元仅仅是铺设单独的一条路，还有这边沟是120万元，就是4个工程了。一个是我们这个寨子小。另外呢，这是一个库区的源头。如果不治理，对库区的污染大。这个试点是大亚湾来投资的，前次大亚湾组织来这里检查，监督这里的工程。我感谢他们。

三、袁老先生（1941—）

（一）我有六个母亲

读书在过去是一件很奢侈的事情。不但要孩子聪慧好学，而且要家庭长辈的支持。在应该求学的年纪，因为各种原因，很多人失去了受教育的机会，走上了一条坎坷的人生道路。

我的亲生母亲在新中国成立前已经不在了，在去龙吟赶场的路上被杀了。那是在夹岩，路在中间，两边是悬崖。去赶场时是两人同行，那个同行的人身上的钱少，她跑脱了。母亲被人砍了三刀，杀死了。新中国成立前女子赶场，背东西去卖是常有的事。那时候是用麻织布，可以一边走路一边"齐"麻（把麻线裹在手上，手工搓麻线），回家之后扯成线来织布。买卖的东西不仅有自己做的（手工产品），包括粮食等都是自己背着去卖。她很勤快，还很有经济头脑，做小买卖，赶一头牛，背一头猪，还背一笤布。走路3个多小时去赶场。亲生母亲死后，后来我父亲先后娶了5个，有的死了，有的良心不好"待不得"

小孩（哥哥6岁，我3岁），就叫她走了。所以说，"我有六个母亲"。

原来父亲家里有田地，算是地主。后来媳妇死了，没人管了，为了吃"洋烟"，把田地卖了买烟抽，家就垮了。没有办法了，我父亲带着我们弟兄俩"上门"，到了晚母家。当时晚母自己没有儿子，只有一个女儿。后来晚母和父亲也没有生孩子，所以家里就只有三个小孩：我们兄弟两个和晚母以前生的一个妹妹。

在新中国成立前，这里没有学校。新中国成立后，开始有人开私塾，交一点钱就可以。我是1941年出生，新中国成立时我8岁。10岁时，我开始在田寨上小学，上到小学3年级，读书很专心，成绩好。有人对我的晚母说："你没有儿子。你想，他读书狠，如果以后他考取工作出去了，你还用得动他？你喊不动！"当时我才3年级，晚母就不让读书了。我央求晚母说："我一天就只吃一顿干饭一顿稀饭，只穿一件衣服一条裤子，一天只要这样的生活，我想去读书。"但是她怎么都不肯再让我去读书了。我父亲是带着我们兄弟俩来"上门"的，对家庭经济没有发言权。虽然心里也很难受，但是管不了，无法改变晚母的决定。所以，从那时开始我就要自己开始靠劳动吃饭了。

但是，时代在变，过去的就是过去了。对于人生价值的总结，不同的人有不同的看法。大多数人最终的人生轨迹还是回归到传统轨道上。

现在我哥家儿女4个（3儿1女），我家（3儿2女）。儿女多，生产劳动各家互相帮助。儿女都送去读书了，他们回家后放下书包就要去割草喂牛，都习惯了。我家现在已经是四代同堂，我已经有重孙了。曾孙中老大在寨子里，老二在兴义。

（二）我的劳动经历

劳动不是一个自觉的选择，而是要养活自己和家人的刚需。

1949年新中国成立时，我是八岁，当时已经没有炼银的厂了，只是在山上的沙子中经常可以挖出原来炼铅留下的铅块。这里的交通也不好，原来只有小路，新中国成立后才开始建公路。炼铅技术怎么回事只是听说，不知道具体是哪样，就知道挑煤去炼铅。生活来源靠劳动，把这里的挑煤运到顶头山，在顶头山炼铅。步行一天能走一个来回，一个人能挑三四十斤。到我十多岁的时候，路修通了，就不用挑煤了。来到花贡农场之后，在这里开煤场，开始建立汽车道，路也是从这里通顶头山，大约是在1956年通车。

但是命运总是会捉弄人，在起起伏伏的人生道路中，总会有一些想也想不到的事情发生。

1964年搞"四清"的时候，我负责搞统计。大儿子两岁的时候，我被人诬陷了。我本来只是普通村民，因为读过一点书，有点知识，招人嫉妒，被人陷害，被随便安一个会计的职务，成了"大队长兼秘书"，就可以有理由抓去坐牢了。我被冤枉成了"现行反革命"，坐了49天牢。后来证实是冤案，结果也是不了了之，白坐了牢。当时坐牢的也不是我一个人，有好几十个人，都被关在老区革命委员会。

（三）种粮吃饭问题

缺粮对于北部山区绝大多数人家来说是一个长期的现象，如何解决当地人口的粮食问题也非常艰难。但是在局部地区，因为人口数量有限，加上土地资源比较丰富，所以也有相对富裕宽松的情形。

与田寨大队相比较，我们中营人不多。现在因为搬迁，人更少了。这个寨子70%人口姓袁。属于中营大队，几百户人家，没有国家干部。1951年开始土改，把地主的土地分给贫下中农。后来又是大集体，不准私人种了。1958年，工人多得很，各个村寨都召集年轻男女。中营设了几个炼铁的点，每天忙着炼铁，至于炼出来的生铁去了哪里也不知道。1958年吃饭不开钱，到哪里都可以吃饭（满脸幸福的表情）。吃的是苞谷，大米混合苞谷面吃得饱，蔬菜就是大南瓜、白菜、干包菜。中营这边开了一个车间，位置挨着赵家渡那里，开高炉。四个人拉风箱，前面两个人，后面两个人，拉风箱的时候，一起前进三步，退后三步。

但是要把土地上种植的粮食换成钱，也是一件不容易的事情。

这里的土地质量还可以，水源也基本有保障，所以那些年自己种的粮食是够吃的。公粮是要上，余粮的话，要给开钱。余粮不在市场上卖。那时个个都没有钱，没人买。即便是大队队长、会计，开始时也是没有工资的，后来才有了。有时候挑一二十斤粮食，一天到黑，像臭狗屎卖不出去。市场上，三五斤粮食有可能有人买，是18块8角8分的票面。

第二节　山区教育管理者的时代特征

北部山区的教育事业发展虽然落后于发达地区，但仍然是在不断向前进。教育的发展与时代的节奏同步，教育管理者在这个过程中更是重中之重。在这里管理者的培养不是一个机械的、干巴巴的过程，要讲规则，也讲感情。

一、培养人才

（一）贵人相助

作为一个贫困山区的读书郎，要走出大山，有好的发展前途，努力固然重要，机会和运气也是需要的。一路有贵人是对个体人生道路的感受。

我呢是自己想读书，下定决心要读书。而且我的可能命运好在哪里呢？一辈子都是碰到好人。你看，小的时候，是我的表舅。就因为他跟老人（我父亲）做了工作，他还带我读书，请求让我读书，我才有了读书的机会。读书的时候，我感谢我初中的一个老师，刘老师。我在读初中的时候，我家里头很穷，相当于连买草稿纸的钱都没有。他是老师，之前我和他也是素不相识。仅仅就是因为他是我的班主任，也是我的政治老师。是他供我草稿纸用啊！我去复读，买不起教材，他给我借其他老师的教本。数学呢，从数学老师那里要来，语文找语文老师要来，那些老师们用了一年的旧书，因为下一年这些老师还会发新的教材。他给我找来旧的，那些年教材不改版，十把年都是一样的，所以我就有教材了。我在同一个学校复读了两年。那时候学校用的教材是统编教材，找齐了就得了。

虽然时过境迁，曾经的恩师，现在的境遇却也令人感慨。一个人最终的成就，不是自己就能说了算，其中有不少难以预料的因素。

刘老师现在也住在晴隆。当时他教书是在中营民族中学，以前的中营中学，现在的中营民族中学。他也是长流的，正规长流人，长流寨的。前一次你们去长流时在学校那边，我指给你看的那个寨子就是长流寨。他现在在晴隆。他家是在兴义的，他娃娃在兴义那里。娃娃好像是在市里面哪个单位，很有出息。他还在晴隆住，还没退休呢。可能还有一年两年，应该快有五十多岁了。

当时他也是刚刚工作的一个年轻人。和学生打成一片，上课的时候就是老师。下课的时候，和我们在球场、在草坝头，就穿这个球服，穿着一对拖鞋，坐下去，随便聊。他是教政治的老师，现在的师院毕业。他初中在哪读我晓不得，高中在晴隆民中读的。师专毕业回到中营，回到中营民中。后来调他去长流当校长，他在大坪当过校长，去长流当校长。然后从长流的校长职务上，改行到政府来当副乡长，最后当乡长。在乡长位置上出了煤矿事故，他承担了责任。之后他就无所作为了，也不可能有人给他有作为的机会了。蛮可惜的，因为他又是学政治的。从政的话，对他来说很好。在我这一生中，除了我那个表舅，他是我的一个贵人。

从普通的教师到教育行政岗位，其中有机缘巧合，也是有贵人相助。不同的工作岗位得到的锻炼不一样，人也获得了更多的成长机会。

从工作上的事来说，真的我还感谢几个恩人。首先是我刚来教育局时的那个局长。来教育局之前，我和陈局长素不相识，是他一纸调令把我调到了教育局。他不是长流人，是安谷的。我觉得这个也是我的贵人。在这之前，我也没想到我要在这个位置上，我这一辈子也不可能来搞行政。来教育局,虽然业务占大部分,但它里头有行政的性质。他是一个很有能力的人,实际上跟着他学我确实学到了很多,如协调、担当、果敢,还有思路清晰。

晴隆县教育事业翻天覆地的变化是在最近几年的时间里。领导的果敢工作风格和教育的大量投资都是教育发展过程中的重要因素。

在5年时间里,晴隆的教育事业发生了翻天覆地的变化。尤其在这个教育形象树立和硬件建设这两个方面。教育形象树立方面,包括师德师风的转变。硬件投入方面力度更大。他来的时候全县的学校共有136个项目处于烂尾。这些烂尾楼,他在5年里头全部结清。用他的话来说,5年用了县里边国家的钱103个亿。

他这个人能力强、素质高。叫他干工作思路清晰,领导就信任,愿意拿钱给他用,知道他不会乱用。当时的县长也是很实干的一个人。

(二)抓好教师培训

山区教育的发展,教师的素质是关键。要大面积、整体提升教师的素质,集中力量搞教师培训很重要。

晴隆这两年的教育变化,尤其是外在形象的变化很大,才导致了我现在为什么要抓教育。就是,外面形象已经树立好了,然后是教师素质,如果教师素质跟不上,教学就出不来效果。

我在培训时跟老师们讲,大房子耸起,买的设备再怎么好,如果你不会用,或者你不去用,那都是废铁。所以要把老师的培训搞起来。讲官方一点的话,教育高质量发展,必须是老师的率先发展,先提高老师的综合素质,这是我搞培训的宗旨。把老师的综合素质培养上来,那么,才会有整个教育的高质量发展。老师是推动教育质量的基础,虽然影响学生成绩的原因有各种,但是如果老师没得水平,教学质量怎么上得去哦。基于这个原因,我才大力地抓培训。在给领导汇报的时候,就是要让他看到,在建好的大房子里面,我们在内强素质。外在的形象搞好了，现在就要抓好教师培训。

作为一名教育事业中的管理人员，顺应时代的要求，严格执行政策的过程中，给予教师更多的人文关怀，加快教师发展平台建设是一项刻不容缓的重要任务。

我现在是抓教师，教师需要培训，教师应该成长。现在有一个问题，学生成绩好一点都在往兴义跑，或者去贵阳，去安顺了。具体分析啊，这些学生的流动都有一个特点。之所以我们学生去那些地方，大部分是冲着某个老师去的，因为他敬业。说多一点，就是大家看到哪个老师水平高，他就跟过去。如果我把老师的水平提高了，学生就不会流失！

从最基础的方面来说，提高教师的素质，改善整个教育环境之后才能留住学生。通过这种方式来发展我们的教育。

根据晴隆的教师现状，现在是要转变教育思想，端正从教态度。也就是说，要想方设法让"躺平"的老师受到"惊吓"，让"睡着"的老师受到"惊醒"。我们有一大波老师是"躺平"的，甚至有少部分是"睡着"了的。所以我讲要把"躺平"的"扶起来"，把"睡着"的"唤醒"。

每次培训都有师德这一块，在师德培训里头肯定要讲如何培养教育情怀等一系列。在大家激情满满以后，或者说他思想上有转变，态度端正了，然后再提高理论素养，知道工作方式方法。这种方法接地气，一到开学，我也仍然要送教下乡。进课堂的时候，把理论在课堂中融进去，让理论和实践相结合，这样来培养教师的技能，我是这样想的。但我的这个方案还需要不断实验。只有我们搞全县教师的大规模培训，没有可借鉴的地方。在此之前，我通过各位名师朋友也了解了一下，他们也在搞培训，不过都是小打小闹，没有规模。但是我们呢，走出去请专家来搞讲座，加大教师培训的力度，促进教师的发展，最终带动教学质量的提升。

要普遍提高教师的理论素养和心理素质有一个过程，通过培训，培养和提高教师的能力和素养是现在运用的主要手段。

通过培训的方式，鼓励大家积极向上，朝一个方面去努力奋斗。那种决定"躺平"了，不想动了，无论怎样都不动的那种人毕竟是少数，可以不管。对于培训这件事，我无论是在学校还是在培训的现场，我都说："你可以不来！"不强迫老师参加培训。我是这么想的，先带一部分人起来，因为如果获得大部分人支持，大部人决定走这条路了，那么我下一步，哪样都好说。

教育是一个缓慢的过程，要形成一个良性循环，还要具体解决一些技术性问题。就是说，一个教育理念要深入人心，最后落实到具体的教学课堂中，是需要时间、精力和情感的投入的。需要认真考虑一个问题：要给孩子一个什么样的健康成长空间？这不仅是一个物质的空间，实际上更是要搭建一个精神世界。

无论什么样的教学理念，都不能停留在虚拟的、抽象的层面上，落到实处还是要通过教学。现在很多中小学校搞磨课研课，一个教学模式，在城镇和发达地区有可能做得风生水起，但是如果移植到一个贫困山区，可能就不同了，不太可能一下子大面积推广。在不断学习经验的基础上，还是要找到自己的路，另外还要善于总结，去分析这个方法本身内在的规律是什么。

到现在为止，对于这段时间搞的大规模培训活动，很多年轻的老师会很感激，他就说我来搞这个工作以后，为他们创造了不少机遇。确实，他们以前想出去培训，现在不出县城就可以接受高质量的培训。

（三）用一点行政手段

教育管理是一项"软工程"，深入人心最重要。无论是在日常工作的任务分配，还是为承担重要任务、完成硬性指标而推行的阶段性措施，教育管理者需要同基层工作人员和教师一起，不断在实践的过程中探索道路。

要搞好教师培训这件事情，有各种困难。我可以自信地说，作为分管人，我在培训期间坚持每期听课，而且亲自去搞讲座。现在有些领导岗位的人做事不过是安排了他的小兄弟们去，时不时打个电话过问一下，遇到问题还要批评批评。如果是这样的话，哪个愿意去做哦！

一期一期接着的培训，我是亲自去参与，我晓得有多难。所以我们教师发展中心的几位老师呢，即便哪个环节没做好，我从来不批评他。我都亲自参与，我手头还有行政资源，连我都想不到、都做不到的话，他们咋个去做？所以我从来不批评他们。也正因为如此，大家都认真、积极向上，团队才有凝聚力。他们呢也很用心，我把总的规划安排了，把思路讲了，他们会想办法把事情给做好。我喜欢聪明又勤奋的人，喜欢在和风细雨的温和环境下大家一起工作。但是，如果有那种无论如何都不听劝阻的人，一意孤行的人，我也可以采取一些强硬的行政措施。但是我很少用，确实我很少用。

具体教育教学的业务工作与教育管理者的行政手段，永远不是对立的两面，而是相辅相成，互为表里。

尤其是搞业务，我更很少用行政手段。搞业务这种东西，真还要志同道合，志不同道不合的话，你不好办。

我现在主要是推动教师培训，促进教师的成长。面对现在最时髦的教育口号，我不敢去想大了，也不敢"画大饼"给自己。我目前很浅显的想法就是通过我们的培训，一两年，甚至三年，让我们"躺平"的老师真真正正不想"躺平"。培训真的感化了一部分老师，他们积极地工作，然后教育教学质量逐步得到提升。所以我在每一次培训上，"教育高质量发展"这几个字我很少提。那是在国家那个层面，而站在现在的位置，我只讲"提高我们的个人素质"，"提升我们的技能"，然后来优化课堂教学，如何提高课堂教学效益。这样若干个课堂教学效益综合起来，就是提高了我们教育综合素质。我只是这样来想，不敢讲大话。

二、用好人才

（一）当好校长

二十世纪八九十年代，当领导是一件很光荣的事。虽然从经济的角度来看，没有更多的收益，但是职位和头衔的确会给人添加一些看不见的荣光，也就是所谓精神上的满足吧。但是这也会因人而异，有的人是感受到更多的责任和压力，努力克制自私的想法，争取自己的行为能得到更多人的认可；有的人可能就会利用行政职位的便利，谋取个人甚至是亲属的各种利益。

> 尊敬倒是有人尊敬诶，经济上的补贴太微薄了。我们当年还没得这些诶，只是说少上一点课。实际是很辛苦的。作为校长，首先自己要带头，要让得人。比如说，我在教育站也好，在中学也好，评选优秀的时候在校内的指标我不占，是局里面拿给我的（名誉）。本来这个我们全乡有高级教师的指标，我也没评，我是以中级职称退休的。而有些人是自己想办法就给评上职称了。

作为教育一线工作者的一员，与普通的教师相比，校长手中有一定的职责，但是要当好校长却是一件难事。首先是客观上要具有相当的能力，才能在这个位置上把工作和人事理顺；其次是主观上要有承担这个责任的意愿，思想中只有自己、眼中也没有别人、没有担当的人是当不好校长的。

> 当校长的时候，是上面做思想工作来劝说，"这个地方只有你能胜任，请你一定要把这个担子扛起"。我们原来那个时候是"劝校长"，"只有你能胜任，能够担当，只有你能够扛起这个担子"。那时当校长有很多工作要做，要带班、带老师、带学生。到后来，有些"拉关系"当校长，甚至出现个别极端现象，花钱"买关系"。也就是说，校长这个位置，有些要去找人说情、送礼当校长，有些是不愿意当，推辞不干。

（二）管好教师

首先，管理教师。改革开放以前，教书这个饭碗不好端，上面有各种管理制度。为了保住教师饭碗，当时是主要看工作业绩，也就是要看学生的考试成绩。另外，平时的管理也很严。

> 当时有硬性要求，教师工资的40%与学生的考试成绩挂钩。每周检查作业，看老师有没有批改，改得认不认真。要是被扣钱了，心里

很难受啊！

那个时候，教师的调动很难，工作的学校基本是固定的，也没有其他挣钱的门道，所以手里的这点工资要养家，很重要。

从新中国成立初期的扫盲到基础教育的改革，基层教育经历了一个历史发展的过程。"两基"和"普六"基本同时进行，紧随其后的是"普九"。

现在回过头来看，当时的工作量确实是大，每天都有大量的资料要做。作为"普六"的参与者，每天忙到半夜，几乎没有时间照顾家庭，没有时间管娃娃的学习。

其次，教师流动。以前，由于农村基础教育老师奇缺，当时的师范毕业生一旦毕业就一定有一个适合的岗位，一份稳定的工作，这是当时客观需要的必然结果。但是，这些读书郎毕业之后的职业选择仍然非常有限。从早期的"社来社区"到后来的定点分配，其内在逻辑基本是相同的，这就是"从哪里来还是到哪里去"。读书人重新回到原来生活的区域，只是社会地位有所提升、经济得到保障。这样一点点变化正好为"读书改变命运"提供了现实版本，并符合人们对教育事业普遍功利性认知。

我们当时基本上是从哪个县考的，就回哪个县。除非有特别过硬的关系，或者是谈恋爱了，找领导说。当时是各个学校都是继续师资队伍，回来之后基本都全部解决。我觉得当时的安排还是比较合理的。农村学校，还是就近安排好。你是这个镇的，就安排在这个镇，回家看望老人等各方面都方便一些。现在，一到星期六星期天，大家都走了。

这些北部山区苦出来的孩子，为了生存、为了家庭，在来自社会的多重压力的推动下，与教师共同努力，成功实现了身份的转变。从教育管理的角度来看，毕业生回乡教书有利于教师队伍的稳定。

整个晴隆大中专毕业生大部分出自北部，南部寥寥无几，都是靠这边的人去充实那边。实际上，这边分配得差不多了，基本上满足了，就往南部分配。邓书记他们那几届是这种情况，我们那几届基本是回到了本乡镇，对本乡镇的教学质量……相对稳定得多。

与此相比较，现在的教师队伍主要得通过"招考"来补充。这种方式体现了公开、公平、公正的时代选人标准，但是也带来了一些原来没有的问题。

现在在长流工作的很多是外地人，从长流考出来的大多不回去了。这样教师队伍反而不稳定。基层工作、教学工作，特别是我们搞管理，太难。要人没人，有一个他还想走。他有情绪，你还不好讲。讲了他也是面服心不服。（当校长）压力特别大。

再次，教师成长。从普通教师成长为一名教师管理者，实干是大多数人的人生经验。

中师毕业之后，先到一个村级小学工作了2年，后调到花贡学校，从一年级跟班一直到初三（当时的花贡学校9年一贯制，原来是农场子弟校，后来2003年中学分家，搬到下面，小学继续在原子弟校的位置）。3个班，我带的班考得最好，40多人，晴隆高中录取25人。

校长的选拔具有明显的时代特征。最早是"苦"出来的校长。校长领头苦干创建学校，在缺乏资金和人力的情况下苦苦支撑办学。后来是"劝校长"。领导物色合适的人选，为了让有能力的人承担起校长的职责，多次劝说，动之以情、晓之以理来说服对方来当校长。现在，最经常听到的则是"辞校长"。学校急需管理人才推动学校发展，按照组织程序"考察校长"，但是客观情况是很多有能力的人不想当校长。说到现在校长难当这件事，还有一个关于中小学校长选拔的故事，大家私下称为"八分钟校长"。

我也参加了通过演讲竞聘校长这件事。演讲这个东西，你我都清楚，中间有很多技巧的。比如，演讲时说："我在××局当了五六年的局长……"这其实也是模仿其他县的做法来搞演讲。结果我干得全县第一名。分数上我是第一名，但是因为我没有申报竞聘晴隆一小校长的职位，最后的结果是没有得。从我的家庭情况来说也不允许我去晴隆上班，因为家里人都是在花贡这里。那个通过演讲竞聘校长的事也有它的弊病。因为演讲得好，不一定管理得好，而且能参加演讲的标准比较低，只要是当过班主任就可以。之所以要通过演讲来竞聘校长，那就是很多人根本不想当校长，还有一部分人是被"勉强"当着校长，这样很多学校面临着没有校长，各种事务无法处理的困难。为了要安一个人在那里负责，所以教育局想出了"通过演讲选校长"这么一招。一方面没有人愿意当校长，另一方面也有人弄虚作假想当校长。有的人开一个假证明，说是当过班主任就来报名考试。有一个和我一起参加演讲的人，连中层都没有干过，班主任也没有当过。其实，要成为一个合格的校长，至少要知道教育管理的模式是怎样的，哪些是作为一名校长必须要做到的，哪些工作要事先进行统筹规划。就凭口才好，那几分钟讲下来了，就当上校长了。但在实际的管理过程中，这类校长发挥不了应有的作用，所以说通过演讲竞聘校长的尝试总体是失败的。

实际情况是来自北部地区去竞聘校长的老师很多，而来自南部地区的老师很少。

如果有这种想法就很好，能力不够可以培养，慢慢来补足。如果一个人不想当校长，上级要求他做，强迫把他扶上去，可能问题更多。竞聘校长也是一种途径，一种新的尝试。但是没有经过中层锻炼，一下提拔成为校长，自己手下也没有适合的团队成员，工作推进一定会很恼火。

（三）基层教育管理工作者的困境

基层教育管理工作千头万绪，既要落实自上而下的政策文件，又要安排好、处理好片区内各种人和事。工作规划、人员调配、硬件建设、软件提升，以及一些琐碎却很伤脑筋的事。

教育站站长不好当！教育站是一个事业单位，从我自己的本意来说，今天你当校长，明天不当校长，就什么都不是。如果当校长之后退下来了，还继续保留正科级或者副科级的待遇的话，还算是一种经济刺激。在指挥棒上，对我们教育系统，针对退下来的校长在某些方面加一分或者加两分。如果校长确实是有能力的话，还是应该适当考虑保留一点什么东西。

我现在要找一个中层负责学校的具体事务都非常费力。一方面在想着招校长，另一方面有两个人天天来找我要辞去校长职务。这两个人说："当时我不想干，你要我干。我是欠你人情才干的，当时的原话就说，我干得了就干，干不了就辞职。你当时说，你先干着，干满一年再说。现在我满一年了哦！"

现在，北部山区小学的师资仍然存在问题。虽然教育局教师名册上是"满编"，但是乡村中小学的教室中任课教师的"缺员"仍然是普遍现象。教师的流动是教育局明确的要求。但是，乡村教师向上流动、向县城流动是普遍的现象。落实到具体的年级和班级，一线任课教师仍然十分紧张。此外，学科课程的设置现在已经很细致了，但是寻找合适教师的任务仍然很艰巨，因为教师结构的合理性也是一个迫在眉睫需要解决的问题。比如说，为了寻找长流乡小学任教的英语教师，中心小学的罗校长就感到一筹莫展。

（四）基层管理者的心理诉求

要搞好基础教育，教师的心态很重要。如何让一线教师有良好的职业心态，教育管理者需要耐心观察。教师自身的理想信念不是用一句空洞的口号可以概括的。外在标签虽然不是最重要的，但是教师内生动力对整个教育教学活动的质量至关重要。如何了解教师的内在动力，一个最为简单的方法就是观察他的教学态度和日常的工作。希望通过培训能够在这个方面有所功效。

基础教育这一块，需要务实。在教学的过程中如果教师觉得自己找不到自己的存在感，那么只是讲教育方法、教育态度的问题，可能也很难在实际工作中看到实效。

我们的培训工作接地气，我也跟老师这样说："理论说了，课堂实践也搞了，你本身的教学技能也得提升了，这个是不是你要想出点成果？"所以，我请各地专家，请名师来上课。把老教师请来，一是讲他老人家的经历，他是怎么成长？如何变成现在全国知名的大咖。二是请专家来教大家，基层的老师如何提炼自己的成长成果。让老师们找到方向、找到的目标、找到成就感。让大家明白教师位置，贴一个什么省级骨干，或者省级名师的这类标签还是可以的，平庸的标签贴不得。

用长远的目光看问题，站在国家整体发展需要的角度来考虑问题，为普通教师创造发展的条件很重要。平庸不是个体的问题，而是一个社会问题。

我认为人不能太平庸。针对普通的教师，如果再不为他创造条件，他就觉得很平庸，很平庸他又要想更平庸。我们是为绝大多数老师考虑，站在教育管理的高度，要考虑教育的方方面面，需要顾及的面就更广、更大一些。无论是教育资源整合，还是组织团队报项目，要站在一个完全为公的角度上去思考这个问题。教育要从整体、从长远着眼思考问题，这不仅是我现在工作的要求，也是我自身成长经历的一种总结。我在成长的过程中遇到了这几个能够赏识我和提拔我的人，我才有不断成长的可能。他们是我人生的良师也是益友。

我就讲，人这一辈子，你可能要多少有点名堂。前两天搞培训我就给老师讲，我讲一句话很土，我说："当老师，当到你退休的时候，后人到你的碑文上得有写的。人家写上去的时候，晓得你哪年哪年你获得哪样称号。你不要是从你开始上讲台那天，你哪年哪月上讲台，哪年哪月退休，一点内容没有的话，你是不是平庸了？我讲话讲得很实，你要让后人给你写祭文有素材。"

三、"书香"与"酒香"

（一）说说"书香长流"

"书香长流"是一个总结，更是一个美好的愿望。晴隆县在 2018 年提出"书香长流"这个标志性的口号，一方面激励教育战线上工作的人继续努力保住已经获得的成绩；另一方面是作为晴隆县教育发展的一张名片，助力县教育的现代化发展。

说到"书香长流"这个话题，我认为从长流走出来的人之中，务实可能也是一个非常重要特点，是思想上的一个特质。大多数是，绝大多数都是把工作都是落实到这个非常具体的每个点上。

"书香长流"的根本特质是什么？用什么能确保长流的"书香"常在？这是一种精神境界，也是一种对美好未来的孜孜以求。

昨天我们请来了一位知名的校长来讲课，今天还听了贵师大教授的一席讲座。听完他们两个老人家介绍他们自己的经历，我觉得我个人的性格和他们非常的像。请他老人家来，我们也是有两个目的：第一个目的是精神激励。他85岁了，还坚持搞学术研究，还来亲自给大家搞讲座，那么我就想让那些想"躺平"了的老师想想，你说他缺钱吗？你说他缺名誉吗？他缺哪样？第二个目的是探索道路。他的方法很务实，他说大家不要把这个写论文、写专著看得很神秘，关键是要动手写。他鼓励我们这些基层的人，不要认为自己就不具备科学研究的潜质，不要害怕去写论文。可以写自己的思路、工作方式、日常教学中经常出现的问题等。他鼓励大家经常写，针对实际发生的事，今天写点，明天写一点，写那个一年半载的，把重要的有意义的事记下来，重视平日的积累，慢慢地自己的成果就出来了。今天我全程听他的课了，听完了，我也觉得这种方法值得推荐。我觉得，我从小就偏爱语文，自己所学的就那么点，是有局限的，在他老人家的指点下，我就觉得我们还有很多进步的空间。

（二）聚会的酒香

家乡是根、是归宿，无论是因为读书或是因为工作离开家乡，总是想抽出时间回去看看。所以，每年的春节就是最好的机会。回去之后，和三朋四友聚一聚，没有太多抒情和相互的恭维，就是不断定位，找回本来的自我。

在长流主要是喇叭苗，村子里头就几个大姓，基本上是一个家族一个寨子，寨子抱团居住。这个寨子与别的寨子之间发生冲突的事情没有。我就觉得大家住起来很融洽。从我考取中师以来，人们总觉得，在他们的眼里，好像就是出人才啦。每年一到春节的时候，不管你哪个姓氏了，都会约起在一起玩。我记得最清楚的一次是有一年的大年三十。我们聚起了同龄的 26 个人，在一个桌子上吃饭，吃完饭当天晚上就约定：大家一起走遍 26 家。通常情况下，我们那边即便是亲戚，过年期间也不是每一家都要走到。我们这一帮人，走到每一家都要喝酒。喝那种土酒，但是规定到任何一家都不准喝多。从第一家开始，每一家喝一小碗，不准喝多，这是规定，26 家都得走到。这 26 家里头，就有我讲的陈家、刘家、邓家，这几大姓氏我们都走到，一直要从晚上玩到天亮。第二天，只有 4 个人是站起的，其他的全部醉倒了，其中，我还是站起的一个。

相同的年纪，不同的人生际遇，一种看不见摸不着的情感维系着我们。虽然是共同的故土情感在召唤着我们，但是见面却没有什么温情脉脉的话语，而是换一种方式找回儿时的感受。

我们这 26 个人，关系比较不错，不管姓氏，从小一起长大。也不是亲戚。也不都是一个寨子的。邓家、龙家、刘家，虽然各是一堂，但是都隔得不远。这 26 个人嘛，同龄的，都吹得来（聊得来）。从小一起长大，放牛放在一个坡上嘞。一个水井吃水。而且走到哪一家还不都是 26 个人。你走到哪一家，哪一家都是老年人起来做饭做菜。吃完了规定每个人把那一碗酒喝完，规定每家最多一个小时。时间一到，走，到另外一家。这边老年人就把饭菜收拾了。就这样一家接一家，酒喝得越来越多，人也越来越少。那时候我们没有想太多。只想哪样？当时就是想看今天晚上哪个酒量大。肯定要醉嘛，我们其实一直在暗暗较劲，比酒量。反正走到哪里，都不准有哪个人要耐。说定了一碗酒，你一定要喝。喝不下去，你就靠边，提前去睡觉。26 个人喝到第二天早上，就 4 个人站起，我是其中之一。

酒是交往的媒介，在传统社会中具有不可替代的作用。

我们老家的酒，度数大，有20多度。就是那个米酒，那吃多了也还是醉人的。对付酒这个东西嘛，喝多了，战线长了，多上几次卫生间，问题就解决了。虽然在我父母的那个年代粮食很缺乏，吃粮食都是有上顿无下顿。但是到我读高中的时候，粮食缺乏的情况已经好得多了，各家都有粮食拿来酿酒。

在山区，土地比较有限，粮食产量也比较有限，甚至有季节性的粮食缺乏，或者是年度性粮食缺乏的情况。为了应对不好的年景，每家每年做干菜咸菜，杀年猪的时候做腊肉、香肠，把当时吃不了的东西都存起来。

虽然也有缺粮食的时候，但是大家还是喜欢喝酒，这可能也是民族习俗吧。我们这里历来都有个无酒不成席的这样一个规矩，只要有客人进家，必须上点酒，菜再好，不得酒的话，也好像那一顿饭没吃。有这个意识在里面，大家都是这么想，这么觉得的。26家的一群大小伙子，一起到哪一家去喝酒，对这一家来说都是开心的事，也是光荣的事情。有客人来哈，老年人高兴。我记得我家有个大伯，他讲："呀哟（象声词 yao-yo），这么多年呀，没得哪个来我家玩，今年你们约起来我家玩，我开心哦！"他把一大坛酒抱在桌子上，"你们喝，今晚上你带头，帮我把这壶酒喝完，喝不完我就不准你们走"，他老人家好高兴。好客是我们这边人的性格，这可能是其中的一个原因。实际上他老人家是喜欢热闹的。但是，其实这种情况下老人很累。一大帮人进去，上一大桌子菜。年轻人吃完以后，大家拍拍屁股就走了，他在后头收拾洗碗还得洗半天。但是他开心嘛。

当然，时代在变，人也在变。如今的相聚有同样的温度，却对形式稍微做了一点改变。

最近这两年来，我们一回去，又重新兴规矩了，不准像那样整了。现在是集中在哪家坐一天，玩一天，那么也就是说，要麻烦就麻烦一家。假如我们几个来见面了，好，大家都来，把你们的所有家属都带来玩。现在就搞成了这种：玩，大家都一起玩；做，大家就一起帮忙做，吃完以后大家就帮忙收。我们现在形成这种规矩，主人家少累。如果我是主人家，你几个来咯，我就跟你讲，哪样在哪里，哪样在哪里。你几个约起，给我把这顿菜做了，我主人家反倒还轻松。

（三）当和事佬的学问

乡土社会的文化人，具有大家认可的公信力，是调解乡里亲朋之间矛盾时最好的"润滑剂"。

平时相处，大家都很和谐，没得不和谐的时候。但是在家族内部的话，也有极少数人家，子女分家的时候有心头不高兴的情况，但不是很明显。这个需要大家都看得很开，而且还要把话说开了。任何事都没得绝对那种公平，但是需要双方把话说开，大家心里才过得去。

这种矛盾有倒是有，但是很少。家乡的人虽然说不富裕，但是讲道理，大家都讲道理。说到分家的事，即便是分，可能也分不到好多（东西）。极少数家庭中也有吵架的，有时连兄弟都做不成了。我在家的时候，我去给人家当过和事佬，去劝过架啊，骂（教育）个人呀。

实际情况是，分家时家中的几个孩子总认为老人不公平，分的不均匀，哪个多得了，哪个少得了。吵起来么，弟兄与弟兄之间吵架，老人一站出来说话嘛，就是怪你老人不公平，然后兄弟之间就开始吵了。像我们这种在外面工作的人，平时又不回去，所以当我们回去的时候，大家都认为你不偏心，喊叫你帮忙说嘛。

我呢，首先是揪出来各打五十大板，哪个（无论哪一方）都不得理，别讲（不要说）哪个有理。接着呢，逼着他们（各自）把他的内心要说的话都说出来。大家马上把那话（憋在心里的话）说了，然后就有人帮忙去查一下，各方讲述的事是否属实。根据具体情况就给他调和一下，这样就可以把话说开了，相当于调解民事纠纷那种。我们讲无酒不成席，是不是？我多次去，都是这样。

我也调解过我们家族好几家的矛盾纠纷。你调完了以后，大家讲笑起来了。那个矛盾化解了，我跟我家那些嫂子讲："屋头有酒没得，赶紧炒花生米来吃，我要喝酒。”话讲明了，一喝酒么，事情就可以这么平息了。有的时候我还要他们喝交杯酒：“手杆拿起来，喝一杯酒下去。”哥给弟讲：“对不起，叔叔不来讲么，我可能还真的想不通。都怪我……”弟弟说：“我也不对……”这件事就这么完了，兄弟俩又从此和好了。所以我经常回家是去当和事佬，这是大家对我的信任，也能为老家的人做点贡献。

（四）有头有脸的乡村文化人

乡土社会中，文化人具有特殊的社会功能。二十世纪八九十年代的时候，随着改革开放政策的推行，中国社会经济逐渐恢复。家族人口的居住地域和交往的范围虽然保持了暂时的稳定性，但是因为原有的社会组织形式发生变化，人员流动不再受到严格限制。而且在经济发展初期，社会贫富差距也开始加大，家族内部和邻里之间的关系也开始发生了微妙变化，各种社会问题也随即冒出头，为了一些琐碎小事引起的矛盾冲突也越来越多。有些地方的治安非常不好，出现了很多刑事案件，包括抢劫、杀人等严重的案件。

但是据我所知，在我老家这种大的案件是没有的。至少是我不晓得老家有这个情况。在八九十年代，2000年之前，小的案件应该还是有的，只是在我们老家相对要少一些。因为对方都是亲啊戚的，大家都能连起来。基层社会的治理，实际上是靠一种相互的约定，或者说互相的一种监督，这个很有好处。

出面帮人调解矛盾纠纷其实是一门学问，其中牵扯着亲情与友情，是大家普遍认可的一种法子，也就是所谓的“动之以情，晓之以理”。这样很多社会矛盾在刚刚开始的时候就被及时化解，对社会稳定具有积极的作用。

在我们那边，在外面工作的人多了。大家都要脸。所以，稍微有一点风吹草动，那些老年人就会打个电话给外面工作的人讲：“哪个人啷个了，你帮我劝说劝说他。”我一打电话讲，他（接电话的那个人）很听的：“啷个，你咋个晓得的？好好好，我听你的。”一般来说，小的这些事情就完了，解决了。就像我家里，也是一样。老家屋头一旦有哪个事，就要来找我说。打电话："叔快点回来，你跟我说哈，这个事情是这样的……但是他听你的，你跟他说。"我又给另一个打个电话，给另一个讲清楚了，另一个说："叔，这事你都晓得了？！你对我讲这个话嘛，我知道错了。我还要做个人，行，听你的。"

传统社会中，人与人总是因为这样那样的原因相互连在一起的。家族力量仍然十分强大，在家族成员之间需要不时地"关系调整"，遇到事情之后，家族中有威望人的劝说仍然具有相当的效力。这种威望，以前常常是找家族中的老人来评理。现在思路清晰，能说会道的文化人得到了更多人的首肯，所以遇事寻找调解人时，家族中的文化人就成为首选。

> 我们老家，平时都是熟人，出现了问题，或者是在问题出现之前，就会有人去劝解一下、开导一下。那些年，因为穷，为了改变生活状况，无论是选择读书，选择打工，或者自己挣钱，也没有人出来去抢，或者是偷。这个我的理解是：抢、偷、赌都是不好的。因为它名誉丢不起。这个它不是长久之计，只有读书才是长久之计。

对于人生道路的选择，家庭环境、父母的观念和想法很重要，但是个人的努力和坚持也具有重要作用。很多人内在的品质实际上源自父母的言传身教。

> 我家老娘，以前她不让我读书，但是从小她教我一个品德，就是不打麻将不赌博。我到现在我连麻将都不会打，都没摸过。这也是我爹给我的一个品德，他讲"祖宗三代里都没得哪个会赌钱，我希望你也不要赌"。我爹也不赌，我就信他这样。我从来都是，哪怕就是他们喊打"家蛤蟆"（"蛤蟆"用当地方言讲：ke-ma），只打五毛（小面额赌博），我都不打。我一见钱数过去数过来的，我就难受。前两年我胃不太好，酒圈子也就不多了。我爱人喜欢打麻将，她说："你无聊不？就陪我们打会儿麻将？娱乐下，消遣下。"我呢，不干。你们搞你们的，我要坚持我的原则。

第三节　山区教育人的成才路

一、读书的动因

教育为山区提供了人才，读书也是山区孩子出人头地的最佳途径。然而，每个读书人，学习最初的动机却是不一样的。

对于我来说，喜欢学习，真的，单纯的就是喜欢。如果要用官方一点的话，就是多读多背书。学习名家的写作技巧，认识人家怎么写作，这么多年来我就是这么做的。今天李教授来讲的是如何提炼小标题。原来是这样，我也经常提炼小标题来着。来教育局这几年吧，更是了，官方的话也写得比较多，给领导写稿总要提个小标题。今天李教授一讲出来，我说我经常做，但是我没讲。提炼小标题实际上就是进行归纳。归纳总结能力是我们对事物和现象的总结。

学习过程中个体的感受也是千差万别。

学习中也的确遇到过各种困难。例如，我语文学得好，但是唯独就是学拼音难倒我了，字的读音和写法我已经学会了，拼音我是"倒起"学的。还有就是学英语的问题。我读书考中考那年，英语只算一半的分，没得英语老师教，反正随便一个猜，考试坐在那里很无聊啊，抓阄。一边 a、b、c、d，抓到哪个选哪个。

家父的往事，是家人的心结，也是学习的动力。

陷害我父亲的人比我父亲年纪小，现在已经死了。他的子孙还住在这个寨子，事情已经过了，我们也就不去计较了。他们过得也不好，同样的德行。只不过现在这个时代了，还在打工，工作的没有几个。当时我考取工作，是我们袁家中响当当的了。我同龄人中，只有我和我的一个堂哥考取了工作。为什么我们这里的孩子读书这么狠？年轻人看到老爹老妈们过的这种苦日子，个个都猛起劲好好地读书。

二、读书的故事

（一）缴费

教育收费不仅仅是一个普通的概念，在个体的经历中，特殊时代的特殊"费用"，也是懵懂少年心中永远挥之不去的记忆。

原来的子弟校不招收外来的学生，只招收农场子弟。但是从 20 世纪 90 年代开始对外招生了，包括我插进来的时候。外来的插班生都要多交 60 元钱，进来之后还会受到同学取笑。农场子弟的老爹老妈是干部，在土地、管理、经营等方面比农村也是相对要好，属于"就业人员"。所以里面的人有一种莫名其妙的优越感，瞧不起我们这些老百姓，看不起农民子弟。

我初一在下面读，但是学校倒闭了，所以就来这里插班读。入学考试，我考了第一名。10 多个人来考，一共考上了 4 个人。一个班 50 多个人。当时的子弟校从托儿所（幼儿园）一直办到高二（当时没有高三）。我考入的时候，一个班 18 个人（其中 4 人通过考试进入）。他们调侃问我："收农民费没有？"这件事我现在想起来还是觉得不舒服。从 1986 年开始，他们（农场子弟）这种优越感就没有了，学校也要靠周围的老百姓来给他们撑面子了，每年考取的都是周围的百姓子弟。

（二）考取工作

考取工作是人生大事，也意味着读书读出头了。

我们那个时代，读书要能考上中专或者中师，那是一件很荣耀的事情。十里八乡的都要传遍。哪家哪家的娃儿考上了，哦呦，不得了诶。为什么呢？考上了，就意味着几年毕业就成了公家人，有工作了，成了有头有脸的人物。

我是考了好几年的。不过，那个时候大多数都是这种情况。一年考不上，再来一年，直到考上为止。当然也有中途放弃了的，我自己也曾经犹豫过，要不要继续考。回家下地干农活，累啊！不行，我还是要读书，读书才可以改变这一切。所以咬牙继续坚持复读，最后还是读出来了。

（三）从倒数第一到考取师范

我第一年中考，总分120分，全县倒数第一名，只能回家务农。虽然读书期间，每天从学校回来也要下地干活，割猪草、喂牛、挑粪、插秧、收庄稼，样样都做，但是考不上中专或者中师的话，一辈子就只能干农活了。下地干活，太阳毒得很啊！皮都要晒裂，汗水从头上脸上不断地淌。割草收庄稼的时候，田边的霍麻（即荨麻草）不小心碰到了，哇，又痒又疼，蜇人得很。不行，我还得上学，所以就继续复读。一年不行，再来一年，终于我还是考进了安龙师范。

在中学，我们班一共有92个人，我的这种情况很普遍，最后我读的那个班，也只有几个人没有考取，其他都考取了。考了一年又一年，有的是自己的同班同学已经上完师范，毕业回来之后来教他，他才最后考取了。

我是在1994年7月1日去安龙读书的。考取中师后要把农业户口转为非农业户口，要交360斤粮食。我当时家里没有这么多粮食，为了能去学校报到，就得动脑筋，开"后门"，最后是靠救济粮来抵了的。报名时要拿粮站出的这张票，说已经交了一年的口粮到粮站去，才得（有资格）到食堂吃饭。没有的话，报不到名。三年中师学习结束出来后，有20几块钱的工资。

现在考不起的都是进职校了，以后当高级技工。向德国学习，一个高级技工可以养活一家人。现在的孩子不像我们当年那样，只有读书这一条路，没有选择。但是上了职校，后面的工作会怎样，这个还不好说。无论怎样，读书还是正道。

（四）娃娃的教育

根据国家政策的要求，山区也有计划生育的要求。

按照当时的计划生育政策，我就只得了一个娃娃了。因为我有正式工作，计划生育政策书记镇长天天盯到，不是的话就把你的工作开了。所以，我只有一个孩子，他现在在贵阳工作。如果孩子多，负担就会重，但我始终认为，有人才会生生不息。

孩子是家庭的希望，也是家中长辈实现自己年轻时候的梦想。要想让孩子成才，规划很重要。

我是一个有计划的人，毕业之后刚开始的几年时间，都忙着供兄弟读书。到兄弟的工作落实之后，我开始考虑下一站，以后我的孩子要如何成长。

一般来说，循循善诱、树立榜样这类方法最常用。但是我认为，物质刺激加上孩子之间相互竞争更有效。我的两个娃儿，每天放学回来要轮流做家务。做家务有物质奖励。洗一次碗，1块钱；把洗好晾干了的衣服叠好，1块钱。看谁干得又快又好，马上兑现付钱。那个衣服啊，叠得整整齐齐！这也是在锻炼他们，要不然长大了，除了读书啥都不会，那不就废了嘛！

三、闪失

（一）从希望到失望

在赛文的时候，我这个孩子在赛文被管习惯了。虽然是前4名，但是成绩起起落落，上下浮动50名。成绩下降，老师一打电话和我沟通后，我一盯着，马上上来50名。赛文搜学生的手机，搜到手机之后，通知家长去背书，害羞。暂时不讲八中的管理，八中学生素质太高了，一切要靠自我管理。他去八中，没人管。八中其实没有搜学生的手机。我想他还在读书，孩子素质高了，就没有没收手机。每次开家长会，或者是送孩子去的时候，为了保持通信，226元买一个老人手机给他。吃完饭，他把手机还给我。我很惊奇，他怎么手机都不用？很好！结果高中毕业时，他讲，他游戏打得非常精。我问他，这个要用智能手机，是你用生活费买的？他说："不是。我们班的高干子弟多得很（兴义城里的高干子弟多得很），同学给我的，赠送给我的。"我才知道拐了拐了，玩游戏去了，玩游戏去了，导致他在高考才考得558分。

现在回想起来，当时的决策还是有点问题。就是没给娃娃设定的目标，大人也放任了一下，没有严格管。我一直忙工作，我当教导主任，当时搞"两基民生"，有大量的资料需要加工处理。校长甩手，就是我干。我带着人忙着干活，基本不管他的学习。但是他很自觉，小学就很自觉。他读一二年级，早上老师布置的作业，不做完他是不吃饭的。喊他吃饭他就哭。你必须等着他把作业做完才可以吃饭。他这个性格有点好，他好学。但后来，最终是游戏害了他。我讲一个引导他识字的案例。我每天晚上，喜欢把报纸丢在地板上练字。我就用他语文书后面的生字表，他在旁边看我写字。他没有看书，都晓得下一个是什么字。他有这个记忆力，应该是一个可以扶植的好苗子，我当时心里是有这么一个抱负，以后要靠他来扳本！

初中升高中考试，在他升学那一年有这个规矩："报了甲校就不能报乙校。"他最后选择了八中，他考取了。当时在州内也成为一时的佳话："哎哟哎哟，这家的娃儿干起了八中。"如果他在赛文，我当时给他心中定的目标是浙大，浙大他应该能考取。他最后录的是南京航空航天大学。不过现在，他总还算找到了一碗饭吃。现在在贵阳，一家半涉密的单位，待遇还可以。

（二）底线

打工是山村少年的底线，也算是一条退路，这是很多山区孩子的想法。如果在读书这条路上走不通，也有一条可以活下去的路。从心理的角度来看，似乎是多一份保障。这样想本来不是什么问题，但是人一旦有了"退一万步"的心里，就会表现出畏难、拖沓、不自信等各种问题。

对于城里的孩子来说，小升初可以算是读书生涯的一个重要的分水岭，可是对于我们来说它根本不算什么。因为我们很多人的想法就是读完小学就去打工，还有一些是家里面条件比较好的去读初中，如果在初中成绩不好，考不上高中那还去打工。受到大环境的影响，当时我的想法也不例外。

初中三年说长不长，说短不短。在这三年里，我们班上的有些同学中途便辍学打工去了，有些在中考考完以后没有考上高中也选择了打工和结婚。

在初中三年的时间里，我的一些朋友他们选择辍学外出打工，还有一些选择结婚，我也和他们也越走越远了，对于朋友的选择我们聊天的时候也说过这些问题，但是我左右不了他们的选择，时间过得很快，我的初中生活很快就结束了。

读书是塑造我们三观的主要途径，读书才能提升自己，我很庆幸我能够读书，还在读书。我的小学同学和初中同学大部分都结婚了，回老家过年的时候会在街上遇到他们，然后会在一起聊天。他们会和我说，很后悔当初为什么不继续读书，现在在外面打工太难了，每月的收入也只够维持生活，这种现状不知道怎么去改变也无力去改变。而在有了孩子以后，只能省吃俭用，要为孩子着想……这时我发现明明我们是同龄人，但是我们所想的问题已经是天差地别的了。读书不仅是为了改变我们的思想，它还是我们的生存手段之一，让我的人生多了很多选择，感谢教育，让我能够选择自我。

（三）缺人

缺人有两层意思。第一层意思是缺乏能干的人，而另一层意思则是传统的乡村已经没人了，年轻人都跑到外面到城里打工去了，而且还不愿意生娃娃，以免降低了生活质量。

现在，教学经验稍微丰富一点，就是我们说的，教得好的教师，就会想方设法离开，调到县城这些条件比较好的地方。不完全是考虑自己，主要还是为了自家的小孩。在乡下教书，小孩被耽误了就麻烦了。自己教的这科还可以应付，但是小孩上学不是只学一个科目，要全面发展。城里的教学资源还是比乡下好，这个我们都能理解。

我不走这一步（离开农村），将来我的小孩还是要走这条路。现在我不吃这个苦，我的小孩就得吃这个苦。所以，不管是读书也好，打工也好，大家想方设法都要朝外面走。

以前没得办法带小孩出去，打工挣钱不容易，累不说，根本没得时间管小孩。现在还可以，小孩跟着出去有地方上学。打工晚上回来，可以看到小孩，累是累一点，觉得放心。还有就是，家里老人年纪大了，管不住我的小孩了，所以还是带在身边放心。

再过十几年，就没有乡村教育了。不可能你的孩子又转来在这里读书了。你自己人都不在这里了，不可能把孩子放在这里，不可能的。现在大家都逐渐逐渐往外流动了。

第四节　小　　结

在对山区教育展开研究时，需要将其放在具体的自然和历史空间之中。教育发展与自然环境和物质经济基础密切相关。自然环境决定了当地人口的基本物质生活，也为其精神世界提供了必要的条件。相对恶劣的自然环境，可能激发人的内在动力，为了摆脱环境对人的束缚，而把大量的时间和精力投入到学习中，最终获得机会搬到另一个物质生活环境更为优越的地区。

晴隆北部山区的教育起步较晚，但是获得的成绩却令人刮目相看。据不完全统计，自恢复高考以来，长流乡培养了包括中专生在内的5300名大学生，平均每 10 户人家就有近 8 名大学生，因此享有"书香长流"的美誉。近年来，每年都要召开"交流座谈会"，乡干部与当年考取的大学生见面交心、鼓励年轻学子继续勤奋努力，并落实入学贷款、助学金、慰问金等问题。长流乡之所以"人才辈出"，既与外在环境密切相关，也与区域内人口的传统文化、价值追求和内生动力密切相关。

从外在环境来看，在新中国成立后，山区农家孩子开始普遍获得读书机会。从内生动力来看，读书可以改变一个人。当读书成为一种人生的渴求，一种自我提升路径的时候，读书可以给予未来生活以希望。书本带来了不一样的世界，带来了精神世界的升华，更是生存资源的开拓和社会地位的提升。而且，这种机会还受到家庭的状况和个人的资质等多种因素的影响，可能因为家长、族人，甚至是某些外人的影响而被中断。在个体记忆世界中，幼时的求学经历与成年之后的人生境遇密切相关，教育是山区孩子的宝贵财富和难得的人生机会。

但是，山区优质教育资源相对缺乏。山区无论是教育投资还是教育设施与城市相比都处于劣势。加之师资队伍不稳定、学龄儿童流失等问题，山区教育发展前景令人堪忧。尽管老一辈人艰苦创业所奠定的基础无法与当今社会快速增长的物质环境相提并论，但他们那种坚韧不拔、锲而不舍的执着精神和认真负责、埋头苦干的工作作风，对于教育事业所付出的全身心努力却永远值得当今教育者借鉴和学习。

第五章　个案呈现：山区新一代的文化人

个体记忆中反映的是群体性活动与族群记忆，解决好个案研究与群体性心理因素总结之间的关系。从个体生命记忆与感受中发掘群体性活动与族群记忆，是对个体人生历程的反思，更是山区教育发展的现代特色。

第一节　山区读书娃的故事

一、快乐童年

快乐是一种心理感受，也是个体经历中至关重要的一部分。在个体成长过程中，无论是物质生活层面还是其他方面，都会产生多种感受。而经过不断过滤后形成的记忆实际上是对部分内容加以强化而弱化其他内容的结果。对于新生的一代，他们基本生活有保障，没有"饿饭"的经历，却有更多的精神压力。因此，在情感世界中，童年的美好记忆普遍比较美好。

现在有不少关于留守儿童的研究，从字面上看，这些研究充满了悲情的背景，有的感受物质匮乏之苦，有的缺乏父母的关爱和陪伴。然而，即便如此，山区里的孩子也有自己的快乐世界。

（一）没心没肺

在老家的小学上学，作业不是特别多，就是回家要干活比较累，在老家小学这段时间玩得最没心没肺，但成绩还可以，小学三年级的时候是年级第一。

我最开心的是能够和父母在一起。虽然每天父母都很忙，除此之外，父母帮忙小区拉货和运输垃圾，会经常给我们带来一些玩具、玩偶。虽然这些都是别人不要的，但是都是比较新的，在我眼里和新的没有什么区别。

小学的时候，对学习不是很上心，基本是玩乐。和玩的好朋友到处跑，在五年级之前，围墙没有，老师管得也不严，有出现过逃课到处去玩的情况。但是这种情况到初中就结束了。在老家读小学的 6 年时间是读书生涯的美好时光，现在也回不去了。

我在小学四年级之前都是年级第一，但是因为后面经常和班上的同学打游戏，没有将心思放在学习上，玩心太大了，导致成绩严重下滑，直接影响到了后面的升学。

我家在长流乡的一个小山里，村子叫唐竹箐。我没有上过幼儿园，小学是在村里的杨寨小学。从我家去杨寨小学挺远的，大概要一个小时。早上起得非常早，要赶路上学。因为路远，中午不回家吃饭，大人会给零花钱让我们买东西吃。后来五年级的时候学校里就开办了营养餐。

在外婆家很热闹，除了我和姐姐以外，还有小姨家的三个孩子，舅舅家的一个孩子。一年级的时候成绩非常差，所以升二年级时，父母又叫我留级，所以我比别人多读了一年的书。小学的老师都是老家的人，而且和外公他们都是熟人，因此每次考试考得不好就要被骂，但是我觉得很快乐。小学七年我一直在鲁打读，也没有什么非常深刻的事情，平时就是放学以后，和朋友一起去割草喂牛或者打猪草，有时候没事就和同学在学校里面玩，度过了小学的时光。

（二）儿童节

在孩子的眼中，童年是丰富多彩的，也是快乐的。

我最期待的是每年学校举办的"六一"儿童节，这一天可以穿上自己喜欢的衣服上台表演节目，唱自己喜欢的歌曲。三年级下学期，我们班合唱了一首歌叫《精忠报国》，得到了合唱节目的第一名，很羡慕那个时候的自己，很活跃，没有社恐。

因为在农村，男孩子之间玩的方式也比较多，但是在学校就很局限，玩的也不多。然后我也参加过"六一"儿童节节目，不过说到细节嘛，就是跟随大家步伐。我们需要出个节目，老师点名参加的。小学的时候，我并不算活跃，基本不会单独去参加这一类型的活动，和大家一起还差不多。我的小学成绩在中等水平吧。

在小学五年级以前我们学校举办的"六一"儿童节节目是很单一的，后面读五年级的时候，乡里举办的幼儿园招聘了一批老师，但是那个时候幼儿园还没有修建好，那些老师就被安排先来教小学。对于这些老师，我觉得虽然他们讲授知识不是特别的好，但是他们特别有耐心，对同学们都很友好，也教会了我们很多关于美术、音乐的知识，让我们的业余爱好也变得丰富了。等我上六年级的时候因为有新来的年轻老师组织，所以学校举办的"六一"儿童节节目非常丰富，也很有技术挑战，让我对小学的最后一个"六一"儿童节有了非常美好的回忆。

（三）老师

我最喜欢的是我的语文老师。也许是因为我从小就喜欢语文，然后我的语文老师对我们也很不错，教书很耐心，而且对我们也基本不会出现责骂的情况，以鼓励为主。此外，语文老师和我们走得很近，除了上课，有时候还会和我们下下象棋，打打球之类的，亦师亦友。

我小学的时候，对语文就很有兴趣，因为感觉挺好学的，学起来很轻松，而且取得的效果还不错。

在学校里，语文和数学我更喜欢数学，因为数学老师教得很好，讲解得非常仔细，对我们也挺严格的，但是喜欢归喜欢，我的数学成绩每次都只能达到及格线，不能考到前几名。

景文小学的老师很负责，二年级的时候班上有很多同学背不出乘法口诀表，数学老师就在放学后守着我们一个一个的背完才回家，还有语文老师，小学的语文课本后面有需要背诵的成语和古诗，老师也是严格要求我们，如果背不出来的话老师便和我们一起留在学校，直到我们全部背诵完才会回家，美术老师还邀请我们去她家做过客。虽然在背书和做题的过程中被老师打过手掌，但是我还是认为他们是最好的老师，我的成绩也是这样慢慢好起来的。

我对包包寨小学印象比较深刻的就是老师会用竹条打不听话的学生。我觉得他们很凶，一年级结束以后我就没有在包包寨小学读书了，转到了离我家最近的小学——双凤小学读书，跑得快只要几分钟便能到达学校。

学校管理很严格，而且每一天的教学内容和作业量非常大，我经常因为不能按时完成作业而被老师罚站和打手掌，而且每天学校里都会有班级留下学生背书，做作业的，放学晚加上在路上所耽搁的时间，夏天还好，到冬季的时候天黑得早，到家的时候天就完全黑了。

我转学所在的班级是四年级二班，上学的第一天第一节课就是语文课，语文老师要检查假期所布置的作业。景文小学发的有单科的假期作业，因为我不知道就没有带去，然后便被老师揪了耳朵，当时的心里是感到很委屈的。后来因为对老师的教学方法不适应、与同学相处不是很好，所以我的成绩也在快速的下降。

在长流小学最深刻的记忆有二。一是二年级时幺舅家的表妹表姐转来这边读书。为了照顾表妹，我多读了一年二年级，也是那一年，感觉人生轨迹稍微变了那么一点点，会发现自己即使不学习，数学成绩也能够在70多以上。那个时候慢慢发现自己对数学稍微感兴趣了。

二是在五年级时遇到了一个对我来说很好的数学老师，可以说他是我的启蒙老师，通过他的教学，我的数学成绩猛增，甚至每次考试都是全班前几名。然后在他的鼓励之下，我的成绩到六年级一直稳定。所以，真的很感谢这位老师，也感叹"罗森塔尔效应"①是真的很神奇。

我们是三兄妹，我有一个妹妹，还有一个哥哥。智达实验学校的老师很负责，就是在这里我的人生轨迹发生了180度的大转变，我从一个对学习不感兴趣、不学无术的学习状态逐渐变成了知道通过学校改变自己。

我上初中以后遇到的两位班主任都特别好，他们懂得换位思考，从我们的角度出发去想问题，而不是一味地用顽固和封建的思想来想问题。特别是初一的班主任，我上初一遇到的班主任是一个男教师。我们班有一位女孩子老是骂脏话，有同学跟我们班主任说了这个问题。于是班主任就贴了一个告示，规定在教室不允许骂脏话。如果骂脏话，就会受到惩罚。还在班会课的时候给我们举例说脏话的坏处。班主任他没有用那种传统的思想来批评这位同学，而是换一种方式来讲道理，让我们懂得人在特别生气和恼怒的时候骂几句脏话是情有可原的，是可以原谅的，而不是觉得自己说脏话是很值得炫耀的一件事。班主任教会了我们人情世故和遇到问题时怎么去解决问题。

班主任教我们数学，他的妻子教我们英语，两位老师都特别地负责，工作也很认真。但是后面由于他的妻子需要回家待产。因此，我们换了英语老师，而我们的班主任也只在长流中学任教三年。初二上学期的那一年刚好是最后一年，所以他要离开我们这里去别的地方教书。他们夫妻两人都离开了我们学校，后面我们的英语老师换成了另

---

① 罗森塔尔效应（又称皮格马利翁效应），是一种社会心理效应。教师对学生进行夸奖，或者表示出信任这类积极的评价和鼓励时，可能会帮助学生改变心态。因为情感和观念这种主观感受可以在不同程度上影响到对方，成为一种暗示。运用在教育过程中，教师可以利用这种心理暗示引导学生的发展方向。当一个人获得他人的信任和夸奖时，就会觉得受到了肯定和重视，获得积极向上的动力，变得自信、自尊，也会努力朝对方期待的方向发展，以免对方失望。

外一个老师，他特别地凶，讲课也不好。因此，我们班上有好多英语好的同学英语成绩也在下降。到了初三的时候我们以前的英语老师又回来了，把我们班的英语水平又往上提了几个度。我感到很幸运，因为物理和数学一直在拉低我的分。我很担心自己考不上高中，由于换老师的缘故，我的英语成绩也是惨不忍睹。现在老师又回来了，我心里对于中考又多了一点信心。

虽然幼儿园调来的那些老师对于小学专业知识的讲授不是特别好，但是他们为我们的小学童年生活添加了不少的色彩与乐趣。在小学上学的时间里，我的学习成绩都是很一般的，没有特别出彩的地方，数学还很差，语文也还好，但是我的小学生活过得很丰富，我有着一群和我一起长大的好朋友。

学校虽然不大，但是老师很好，而且对我们很负责任。因为人少，老师也比较好管理。我们经常在放学以后被老师留下来背书，如果背不完就要留在学校一直背，直到背出来为止，也正是因为这样，所以我的语文和英语都比较好，数学也不赖。学校虽然小，但是毕竟是在城里，相对农村而言，教学的质量也比农村好。

在小学，其实除了语文和数学老师比较固定，其他学科的老师都比较随意，所以印象也不是很深刻了。

（四）校园

在我读小学之前，双凤小学就有了比较固定的教学楼，样式比较简单。大概在我读小学二三年级，它进行了重建，此后几年也进行过数次修整，不过算是微调。大概的样子是有三层楼，一到六年级每个年级一个班，然后就是老师办公室（一个集体的大教室）和其他几间相关的配备教室（打印室、食堂等）。教室的桌椅板凳比较老式，教学用具不是很齐全。操场不是很大，包含一个篮球场和一个乒乓球场，还有两个简单的锻炼器械地盘。学校的围墙是我五六年级的时候修建的。校园里面栽有些特殊的花树，花盛开的时候还不错。

老家的小学——长流小学，有两栋教学楼，都不高，还有一栋楼是老师的办公室。教学设备和景文小学差不多，但是占地面积比景文小学大很多，有一个篮球场、一个操场。还有一个很小的山包，那是我觉得最可怕的地方，里面有好几个坟，每年清明节和冬季的时候看得最清楚。

我的小学学校名字叫作长流小学，学校让我印象最深刻的就是一棵树，它很大，我们需要好几个人环抱在一起才能抱得下。听老师说，这棵树已经有很多年的历史了，可能有几百年了，学校的基础设施也还可以，有一个篮球场，还有乒乓球桌等。

鲁打小学不大，只有两栋教学楼、一个操场，然后教室的设备这些应该和其他乡村小学都是一样的。学生基本上都是鲁打的，学校的老师从外面来的很少，基本上都是老家的人。鲁打小学以前四周是没有围墙的，所以逃学的孩子挺多，我也是其中一员。

景文小学很小，只有一栋楼，好像是五层楼，加一个小小的操场，我们的升国旗、午间操、体育课，还有举行的各种活动都是在这个小操场进行的。教室和老师的办公室是连在一起的，教室的教学设施也很简陋，就只有黑板，课桌是两人坐的那种木制课桌，还有长凳。有的年级是两个班，有的是一个班。

贵阳三桥后坝学校是一个私立学校，只有教学楼，没有宿舍楼，教学楼有三层，六个年级，一个年级一个班，操场和篮球场是合在一起的，然后学生都是父母在附近租房子的务工人员的子女。

后来我照样是在我们老家的初中读书。参加小学升初中的考试就普普通通地上了初中。我们那个地方虽然是一个小乡，但是相比于其他的村子，无论是小学还是初中都比其他地方的学校要大。我们的初中有一栋大的教学楼，两栋特别高的宿舍楼，还有一栋有七八层的教师住的寝室楼，一个篮球场一个操场现在好像慢慢地扩建得越来越大了，而且现在好像都有图书馆了。

我读的小学叫长流小学，学校挺大的，长流小学共有教学楼两栋，办公楼有些和教师的宿舍楼是并在一起的，有两个大操场、一个小操场、一个篮球场，还有一个小山丘，学校里没有跑道。

我的小学是在老家的长流小学读。长流小学当时总共有教学楼两栋、办公楼一楼，有三个操场，有一个小山包，没有跑道。作为一所地地道道的农村小学，它的教学设施并不完善，偶尔停电，就需要人为敲响上下课铃声。

长流中学在乡镇上，学校面积一般般，有一个操场、一个篮球场、一栋教学楼和几栋宿舍楼。基础设施比我在贵阳读的小学好，就是离我家比较远。长流中学是可以选择走读和住校的，因为走读很浪费时间，太远了也不想每天来回走，所以我选择了住校。

我们读的学校是私立学校，因为我们不是贵阳的户口，很难进公办学校，虽然是私立的学校，但是它也比较大，和老家的学校差不多，有九个年级，两栋教学楼但是都不高，还有一栋办公楼，有操场和跑道，教室内的桌子和凳子和老家的一样。

崇文很大，宿舍楼也很多，老师很好，但是因为是民办学校，所以老师很不固定，我们有些学科会经常换老师，但是已经习惯了。在崇文，老师管得非常严格，每一天都被学习充满了，没有其他的时间去做别的事情，然后我也深深地认识到了读书不仅需要努力，同时还需要天赋。

（五）流动的同学

我在贵阳读了六年，虽然没有转学，但是身边的同学换了很多，从一年级一直共同读到六年级的少之又少。转学来的同学，我能够记住名字的也没有多少。因为打工都是一样的，没有固定的地方，哪里有活干就往哪里走，而孩子必然要根据父母打工的地点换学校，这都是生活所迫，所以身边没有玩得非常好的朋友。

在小学我最喜欢的还是我在贵阳读书的时间，最想念的是我的同桌，最遗憾的就是失去了与他们的联系。

我还在景文小学遇到了一个很好的男孩子，但是现在我已经忘记了他的名字了。他长得很可爱，同时还是我的同桌。我的数学是最不好的，他的数学很好，每次考试都是满分，所以我对数学的学习有很大一部分都是他帮助我的。小学的时候没有联系方式，后来我转学了我们就再也没有见过了。

我的老家是在长流大冲。因为我从小就没有在老家待很长的时间，所以我对老家的了解也不是特别多，认识的人也很少。

二、肩负重担

（一）留守

我们是在长流乡的一个小乡村里，外婆家那里是鲁打虎场村，虽然没有在乡镇上，但是上学和买东西都挺方便的。我们那里没有幼儿园，我上学的时候是直接上一年级的。外婆家就在小学旁边，去小学只需要两分钟就到了。所以早上起不来吃早餐的时候我会用课间操的间隙跑回家吃饭，我想这就是家离学校近的好处了。

我的父母常年在家务农。15岁之前一直是在妈妈身边长大。幼儿园和学前班都没有上过。

我父母觉得我小学成绩还可以，如果继续在老家怕没有人管着，成绩会变差，然后就把我接到了贵阳和他们在一起，然后在贵阳那边的学校读书。班上同学有很多和我一样是留守儿童，然后有的离家很远，每天要走一两个小时才能到学校，放学以后又要走回去，很累。我和我的堂姐在一个班，堂姐是四叔家的女儿。我爸爸有五个兄弟，四叔是最小的。

老家的学校和贵阳相比始终是有很大的差距的，老家的教师是不会强制要求学生背书和做题的，及时跟着老师的步伐走，但是我的成绩还是平平无奇，是班上的中等生。那个时候学校已经有晚自习了，我每天也跟着上晚自习，因为在家里面也是不会学习的，白白浪费时间，就索性去学校了。虽然在快要临近中考时，我的成绩依旧没有太大的起伏，但是考一般的高中是没有什么问题的。

我的初中没有在贵阳读，因为父母要去其他地方打工，不方便带我们，我们又成了留守儿童。这一次父母把弟弟送到了兴义顶新学校读书，没有在老家读，而我和妹妹则留在了老家，但是这一次我们没有和爷爷奶奶一起生活，而是独自生活。

初一我是在长流中学就读的，被分在了一班。一班的数学老师也是一班的班主任，姓邓，他教数学非常好。到了初中，数学也提升了难度，如果继续用小学的教学方法是行不通的，我也很怕自己的成绩下降，然后就跟着老师的步伐走。

（二）重担

我从小生活的村子叫瓦屋田。这个村子很小，只有十七八户人家。我们不是瓦屋田当地的，是从其他地方搬迁过来的。因为村子很小，所以是和村子里的小伙伴一起长大的。我一年级是在包包寨小学读的，从家里大概要走半个小时才能到学校。因为父母在外打工，上一年级的时候年龄又小，所以我表姐他们就带着我上学。

我的小学是和妹妹一起读的，母亲带着我们在老家长流小学读书。当时父亲在贵阳主要是做工地，他要到处给人找事做。母亲在家务农，还要时不时地找一些油盐钱，没有时间照顾妹妹。妹妹年纪小，我便多读了一个一年级带着妹妹上学。我家去学校很近，用不了多长时间。每天放学回家以后要帮家里做一点农活，因为家里种土地，还要喂猪这些，母亲一个人经常忙不过来。

我读学前班是和弟弟一起读的，因为当时父母在贵阳主要是卖煤，他们要到处给人送煤没有时间照顾弟弟。后来因为弟弟年纪小，我便又多读了一个一年级。

我从小就是在老家长大的，我家在长流乡的乡镇上，交通比较方便，离学校也挺近，我觉得这是比别人多的一点好处了。在我们那个贫困潦倒的乡里以前是没有幼儿园的，是我上到四年级才开始出现幼儿园的。我也没有上过什么幼儿园以及学前班，我直接是从一年级开始上的学。因为是生活在农村，可能别人会觉得读小学年龄还小，什么都不需要干。可是和别人想的不一样，我家因为距离学校很近，去学校只需要几分钟的时间，所以每天放学，我们几个好同学好朋友就会约在一起在天没有彻底黑下来的时候一起去打猪草。而周末除了打猪草以外还要放牛。除此之外，我还要帮忙家里做其他的农活，每一天都过得很忙碌。

初一开始，我不仅要照顾自己，还要照顾妹妹，但是这是很常见的事情了。在我家的周围有好几个都是独自生活的孩子，没有大人。

（三）脆弱

在初中三年，我印象最深刻的人就是我们的班长。初三快要临近中考的时候，班上要举行毕业活动。在布置场地的时候，班长突然晕了过去，然后我们就赶快将班长送到长流乡镇医院。很庆幸没有什么事情，医生说就是压力太大了，然后没有休息好。我不知道医生说的压力大是多大，后面我们在给班长陪床的时候发现，他即使睡着了嘴里都还一直在背单词。班长一直在班上都是前几，可能他也担心考不上自己想去的高中吧。

高三下学期，时间在快速地流失。每一个科目都是一周一小考，一月一大考。通过几轮的复习，我的成绩也保持了稳定，也有了一点自信，上一个普通的本科是没有什么问题的。但这只是我以为的，有很多事情的发展往往会和自己的想法背道而驰。在高中我深刻地认识了生命的脆弱与珍贵。高二下学期，我们的班主任发生了车祸。我听到这个消息的时候内心很难过。老师下午还在好好地给我们上课，然后晚上就发生了车祸，送到了县城的医院。但是县城的医院基础设施不行，然后又送到了兴义的医院急救。这些都是任课老师和我们说的，抢救成功了，但是老师也不能回到课堂了。

（四）颠沛流离

当时学前班里人挺多的，具体是多少记不清楚了，班上的人大多和我们一样，都是在外务工人员的子女。我在景文小学读到三年级。四年级的时候父母打算在老家修建房子，他们问我要不要跟着回去，我就说要回去，然后就转学了。其实我到现在依然很后悔当初做的这个决定，这个决定完全影响了我后面的读书轨迹。

我五岁以前是和父母生活在一起。他们在贵阳打工，后来因为家里有事情，他们就带着我一起回老家了。我有两个姐姐、一个妹妹。姐姐从很小就和外婆生活在一起了，然后我们三个就和父母生活在一起。回老家以后我就没有和父母一起去贵阳了，因为到了上学的年纪，爷爷腿脚不方便。奶奶除了要干农活以外，还给二叔家带着一个堂妹，不方便照顾我，所以我被送到了外婆家上学。

后来小学六年级母亲也去贵阳打工了，家里没有人照顾我和妹妹，所以我们也转到了贵阳读书。当时因为开不了转学证明，我就被迫重新从六年级下学期读。当时读第二个六年级的学校是贵州省贵阳市云岩区耀久学校，是一个私人创办的学校，学校的条件不是很好。在这里我就读了半个学期，因为当时耀久学校所在的地区拆迁，我不得已被迫转学。

这个学校的学生基本上和我一样都是父母来打工带在身边读书的。我在学校还有几个老乡，都是长流的，因为父母在这边打工所以他们也在这边读书，慢慢地就和他们成为朋友，一起度过了剩下的小学三年。我回老家以后就没有去过这个小学了，现在不知道还在不在。

去私校读是因为贵阳的公办学校需要很多证明，好像还有户籍限制，所以我进不了公办学校读书。在贵阳的时候我的成绩还可以，但是转回老家以后便开始下降了，然后再也没有提升过。

后面同父母一起转到贵阳市云岩区后坝路，小升初以后在博林学校就读。在博林学校我读了两年初一，因为当时自己非常顽皮，不学无术，成绩很差。

五年级的时候父母回来了，这一次他们没有单独出去，而是把我们三姊妹都带去贵阳了。他们在贵阳大营坡的郊外租了房子，因为爸爸的工作是给城里的小区里运送垃圾和材料，所以需要地方停车。在城里租房子没有停车位，在郊区要方便一些，而且租房子的钱也比较便宜。然后我们三姊妹就在贵阳读小学了。因为在郊区，我们三人从家去小学每天要走一个多小时，其实用不了这么久。但是因为弟弟才读一年级，年纪小，不能像我们一样走得快，所以我们要慢慢地走等弟弟。在路上要经过一片树林，这个树林要走20分钟左右。听大人说树林里曾经有人藏在里面，然后趁人不注意的时候抱走小孩子拐卖儿童的，所以每天经过这里的时候我都是心惊胆战的。父母每天下班的时间都是不固定的，有时候我们放学回到家了父母都还没有回家。我要准备晚饭等父母回来，每一天都在忙碌中度过。

初一的时候回了长流中学读书，因为当时在贵阳的工作不好找，我的父母要去外省打工,在贵阳没有人照顾我读书，又不能带我去外省。当时好像在外省不能参加高考，而且外省的录取分比较高，不利于我考学校，所以我就回老家读书了。

三、艰难抉择

（一）择校

我是过过苦日子的人，所以希望我的娃儿他好生点读书。他也是很努力，小学开始就保持在班级的前三名。比较遗憾的是，他最终没有达到我理想中的要求。当时我教数学，11 岁他去兴义考试，我送他去兴义读书，去八中考试，差 17 分不能去八中，考上了赛文（赛文是当年私校中办得最好的）。英语乱答了 37 分，分班、再复试，也是考了 37 分。自私地讲，这样做不是不相信我们乡下的公办学校，也不是不相信自己，其实只是想要给娃儿一个更好的学习环境，能够走得比我好一点。虽然已经去参加了兴义的入学考试，我这心里还是很难过，有点犹豫不决。要一个 11 岁的娃娃独自去学习、生活，太小了。真的不放心啊！不想让他一个人在那里，不想让他去了。他说："不给我去就不去，又要我去考……"最后我还是横下一条心，送他去了兴义。赛文中学是一所私立中学，当时一个学期的学费和生活费是 4880 元，以后每年还要涨价 1000 多元。

中考前，在学校大礼堂召开全校九年级的家长会，我去开家长会。在会上，讨论学校将来高中的发展方向、学校的长处、优点优势、带学生去北京等，给家长们灌输这种思想，然后把孩子留在他们学校。散会后一个星期，政教主任和班主任都打电话给我，要我帮忙把孩子留在学校。当时赛文的政教主任我早就认识。他和我是朋友，也是曾经的同事，他原来在花贡中学任教，我们一起上过课，后来才辞了公职去私校干活。班主任老师平和和我也多有联系。赛文中学的老师和领导把九年级前 30 名的家长重新召集开家长会，在 4 楼圆桌会议室，开茶话会招待。花摆齐、茶摆齐，重新来开个会，做家长的工作："你们是前 30 名的孩子，一分钱都不要你们出，只交最基本的费用就可以了。假期学校包飞机去北京，去北京大学，给他们心里树立一个明确的目标。"会议结束后，何去何从，我也觉得难以定夺。最后，我家以娃儿为主，看他自己的想法。马上要报考的时候，他又打电话叫我去帮他"参考"。我去兴义，住在宾馆两天时间觉得比较头痛，很犹豫。他也一样头痛犹豫，直到我准备回去了，中考志愿还没有填。等我坐车回到花贡，他打电话来说："爸，我还是填兴义八中。"我问他为什么，他说："我小学考初中的时候就想考八中，那个时候的题目是刁钻题目。现在中考全州一套题，我这个水平发挥可以的话，应该没有问题。"我想，八中当时的小升初题目确实刁钻，很多繁、难、偏怪的题目，就说："以你为主，你喊我来跑一趟是空跑。"最后他填报了兴义八中，以664分（不包括民族加分）的成绩顺利考取了兴义八中（2011年），进了那一年最好的一个实验班。

（二）机遇

在智达实验学校我总共读了三年，因为我初三在智达实验学校复读了一年，因为当时来到达实验学校我的基础不是很好，这个分数在兴义市是上不了一个好的高中的，于是我就决定重新复读一年初三，第一次中考的时候就考了402分，当第二次中考考了549分。

初一初二可能是青春期作祟，也有手机的"功劳"，所以那个时候重心没放到学习上，以至于学习成绩一直在班级中上游左右。后来到了初三，不知道怎么的，突然开窍了，觉得应该学习了，所以那个时候就大力补习英语。然后凭借着一股冲劲，每天6点起，11点睡，最后总分一直稳定在班级前几名。有一次模拟考数学甚至拿到了145分，感觉分数能给我带来很大的满足感，就更加拼命学习。后来不负所望，中考以一个较好的分数，去了兴义市第六中学就读。

到兴义赛文中学上初中。第一学期是平行班，第二个学期开始，英语可以考120分了。初一结束时，这个私校管理是这样的，整个年级统一排名，看前三名和后三名，实验班的后三名就"滚下来"，普通班的前三名"提上去"。不是找关系，是根据成绩来定。他就得了这个条件，老师打电话来说，他成绩考得好，可以进最好的一个实验班了，但是他不想去实验班。为什么呢，因为老师不熟、同学不熟、没有朋友，担心新班级里老师的教法不一定适合。

为了说服他，我就找他叔去做他的思想工作。终于孩子答应去实验班了，我从花贡包车送他去兴义。进入赛文中学，他坐在学校的一棵树脚就哭了。这时我想到了他的两位生活老师，比较了解孩子的情况。这两位老师又来给他做工作，让他明白这是拿钱找人找关系都进不去的好班级，是一个人生难得的机会。她们还举了往届的一个例子，有一个类似情况，那个娃娃本来可以到更好的班级，但是最后却决定不进实验班。在后面的学习中进步不大，最后连一个二本都没得上。听大家都这么劝他，他又答应进实验班了。就这样，在整个初二、初三，他在赛文中学一直保持全校年级的第四名（1 200名学生）的位置。

我的初中是在长流中学读的，从我家去长流中学大概20分钟的路程，长流中学有一栋教学楼、一栋宿舍楼、一个食堂、两个操场，现在的话好像扩建了。班上的教学设备和小学一样，没有多大变化。初一时不知是按什么分班的，本来我被分到了三班，但是听说一班老师更好，所以通过五、六年级的数学老师帮忙，我转到了一班去。现在想想，这大概是一个很正确的决定，也是一件幸运的事，很庆幸遇到了当时的数学老师以及语文老师，但是当时我们那个班有80多人，也是挺吓人的。

（三）学费

父母为我上学花了很多钱。我的父母常年在外面打工，没有在家。我五岁之前是和爷爷奶奶住，五岁以后才去贵阳和父母一起生活。幼儿园没有上过，但是上过学前班，学前班和小学是同一所学校，小学名字好像是叫景文小学，是一所私人办的学校，每个学期所收取的学费也挺贵的。现在不知道这个学校还在不在。

我在贵阳读的小学是赛文小学，是一个面积很小的学校，人也不多，操场都很小，学校的设备也比老家的学校差。学校就在三桥改茶那里，是一所私立学校，所以学费也挺贵的。

我的成绩稀烂，小升初的成绩不行，我的父母为了拯救我的成绩，于是便将我送到兴义的一所学校读书，学校叫崇文中学。这个学校很大，人也挺多的，从小学到高中都有。学费很贵，一个学期的报名费就要七八千，加上生活费每个学期我的花销要上万。当时我和父母说，我不去读了，但是被父母拒绝了，还被骂了一顿。他们在外面打工，非常清楚读书的重要性，不想让我和他们一样，要去外面做苦力挣钱，想让我有一个好一点的人生。不吃读书的苦，就要吃生活的苦。

我在初中以前一直和父母生活在一起，父母在贵阳打工，我也没有上过幼儿园，小学期间都是在贵阳三桥后坝就读。这里的学生也不是特别多，环境不是特别好，但是学费好像挺贵的，但是没有办法，如果不读的话就没有书读了。

当时上高一的时候分班是按照中考成绩划分的，因为我的中考分数很低，所以被分在倒数班级，高一年级总共有 18 个班。上高中的第一个月，我想要去改变自己，因为想着初中太混了，高中要努力学习。我当时不知道高一第一个月的测试成绩是学校发放高中生助学金的凭据。也因为一个月的努力学习，我第一次测试取得了不错的成绩，所以便拿到了其中一个名额，可以救济一下生活。高中的学费是不包含生活费的，生活费要另算。

对于我当时的成绩上国家公办高中挺悬的，我的父母真的很好，他们说读不了公办的那就去读民办学校。他们没有说让我去打工或者结婚，因为当时我的弟弟已经在民办学校读初中了，每一年的学费要 8000 左右，不包含生活费。姐姐也在读书，如果我还去民办中学读书的话，这无疑又增加了家庭的经济压力。幸运的是，我最后进入了公办高中。

家庭对我的教育投入并不是很大，有几次我父母想让我去补课来着，但是我都没去，因为我不喜欢补课，加上大部分时间读的都是公校，并没有花多少钱。小学初中的师资也不是特别好，但是我觉得不重要，毕竟是小学、初中嘛。高中的师资还是可以，毕竟读的实验班，家庭并没有什么教育观念。

四、人生幸运

（一）政策

在高中，最幸运的事有二件。一是当时刚好遇到国家的"精准扶贫"政策，所以高中学费全免，每个学期还有1000元的补助，同时由于自己成绩还不错，得到过国家彩票的奖学金以及南京大学给予我们学校的助学金，所以读书的生活费也解决了；二是有很多非常非常好的朋友，高一没有分班时的同学，在分班后变成了很要好的朋友，分班后所在班级的同学也逐渐变成了很要好的朋友。现在想想，那个时候最开心的事莫过于下课时去各个班级串门。还有就是高三休病假时，在我最无助时，我的朋友们每天轮流打电话给我说学校的趣事，然后定期给我份儿模拟考的试卷。同时每个周末在初中朋友的陪伴下，心情逐渐变好，在校外也慢慢拾起高考的心，后来回归学校，刚刚开始可能成绩不太理想，但通过自身的努力，成绩慢慢恢复，后来高考的成绩，高出了贵州省一本分数线70多分。想想都想为自己鼓掌，所以很感谢那段时间朋友们的陪伴与鼓励。

（二）高中

我考取的是县城一中，这个学校虽然比不上兴义的很多中学，但是我也挺满意的，当时我被分在了重点班，班上的同学大家中考成绩都差不多，这意味着大家都在同一个起跑线，基础差不多。高中是我人生中最开心，最放肆的三年。因为文昌的很多同学和我一样，被县城一中录取了。有了以前的同学的陪伴也让我安心了很多，没有来到陌生环境的恐惧感。同时在这里我还认识了许许多多新的人，也见证了各种各样的事。已不再是那个只知道玩的人了，接触的东西越多，就会有越多的感悟，高中不能像小学和初中一样了，只有努力考上大学才能有机会创造好的人生。

高中我没有留在崇文中学，也没有在兴义的任何一所学校，我回到了我们县城的中学，晴隆三中。晴隆三中是县城新修建的学校，基础设施非常好，宿舍楼、教室、桌椅板凳都是新的。宿舍是六人间，每个宿舍都配备有饮水机，还有充电插座这些，任何教室的桌椅板凳是一人一张的那种，黑板也是智能一体的。因为发挥失误，我的中考成绩不能上我们县城一中，如果可以，我肯定是想上一中的。三中的学生基础普遍都是很差的，学习氛围也不行，在这三年里，我过得浑浑噩噩，想要回去重读初三，然后考其他的学校，但是我又怕考不上，没有勇气去重读初三，内心也很煎熬。时间飞快，到了高二我就放弃了，因为时间不等人，早读一年就可以早一年挣钱。高考成绩出来的时候，意料之中，我没有考上本科。父母和我说，如果想复读的话可以复读一年，我拒绝了，因为深知自己的实力，再来一年也不一定能够考上，最后我去了遵义的一所专科学校，学的是新能源汽车制造专业。

我在高一升高二分科时选择了理科，我的数学和物理比较好，英语也还行。文科我有点害怕，虽然对历史政治也挺感兴趣的，但是背书太痛苦了，相比之下，我更喜欢理科一点。我们的老师都挺好的，是学校有经验的老教师，因为在重点班，所以老师的师资力量都挺强的，学习也在日复一日中进行着。学校每一年都要举行校运会，我因为身高比较矮的问题一般都不参加，跑步腿短，跳高弹跳力不行，推铅球力量不够，所以我一般都是后勤。办校运会也是我们为数不多的娱乐时间，学校是全封闭管理，我们不能出校门，两个星期才能出去一次，而且只有星期天下午才能出去，所以我们大家都很珍惜校运会的娱乐时间。

对于县城的高中我也不是特别了解，中考的时候也是第一次踏入县城，以前没有来过，因为太远了，也没有什么必要的事情。高中是在县城一中读的，因为中考分数不是特别高，所以分班被分在了靠后的班级，班上有好几个老家的人，但是都不熟悉。高一升高二要进行文理分科，我选择了理科，所以还是在以前的班级，班上选文科的同学比较少，所以依旧还是熟悉的人，也增加了一些新面孔，因为有两个班的学生被分散进入不同的班级。分科以后，我的学习目标也比以前明确了，最难的学科是物理和英语。到了高中，我才认识到物理对人的折磨，即使在初中物理基础好的人到了高中都不一定能够学好物理，物理成为我的拉分科目之一。但是再难也要努力学，因为高考的成绩多一分也意味着选择的机会多了一个，然后每天做数学题、物理题做到头疼，但是我的成绩只能在班上的十几名，也许会觉得还可以，但是我们班是普通班，班上的十几名在年级排名也是400名开外了，这个成绩也很难考上大学。

我的高中是在兴义六中就读，不是本市最好的高中，但是却比晴隆县的高中好很多。学校有教学楼两栋，宿舍楼三栋，食堂一层。教学设施也挺好的。高一分班是按照中考成绩划分的，因为我的中考分数还行，所以被分在了比较好的班级，高一年级总共有8个班。刚刚上高一时，因为是第一次离开妈妈，所以那个时候的我非常想回家，来城市的喜悦感慢慢变成回家的迫切性。后来，慢慢适应后，虽然想回家，但也没有刚开始那么急切了。可能是初三认知变成熟了，也可能是觉得自己该努力了，从高一开始，我就很努力地学习，所以即使后来高三我休学了几个月，我的成绩一直位于全班前二，全年级前五。所以再一次地感受到了学习时打好基础很重要，基础打好了，后面只要保持记忆就好。

我的高中是在我们地区排名前三的中学——贵州省兴义中学。学校的基础设施也挺好的，足球场、篮球场也很大，总的来说体验感非常好。我还记忆犹新的是我高中学校的食堂。我们的食堂是一栋独立的楼，总共有三层，有两个超市。食堂的饭菜丰富多样且价格优惠，是我在学校的时光里最不能忘却的。我不能像初中一样虚度一段时间后才适应。我不想浪费任何时间，因为我要在高考中实现我初中未能达成的心愿。

我的高中是在晴隆一中读的，在实验班，老师的教学水平都挺高的。我觉得在实验班的压力也还好，其实一切正常，并没有感受到太大的压力。一般排名在班级靠中间点位置，状态最好的时候是全校前几名，写到这里突然发现自己以前的学习太不努力了。我的两个室友有一样的名字，都叫刘虎，和我一样都是长流的。让我觉得很有缘分的原因除了来自同一个地方以外，还有名字，因为我的名字里面也有虎，哈哈。然后呢他们因为一个比较高，一个较矮一点，所以我们班上的同学为了区分他们两个，高的叫大刘虎，矮的叫小刘虎。小刘虎成绩比较好也要外向一点，大刘虎就要差一点内向一点。高考的时候小刘虎上了贵州财经大学，大刘虎好像上的是一个地方院校。小刘虎喜欢打篮球，大刘虎就比较宅。但是我没有和他打过篮球，因为我不喜欢打篮球，不过我和他们打过乒乓球。我们寝室有8个人，几个喜欢乒乓球，有几个喜欢篮球。大多数情况，他们打篮球的和我们打乒乓球的各打各的，随趣而行。

快要高考的时候因为年轻不懂事，也爱胡思乱想，然后情窦初开，和同校的一个女同学谈恋爱了，沉沦其中，这严重影响了我的成绩，最后高考我也没有考好。在高中真的有太多遗憾了，感觉学习也没有学好，谈恋爱也没有谈好。后来因为高考成绩不理想，只达到上地方院校的分数线，好多长辈都说我可以去读大学的，考得还行，可是不甘心呢，就一人敌还多人，还是选择重来。那次，我现在想起来都觉得厉害，三天两头的，我竟然没有被他们的话语所动摇。后来我选择去兴义的赛文中学复读，赛文中学见证了我的高四生活。

当时上高一的时候分班是按照中考成绩划分的，因为我的中考分数中上，所以被分在实验班级，高一年级总共有22个班。上高中的第一个月，我想要去改变自己，因为想着初中太混了，高中要努力学习，高一上学期期中考试我们就要分文理班，我的目标一直都很坚定，就是要选理科。兴义中学是全封闭的，只有在周日下午的时候可以出去，这也意味着我们有了更多的学习时间。在高三，每天天不亮就和室友一起起床刷题，物理、化学、生物需要刷题的东西太多了，更别说还有数学需要刷题，但是这样的生活很充实，大家都在为同一个目标而奋斗。我的高中可以说是很丰富多彩的，因为我是那届的学生会副主席，在学校举办的活动有运动会、篮球赛等，我们班拿过年纪篮球赛一等奖，我自己平时也喜欢打篮球。可高中三年对我来说又是不可忘却的记忆，因为有很多美好的记忆，在这里我认识了很多人，也交到了自己的朋友。

高中的学习经历是比较深刻的，我在这里遇到了深刻影响我三观的老师，也学会了一些新的判断是非对错的方法，重要的是还遇到了一群可爱的同学，他们陪我度过了三年最难忘的时光，还有一起从初中读到了高中的朋友，我们在一起度过了最美好的青春，感谢有他们的陪伴。

在三年的高中生活中，让我感觉最充实的是学习。高中的学习不同于初中，它对我们要求更加严格，所以为了适应它，我自己总结了一套学习方法，这个方法让我在学习的时候轻松了不少。在高中的学习充满了挑战，我们要敢于挑战，要努力拼搏。在高中生活中，我体会到了压力，有了动力，提高了能力。难忘高中生活，难忘高中的酸甜苦辣。高中——我人生的转折点。光阴似箭，岁月如梭，高中三年如流水般悄悄流逝，又是一个春绿江南的日子，在这个草长莺飞的日子里回首往事，不禁让人有些失落和伤感。

我的高中是县城的第一中学，是晴隆县最好的中学。学校的基础设施也挺好的，足球场、篮球场也很大，教学设备高一的时候是使用黑板，上课所用的是台式电脑，投影仪也是挂在墙上的那种老式投影仪。因为这些设备使用的时间已经很久了所以经常需要维修，然后在高一寒假期间，学校就换成了黑板电脑一体的触摸一体机，粉笔也换成了液体粉笔，课桌也从木制的换成了铁制的，很光滑，不用担心考试的时候将卷子写穿。总的来说，体验感非常好。

我觉得在读书的过程中遇到的老师和同学朋友太重要了，好的老师会想方设法教给我们知识和做人的道理；而不好的老师只是将教学作为一种任务，每天只是为了完成任务，而不管学生的成绩，就像我的高中数学老师。好的同学可以在一起学习奋斗、前进，好朋友亦是读书岁月中的美好存在。

在读书的时间里，我们会遇到自己生命中重要的人，重要的朋友，还有形形色色的路人。虽说路人只在我们的生命中出现一小段时间，但带给了我们很多的惊喜和遗憾，也正是因为他们的出现才使我们的人生丰富多彩。

（三）意外

还有一件事是在初二，当时长流乡正在举行一项活动，具体是什么活动我忘记了，然后要在学校里进行作文征稿，班上好多同学都踊跃地参与，所以我也报名参加了。回家以后我就去看作文书，搜集所需要的资料，还看了报纸，在报纸上看到了一句很好的话就是"青春如歌，我们边走边唱"。我把这句话用到了作文里，最后我的作文得了第二名。因为班上语文成绩好的同学有很多，我以为得奖的应该是他们，最后的结果真的让我挺意外的。

我在初中有一个最好的朋友，我和他在一起印象最深刻的就是有一次他遇到一件很高兴的事情，就一直要逮着我说，说了好久。上课还在说，宛如话痨一般。叫他听课，但还在一边笑一边扒拉我，结果我烦了，反手就想给他大腿一拳，哪知道他反应那么快，被他那块大金表挡住了，我现在拳头上还可以看得见一个小小的伤疤，这是随身携带的记忆，随时可以看见的记忆。所以，我的初中不是最好的初中，但对我来说，我的处境是最好的处境，各科老师都很关注我。

时间很快就到了初三，国家九年义务教育剩下最后一年了，我也开始紧张起来。如果考不上高中，那就意味着我没有书读，这是很严重的事情。然后我便开始认真地学习起来，数学和英语依然阻挡着我前进的脚步，最后虽然考的不是很理想，但是我还是成功地进入了县城的民族中学。

虽说我不喜欢读书，但是我挺喜欢学校每年都要举办的校运会。初一的时候，班上的同学参加了一项运动，就是将相邻的两人的腿绑在一起，然后以最快的速度冲过终点。这个运动没有限制人数，好像我们班是十个人以上，而我主要充当教练的角色，训练他们的默契配合度，还有怎么样控制速度。当时离家远的同学是全部住在学校的，离家近的同学不用住，所以我们利用每天放学后的时间进行训练，练习了一个星期。记得当时喊口号的时候我嗓子都喊嘶哑了，最后比赛的时候我们班的参赛人员是跑着过去的，其他班的是走着过去的，我们班得了第一名，对于这件事我感到非常的有成就感。

在补习的一年时间里我的思想比以前更加成熟了，我懂得了要在合适的时间里选择做合适的事情。如果选择错误，那么我们就要为这个错误买单，甚至要用更大的代价来弥补这个错误。其实，选择补习，不仅仅是因为分数，或者说只有很少一部分的原因是因为分数，而是去实现一个梦想，完成之前没有做完的事情，让自己了无遗憾。万幸之至，我实现了。至于后来的大学选择，只能算是排在第二位的。补习之后选择的大学，也肯定比之前的要好得多。在综合家长和我的意愿之后，可以说算是一个比较合适的选择。

按照学校的管理，我们基本都起得早。早上有宿管阿姨催，室友也会叫，到了时间宿舍就要关门。吃了早餐，基本天刚亮就到班级里面学习了，而且基本是全班都到位的。我和补习班上的同学关系很好。在补习班，我是五个英语课代表中的一个，平常和大家接触的机会多，对大家的情况也了解得比较多。印象深刻的人有很多，有善解人意、处处关照我的同桌；教我如何将英文字母写得好看，然后还对我的练习效果感到开心自豪的佳姐；在关键时候总能为我拍下经典照片的小毛同学；喜欢拿我名字讲幽默话语的几个伙伴……当然，还有我的充满幽默、乐于助人、久处不厌的可爱的室友们了。

在高中，我还收获了许多志同道合的好朋友。我们可能是在讨论题时了解对方，可能是喜欢同一部电影，可能是有相同的梦想，还可能是由于一个误会……总之，"一切皆有可能"。我们一起挥汗如雨，一起解决难题，一起朝梦想前进……我们分享着我们的快乐，我们述说着我们的忧伤。我们欢笑过，我们疯狂过，我们悲伤过……和朋友在一起，我觉得每一天都过的真实，我的烦恼也可以淡忘。虽然初中的朋友大多和我分开了，但我相信，在高中三年内我会得到更多的友谊！三年的时光像放幻灯片一样在眼前扫过,我突然觉得时间变慢了，慢的我可以清楚地看见我生活的轨迹。

时光不再是匆匆的，它真实的在我身旁流过，把得与失清清楚楚地展现在我眼前。做过总结之后，我突然觉得心情出奇的好，希望在高中收获多一点，遗憾少一点，依然精彩！回望过去，我无憾自己初中的三年；我知道自己第一次的分数是上不了一个好高中的，于是我就决定重新复读一年初三，在第二个初三的时候，用549分的成绩回报了自己初中这几年。

身边的每个人都说，高中是奋斗的三年，是传奇的三年，是能改变命运的三年。当我真正进入高中，其中感受到的教育却只化为"坚持"二字。和初中完全不同，初中的时候我们可以自由放任，可以年少无知，可以偶尔偷偷懒打打酱油，可以在课间嬉笑玩闹，可以偷偷抄袭逃过考试。可是到了高中，我感到很迷茫，周围的学习氛围也很压抑。下课了，没有人像以前一样拼命争取课间这十分钟去嬉笑玩闹，顶多就是去走廊吹吹风，更多的是在教室里继续奋战题海，或者跟在老师的背后一直追寻探索问题的答案。周围的环境感染了我们，我们只能沉浸在题库的海洋，与时间争分夺秒，与试卷拼命厮杀。而在这场无声战争的背后，"坚持"二字显得尤为重要。当害怕追赶不上大队，害怕考不上好学校，害怕辜负父母之恩，害怕周围的人都能在努力后有所进步，而自己依然原地踏步，害怕一切的一切化为压力重重压在我身上。此刻，只有坚持才能创造奇迹。与初中还有一个微妙的不同点，就是老师不用拼命"赶鸭子上架"让我们努力读书，高考的可怕氛围逼迫着我们成熟，逼迫着我们自己去努力。我们在高中的学习能动性在不断提升，因为我们知道，只要懈怠一秒，与别人的差距就会很远很远，即便这段奋斗的时期很艰苦。

五、拦路虎

（一）学习

在初中的学习过程中，我养成了一些好的学习习惯。例如记笔记、课前预习、课后复习、不懂就问……并且在这个基础上，我还要加强自主学习能力。因为初中和高中有着很大的差异，如果学习方法一直不变的话，我会很难适应高中的学习生活。

在智达实验学校时，学习任务还不算繁重，自信满满的我仍然采用小学的学习方法，不久我便发现我想错了！浑浑噩噩地度过一段时间后，我意识到这种生活的麻木与空虚。于是开始主动认识新的朋友，寻求新的方法。渐渐地，我适应了初中的学习。

在高三，每天天不亮就和室友一起起床背书，地理需要背的东西太多了，更别说还有语文和英语需要背，但是这样的生活很充实，大家都在为同一个目标而奋斗。我的高中可以说是很平庸而又无趣的，因为我没有参加过学校举办的活动、运动会，也没有拿过什么奖项。可高中三年对我来说又是不可忘却的记忆，因为有很多美好的记忆，在这里我认识了很多人，也交到了自己的知心朋友。

长流中学的老师有很多都是长流人，所以我在这里适应得很快，而且老师们都很好，特别是数学老师，因为我比较喜欢数学，所以和老师也能够聊得来。我在长流中学读了两年，这段时间是比较快乐的，作业不多，也没有太大压力，成绩还算可以，在班上比较靠前在。初二增加的物理学科我觉得也还行，就是英语比较差，英语不好这个比较苦恼，虽然我在贵阳学习英语的时间也比较长，但是对于英语的语法这些我可以说是一窍不通，所以英语也没有比老家的同学好到哪里去。

我是从初二、初三才开始学习英语的。那时，中营是没有英语老师的。刘老师也是一个兼职的，不是正规英语老师。他只是出去培训过一下，能教一教我们读读英语什么的，所以我的英语基础真的很差。我当时之所以能考取兴义八中，是因为当时不考口语，考口语的话我肯定不行。小学的时候，我的成绩也不好，从来没有及格过，30多分左右。我姐经常拿奖，我拿不到奖。初二我爸送我去顶兴学校时，学习成绩也不好。顶兴学校初中二年级，整个年级有四五个班。当时顶兴学校一学期收费4000多。此外家里每月给我100~200元的零花钱。顶兴学校学习英语的方法比较简单，就是拼命背，背单词、短语、固定搭配。那时记忆力好，基本上是100分考80~90分，但主要是靠背，靠记忆力。刚进入八中是普通班，一年后进入了尖子班。进入八中尖子班之后，我稍微放松了一下。我现在看英文，意思知道，但是不要叫我读。读的话，英语四级的标准我都没有达到。我英语过了六级，听力差，但是阅读好。填空题、阅读题、写作题基本是拿高分，听力（总分225）我基本是"猜"，拿70~80分。考博不考听力，本科阶段四级、六级都过了。

我最差的学科是英语，因为农村小学是不学英语的，然后我也没有基础。班上的同学有很多都是兴义的，他们小学三年级便开始学习英语了，课堂上老师讲语法他们也能够很快的反应过来，然后我是两眼茫然。还有背单词，他们音标学得很好，而我都分不清浊音、辅音这些，这大大地打击了我学习英语的热情，形成了恶性循环，从此便感觉英语与我没有缘分了。到了初二，我的成绩有了大的提升，特别是数学，这个得益于我的同桌。我的同桌和我一个宿舍，他是一个学霸，重点是不偏科。在数学课上，老师讲完了公式，我还没有完全理解的时候，他就能举一反三了。有时候，我就会想人和人的差距怎么就这么大呢。因为是同桌，所谓近水楼台先得月，我有不懂的问题就问他，然后数学成绩也在慢慢地提升。在初二新增加了一个学科物理，第一个学期我觉得还可以。我还是太天真了，第二个学期我就开始被物理抛弃了，但是我觉得它没有英语难，在我能接受的范围内。

英语老师是我最喜欢的老师。我的英语可以说是零基础，初中的时候英语作文都不会写。放假的时候，她叫我们每天都要写一篇英语日记，上课的时候每周要背一篇英语作文。我的英语也是这样提升起来的，虽然语法一样的差，但高考的时候英语考及格了。

高中的时候，我的英语有所下降，感觉没有初中那么简单。高中物理嘛，和大多数人一样有点头疼。班主任上的学科是化学，给我们上课的时候也是由浅入深地给我们讲解。我的化学成绩才能一直保持往上的。老师曾经说过要带着我们一直到高考，但是老师失言了。高中的三年，比以往承载了更多的情感。高考失利，没有考上本科，差本科线几分，我看到成绩很难过，但是我没有选择复读，而是去读了师范专科，我的专业是数学专业。

（二）遗憾

有幸事也有憾事，现在想想，在长流小学读书时有两件遗憾的事。一是普通话没有学好。长流小学的老师几乎是老家的人，所以上课基本用家乡话，以至于尽管已经在外读书 7 年，我的普通话还是有很重的家乡口音，也是因为这个我迟迟没有认证教师资格证。二是拼音没有学好。读一年级时，学拼音的那段时间，我因为得了所谓的"大脖子病"，早上的课经常请假，以至于早上的语文课几乎没有上，也错过学拼音的最佳时间，后来也从未捡起过，以至于现在拼难点的拼音还是有点不行的。

我第一次到贵阳读的时候还是有很多不适应的，因为老家的小学是公校，老师管得不严，学习压力很小，在贵阳读的是私校，老师管的比较严格，学习压力也挺大的，而且在老家我们小学是不学英语的，可是在贵阳要学，我英语一直学不好，但是我的数学和语文还是比较可以的。

高一下学期我们就要分文理班，我的目标一直都很坚定，就是要选文科，因为我的数学不行，物理成绩更是惨不忍睹。高二分班的时候我分在了文科一班，班上有很多优秀的人，而我在其中显得格格不入，我的成绩一直保持在班级的中下等，因为自身和学习方法的缘故，成绩一直提不上去。

高一的时候学校是半封闭的，每天下午的时候就可以自由出入校园，高二的时候就是全封闭的了，只有在周六下午的时候可以出去，这也意味着我们有了更多的学习时间。数学老师是我最不喜欢的一个老师，因为他上课的时候说公式、知识点总是照本宣科，有很多知识点更是难以理解，我们有很多同学都跟不上，然后去问老师，他又说我们笨，这个明明是课上说过的，然后各种说我们，长久以往，我的数学成绩一直都保持在低水平线上，高考的时候更是严重拖后腿。

（三）窘境

我是教书的，为什么普通话讲不好？（当时）教我们读书的是民办教师，所以，我们的普通话现在都无法（不会讲）。那时候连拼音都不怎么会。现在学习汉字，不会读音可以查字典，那时候根本看不到什么字典？有本书都是好的了。1块5角的报名费已经很多了。教我们的老师也买不起粉笔，拿起一小块黑板来上课。有的叫我们去公办老师的教室里，把那里老师写剩下的粉笔头捡回去，然后给他。那个时候，公办老师很少，一般是师范毕业生。例如，晴隆师范，只有他们才有粉笔。给1—2年级上课的是民办教师，公社大队给一些粮食补助。他们是那些初中生，有的甚至是小学生，毕业之后来教书的人，他们都没有粉笔。3年级开始才是公办教师。

我们的任课老师都是一些老教师，有很多都是中专毕业的。因为老师几乎都是我们老家的人，上课差不多都是用老家的方言，甚至有些老师拼音都拼的不标准，所以我们的普通话说得很糟糕。

（四）灾区

长流小学的教师基本上都是长流人，讲课的家乡话口音很重，我适应了一段时间才习惯。我记得最清楚的一件事情就是在下午的一节数学课上，我正在努力地听着课，可是听不懂然后也很想睡觉，正好旁边有一个男同学趴在桌子上睡觉，我想着他睡觉老师都不管他，那我睡应该也没关系，然后我就趴在桌子上睡觉了，直到被老师叫起来回答问题，当然是没有回答出来的，日子就这样一天天地过着。而父母修好房子以后又继续去外面打工了，把我一个人留在了家里，没有了父母的约束，学校老师教学也很宽松，班上同学玩心也很重，然后我就再也没有认真学习过了，这种情况一直持续到了初中。

贵阳的私立学校教学比老家好，学校管理严格也是有好处的，我的数学可以考到90分了，语文也是90分左右，比较难的是英语，因为没有接触过，所以学起来比较吃力。刚开始在贵阳上学，我觉得最难的问题是听老师说话，因为在老家上课的老师有很多都是当地人，说的普通话都有浓重的口音，拼音更是重灾区，和贵阳的老师教授的有着很大的差距，有一段时间拼音也成为我最大的问题。

我的初中是在长流中学读的，班上的教学设备和小学一样，没有多大变化。从小学升上来以后我的成绩一如既往的差，父母怕我跟不上以后的课程便让我在初一多留了一年，但是我感觉多出的这一年的时间对我的学习并没有多大的效果。长流中学一个年级有三个班，我是在三班，班上的同学都很好，和他们相处挺融洽的。数学老师是我的班主任，长流人，因为我的数学成绩已经到了无可救药的地步，数学课也听不懂，考试的时候还考过个位数，所以我很怕我的班主任，特别是被点名上黑板做题的时候。在农村，上七年级的时候才学英语，从此，数学和英语便成为我的敌人，我非常的排斥这两个学科。

六、走向成熟

（一）外出

上了初中我感觉我长大了，在小学的时候我不会想到要去提升成绩，因为身边有好多人都是初中没有读完，然后就去打工了。但是我不想去打工，因为我的姐姐改变了我的观点，我的姐姐也是初中毕业就去打工了，打了一年工，然后又选择去读了中专后升大专，她读的是护理专业，虽说不是很好，但是比打工好。现在她已经在贵阳有了一份稳定的工作。我的姐姐说打工不是我想象的那么简单，它很难而且很累，前途渺茫没有选择的机会。然后我便开始重视我的成绩了，每天放学以后除了帮忙做家务，有时间我就会学习。

初中我就没有在长流读书了，我去了中营读书，因为我的叔叔在那里教书，中营职中学校面积挺大的，而且后来还稍微扩建过。有宿舍楼，就在食堂旁边，不过基本是附近的学生，所以住校的不算多。学费具体不记得了，不过大体印象是便宜，初中期间基本花费不大，早餐晚餐回家吃，午餐有营养餐。在初中我的英语和物理很好，基本是学得简单，考得简单，拿个高分也简单。我觉得中营的教学还是很可以的，初中三年可以说是我的高光时刻，三年都是妥妥的"学霸"，在班级上可以考第一，年级第七八名，虽然不是很牛，但是我还是很有成就感。

（二）志愿

高考填志愿时，因为非常想去省外看看，又因为家人没有太多建议，就自己填了现在的学校——西南民族大学。学校环境真的不错，又因为是中央直属高校，所以教育经费挺多。同时由于是民族学校，56个民族都有，以前在老家最多的是苗族，然后布依族。而在大学，我见到了许多民族，也了解了很多民族风情，真的感叹中国的地大物博。

　　高考成绩出来以后，有长辈建议我去读师范学校，比如铜仁学院呀什么的，当个老师，我不大喜欢当老师，而且当时想拿着比一本线高那么多分，感觉就去铜仁学院太不尊重我的分数了，所以我没有听他们的。最后我录取的学校是贵州师范大学，专业是政治学与行政学，也可以叫行政管理，这个专业我是填的第一志愿，当时报这个专业我不知道是多少分，后来问了室友才知道我比我室友高出好多好多分，说实话，当时心凉了半截，浪费了那么多分，但是没有办法了，只能相信这是命运的安排，不允许我多思考。理科学文科学得轻松，玩得开心，过得愉快。在大学的期间，我过得相当丰富，相当幸运，收获满满，心满意足。自己兴趣得到实践，错误有了深刻体验，付出了很多，也有了让自己如意的获得。也许，它不是心中最佳选择，但，足以无悔。

（三）大学

　　我自己在大学时也一直保持着一颗积极向上的心，努力学习，每一阶段都有给自己定一个目标，所以每天很少在寝室，都是往返于图书馆与教室之间，也通过自己的努力，成绩一直在全班第一，获得许多奖项以及荣誉称号。现在想想，我的大学四年，真的过得很充实。

　　高考以后，大学去了上海，读上海海洋大学，上了大学之后，我觉得大学还是比较自由的，不像高中一样，每天没有那么大的压力，但是像我这种懒散的，不容易控制自己。然后身边的人卷得要死，我还是比较焦虑的，现在大二，我应该要去缓解这种焦虑，和同学一起学习起来。

　　在大学，我加入了社团，学生会担任了一定的职位，在暑假还打过暑假工。我现在没有专升本的想法，只想早一点出来挣钱。大二下学期了，现在有很多公司来学校招生实习，我加入了其中，选择了重庆的一个公司，暑假就要去实习了。读书多年，没有考上一所好的大学，没有圆自己和父母的大学梦，成了人生中永远的遗憾，很对不起父母。

读书花了很多钱，这些钱是他们日夜做苦力活，一点一点攒下来的，也辜负了他们对我的期望。未来很长，在将来的时间如果有能力我会选择去弥补这些遗憾，专升本也会考虑的。但是现在就希望找工作能够顺利一点了。

在大学三年里，我拿到了励志奖学金，成为三好学生，取得了教师资格证等，我还参加了专升本考试，希望结果如我所想。

我的大学是在柳州工学院就读的。在过去的大学生活中，我注重个人能力的培养，投身于青年志愿者的行动中！三年时间虽短，但在这三年的时间里，作为一名志愿者，我确信我成长了很多，成熟了很多。"奉献、友爱、互助、进步"这是我们志愿者的精神，在献出爱心的同时，得到的是帮助他人的满足和幸福，得到的是无限的快乐与感动。在青年志愿者工作期间，我充分认识到了当代志愿者所应承担的责任和义务，更认识到当代大学生的未来奋斗目标，为自己能成为一名光荣的中国青年志愿者而感到骄傲和自豪，相信毕业后，这些经历必定会成为以后工作中的动力，促使自己为我国的青年志愿者事业和未已的工作做出更大的贡献。

读书十几载，有快乐有心酸，不管情况多复杂，终究还是一路风霜雨雪一路走到今天。直到快要毕业了，才发现，其实，这些都好短好短，初进校园，仿佛就在昨天。但总的来说，感谢教育，感谢这些时间让我遇到问题有自己的思考，不用想一个不知所措的蠢蛋，也许仔细想来，好像没有多大收获，但是现在的身份，现在的文凭，现在的样子，就是收获，而且只是冰山一角。那么多年的沉淀，感想要多多有多多，只不过要一时间表达清楚，似乎不是件简单的事，但归根到底，我只有四个字：感谢教育。

第二节　山区教育者的故事

一、读书的钱

在中营，只是靠土地生活很艰难。哪怕就只是考取师范，总比其他强。有一份工作，就算好的了。初三考试结束之后，很快就有传闻："咦，哪家又考取了一个！"那个时候心里真的是羡慕啊！

"人无二两银"，供孩子读书是一件艰难的事。我们寨子里70%的人口都姓袁，有孩子考取了学校，但是家庭经济困难。这种情况下，没有谁来组织捐钱帮助的，各家拿钱都是自愿的，大家都难。以前主要是靠自己家里喂猪喂牛，供孩子读书。我当年就是用了2000多元钱，把三年师范读出来。那时候家里面喂的鸡都舍不得吃。平时吃的是煮熟的苞谷饭，带汤的，汤上面是一层苞谷壳壳。1987—1988年闹水灾那年，学校里大米不够，改成吃了一年苞谷，保障大家都吃得饱。

二、读书的福利

（一）读书改变了我和整个家族的命运

所谓"打断骨头连着筋"，家庭成员之间,甚至在家族成员之间都有分割不开、牵扯不断的各种关系。最为直接的联系是物质层面的。

小时候，大伯家的人口少，没有儿子，只有一个姐。我家姊妹多，负担重。大伯和父亲是亲兄弟，他和我父亲商量之后，对我们几个小孩说："哪个愿意过来跟我过？"我说："我来。"就这样，我就过继给了大伯，没有经过任何手续。到了该上学的年纪了，大伯开始供我读书。读书对我来说不是一件难事，学习的过程中也没有遇到什么困难。那时候，放学回家也不是看书学习，而是（拿起）背篼、镰刀、锄头、闸刀（当地口音：sa-dao）去砍柴割草，帮大人干活。大伯家也不宽裕，因为经济原因，当时我没有上高中。初中毕业之后，我考取了中师。直到现在我还是觉得有点遗憾。如果上高中，考取一个本科应该没有问题。

读书的时光是快乐的。在那个艰苦岁月中的那种发自内心的喜悦，对现在的孩子们来说已经很难能体会到了。如今，物质生活已经变得富足，但是少年时期对"稀缺物资"的那份珍贵情感仍然历历在目。

我们那个年代，上学是"打着片子"（光脚不穿鞋），大家都一样，谁都不笑话谁。一双"解放鞋"基本上要穿一个学期。而且洗得白花花，每到星期六，在柴火边炕干，星期一穿着去上学。晴天还好，下雨天鞋子上会糊满泥土。现在和孩子们讲起这些事根本无法想象，太遥远了。现在有的孩子身在福中不知福！

我读小学就在中营，而且家住学校旁边，上学不像其他孩子那样辛苦走很远，就在家门边就可以上学。现在我家也是在学校旁，学校搬迁我家也搬迁，因为越有知识的地方，人越聪明（笑）。1986年，我考取兴仁师范，1989年毕业后回到中营当教师至今。哥哥和我同年级，你学你的，我学我的，相互之间没有什么学习上的交流。哥哥也是在中营上学，比我晚一年考上中专，以全县第二名的成绩进入贵州省电子工业学校，毕业之后在花贡工作。

中营在民国时期是有学校的。父亲也被送去那里读书过。但是在读书时，因为被先生罚跪，所以就不读书了，后来也是因为不读书，没有文化，吃了好多亏。

我爸是一个文盲，但是要求自己的娃娃要读书。我有两个姐、一个妹妹、一个弟弟，还有一个双胞胎哥哥（现在兴义）。因为家庭子女太多，大姐自己没有读到书。成家后，有了四个娃娃，也就尽量供子女上学。现在大女儿在幼儿园教书，二女儿在黔西南州疾控中心，三女儿读中央财经大学，毕业后在北海工作。

为了得"购粮本"，有"稀饭喝"。我们那个年代，中专、师范基本是从我们学校考出去的。老猫场、花贡也有考取的学生。老猫场的历史很长，但是没有中营长。中营学校连续10年拿全县第一。以前我们上学的时候,住的是东一家西一家的,大队提供的水泥面的桌子,要自己带板凳。

（二）我是教育的受益者

教育的受益者是家庭的希望和荣耀，继而会成为教育的传承者，成为家族的中坚力量，从而支撑整个家族。

我实习时，最小的兄弟还在读五年级。我中师毕业那年，家里最小的兄弟刚上六年级。母亲已经不在了，父亲一个人带七八姊妹。母亲去世时，哥哥在辽宁当兵，后来回家了，也没有经济能力。我承担起了家庭的重担，供妹和弟读书。我有正式的工作岗位，有稳定的工资，解决了生活问题。弟弟读书很用功，成绩也好。当时我就想，即便是去"捡狗屎"卖，我都要供你读个本科。当年他考上贵阳中学，开学报名时，我把（提前）结（算）半年的工资给他交学费和生活费。高中毕业后，他顺利地考取了本科。我一边工作一边照顾家庭，供他把本科也读完。现在他在晴隆县中医院疾控中心,是中医科的一把好手。比较遗憾的是，妹妹读书后没有考取学校。就这样，我带着我弟弟，三兄弟中走出来了两个公家人，整个家庭才慢慢摆脱了贫困。

为什么要读书？为了一份工作，为了改变命运，所谓"万般皆下品，唯有读书高"。当时，对外面的世界也很好奇，所谓的看"洋码儿"，但是学习更为直接和现实的目标就是要能得到一份工作。当年中考语文只考了 56 分。在中营继续补习 1 年，缴费 5 元，之后考上了中师。因为中考有规定，考生的年龄不能超过 18 岁，超过年龄不能考试，所以学习时间非常紧张，压力很大。

至于说学习方法，我认为我这一辈子利用时间是没得说的，就是脑子有点笨。1—4 年级时，看到父母很辛苦。家中喂了牛，早上背上背篓，要出去割草。估计时间差不多了，就背一会儿书，估计天黑能到家就可以了。因为回去早了家中也没有吃的东西。初中我们学的统筹安排。比如做菜做饭如何最方便。在教育方面，我总结过，用最短的时间给学生最多的指导。七七八八，讲来讲去，把学生讲烦了，就是这个道理。这几年我都是上六年级，在全县得第三名，平均分61.6。近几年我都拿奖拿名次的。去年得第二名。

三、家庭生活

（一）谈恋爱

山里文化人的恋爱，有点土气，却很真实。从小就习惯的山和水、人和事，一句话就叫习惯了。面对外面的花花世界，有的人是去追逐花香和美景，有的人却选择了本分，即所谓"本本分分，总有一份"。无论外在的环境如何变化，还是取决于自己观念和选择。

我爱人是老家的人，正正宗宗长流的。住在长流寨，侧边的。她当时没有读书。那个时候在农村谈恋爱，还不太流行，都是别人说媒。我们还真是自己谈的，而且我是读初中的时候就和她谈起的。我们不是同学，只是初中时候就认识了。我应该还是读初二的时候认识她的。当地有些老年人是这样讲的哦。"一时得了高官做，忘记娘家，恩爱娘。"有这样的啊。当时我和她谈，到我复读，去读师范。读师范，有人都在猜测，他可能去读师范，大概哦，师范里头有的是漂亮的女生。有这种（换对象）说法，但是我没有。这种事怎么说呢。也许在进师范时我已经谈恋爱了，也许是因为我没有那么花心。没有那个花心，在你这个行为上就表现不出来，别人看到你好像也觉得没有兴趣。觉得你这个人很难接触，这是一个原因。另外我自己也有自己的想法。因为做人要讲点良心嘛，非常苦的日子人家陪着你、看到你、支持你，又不嫌你穷，不嫌你是个穷书生。一下子考出去以后，你又觉得了不起，良心不讲，也不合。她也是苗族的，她家也是姊妹多，11个姊妹。那时候重男轻女思想又重，女娃娃基本上就读不成书了。现在我跟她开玩笑说："当年你没读书好，如果你也是上了初中，你也瞧不起我咯（笑）。"她纯粹没有读过书，一年级进过，上了几天学，就被喊回去帮忙干活了。她家离我家远得很，不是一个寨子的，那走路的话要一个多小时。那时候的年轻人，大家都会一起走亲戚。我家有亲戚在她家的寨子头，她家又挨到我亲戚家住。走亲戚时，我们吃饭都在一张桌子，吃饭就认识了。认识了之后就聊（天），后来赶乡场又遇到了，就开始谈上了。

读书人如果考取了"功名"，就意味着社会地位的升迁。而这种变化的确会带来婚姻市场的重新定位。

那时候还有一个风气，就是考上学了之后，马上就有媒人来介绍了，特别是工作了之后。那个时候国家工作人员还是可以了，有固定工资了。基本上说原来那种丑得来都不太找得到媳妇的人，都可以找上他们寨子中最漂亮的姑娘当媳妇。我接到录取通知书，去师范读半年书转来（回到老家），就有女娃娃直接来追。亲自上门，不要媒人，自己去请提亲，讨好我嘞。但我有比较笃定的是，当年我还没有考上的时候，我很穷很苦的时候，你为什么瞧不起我呢？曾经也有亲戚为我说过媒，我的那个亲戚也告诉我，介绍我们认识。那个时候，从她本人到她爹她妈都瞧不起我。"哟，他们家，不要提了。"原来嫌弃我的，后来去读书半年转来就不一样了。他们家的事，我记恨，我觉得势利不好。在长流的话，像我这种情况，比较坚持、比较执着的还是少部分。实际上很多人有了工作还是变了。因为人都是想选择的，有更好的选择大部分人都会有改变。

稳定的婚姻，稳定的家庭其实都是大家共同努力奋斗的结果。乡土社会中，"光宗耀祖、扬名立威"可以算是一种理想。而真实的生活却没有那么多波澜壮阔，而是细水长流，慢慢变化的。

后来我结婚了。我是2003年才搬到县城住的。以前我就想，她跟着我在那里吃苦，后来是因为娃娃长大了点，连住处都没有，就在城里头租了套房子住，开始理生意来做。这就是我当时跟她说的，咱们以前很清苦，反正我很穷的时候，你没嫌弃我，现在大家，我有我的工作，你有你的事情做，我们辛辛苦苦，辛苦挣一栋的房子来住。现在我住的房子是自己砌的，就修在民中不远。房子有五层，800平方米。讲小气一点，也给曾经说闲话的那些人，一个有力的回击。中国传统观念对房子的看法，也不是说真正说自己需不需要住那么大房子，而是必须要住那么大的房子。有这个房子证明你有实力，证明你的成功，这是中国人的传统，没办法的。哎，所以说这是一个就是从前读书最艰难的地方，要靠各种努力才能够走出来的人。

（二）娶漂亮媳妇

读书带来了社会地位的升迁，也为成功者带来了婚姻市场的优势。这其中也有明显的个人因素，不能一概而论。

在这之前的十几年，有的人个子矮小，长得也难看，娶的媳妇确实很好看。如果不是读书了，没有工作人家肯定是不会嫁给他的。不过现在这种情况比较少点。

婚姻首先要看这个人的能力等各方面，社会方面的为人处事也要综合考虑。说是娶漂亮媳妇，别人只是看到外在的情况。如果自身条件差，漂亮女孩之所以愿意嫁过来，一般来说是她自身家庭条件太苦了。嫁给一个有工作的人，娘家的各方面就会带起来。

人在读书之后，看到的世界和原来在老家时不一样了。我之所以没有在老家找对象，并不是心高了。因为婚姻就意味着以后要一辈子一起生活，选择的对象首先在思想上要能互相沟通。文化层次不同以后的家庭生活会有很多麻烦。人长得漂不漂亮，各人的看法可能不同。性格好人就会越看越好看。

其实当时也没有在这个方面多想，主要是毕业之后在外面工作。当时的交通条件也不好，回去的时候少。在认识的人中，适合的对象没有。我的媳妇是兴义本地人，认识之后相互了解，觉得性格合得来就谈恋爱，后来就结婚了。现在回头来看，当初的选择是正确的。

这种情况是听说过。不过在老家的时候我还小，参加生产劳动倒也没有，老爹对我们几个子女的要求也很严，家务劳动要在我们几个子女"分工负责"。要做的事很多，打猪草、喂牛、做饭，忙得很，也没有这方面的想法。后来到外地读书，通信不发达，所以和老家的年轻人交往少了，没有机会了。

在中国，裙带关系是难免的。作为人体共同渊源的个体，血亲是最早也可能是最不用担心的，天然就有的关系网。但是血亲的数量常常是有限的，如果居住的地理位置分布较远的话，需要抢时间完成的，或者是需要在一个固定地点完成的事，亲戚也可能帮不上忙。此时，姻亲作为一种重要的关系网，可能就会发挥重要的作用。

当时我刚刚毕业参加工作，就有一个比我们长一点的，大我20多岁的人，他是长流这边的人，就给我灌输过这种思想。他当时是一个聘用人员，聘用在土地管理所。因为我当时写作还可以，他打土地官司，经常要我去帮助他。我们玩得好，他给我介绍媳妇。他说，你选择媳妇，要么外家非常有钱，有困难时她支持你，要么外家有背景，在政治路线上有人。也就是能够帮忙你做些事情。人家那边是这种观念。现在应该在长流那边都还有这种观念。细细想来，都希望婚姻的对方家庭多一点能耐，能够把自己的家庭也带起来。

（三）教育自家的小孩

我自己的工作很忙。但是，作为一名教师，自家娃娃都教不好，不行。对自家娃娃的教育，我的经验是参加劳动和相互竞争。喊他去放牛割草，给1块或2块钱，这样他们就有动力了。让他们在劳动的过程中，亲身感受生活的不容易，这样在学习的时候就有动力了。另外还有就是相互竞争。两个娃娃，哪个把衣服叠好，2块钱；哪个把玩具收拾了，2块钱。结果是衣服叠得整整齐齐，玩具也收拾好了，干干净净。现在，娃娃是我的骄傲。

我的两个小孩，小学就在中营上的。老大是女儿，老二是儿子。大女儿从小就很乖，学习也好。除了正常上学的时间，每个星期六星期天他们也要帮助干家务，要去看牛（放牛）。女儿初中也是在中营上的，初中毕业后考入晴隆一中重点班。后来又考入兴义的一所私校，盘江中学，也就是现在的10中。她是从那里考取了上海电力学校，现在已经毕业成家了，在水城电力公司（火电厂）上班，有了自己的娃娃。儿子的初一在中营上，中营是小学到初中九年一贯制学校。初二开始在兴义顶兴中学，2008年上高中，高中在兴义八中，2011年考入南方医科大学，在广州5年。硕士研究生也是在南方医科大学，2020年研究生毕业之后，在贵阳上班1年，博士研究生考入暨南大学。去年（2021年）开始读博。现在在暨南大学神经内科学习，在读博士研究生。

儿子现在算是出息了，对于他毕业之后的选择我也正在纠结这个问题。既然是贵州人，学业结束了应该是回贵州来。从私心来说，我也想让他回来,近一点可以照顾得到,但是同时又担心影响到他的发展。

四、生活也是一本书

生活不是固定不变的文字，却也是一本需要认真阅读的书。读书人成了公家人，基本生活有了保障，但是工作和生活面对的仍然是社会的最基层，也有书本中没有的知识。

（一）教师来源

乡村教师从哪里来？根据国家的政策,更重要的是要看当年教育局的指示。分配制度延续了很长时间，所谓关系户其实没有那么多。

我1994年师范毕业的，1995、1996这两年还在实行（毕业生）分配制。1997—1998年，实行转变进去读书需要交学费。到2000年，是"倒分配不分配的"（是否"分配"工作比较"灵活"），不是全员分配，得看情况来分配。有关系没关系，没有得到分配的就要通过考试了。从2004年，就确定没有分配，全部要考了。

山区师资力量的配置和优化有一个过程。改革开放初期，城市孩子的教育资源比较丰富，通过高考进入大学是他们主要追求的目标。但是对于山区的很多孩子来说，这个目标太高了。改变身份的捷径就是参加中考，尽快跳出"农门"。中专和中师在初中毕业之后就可以考，是当时大部分人的首选。师范毕业之后，绝大多数学生又回到乡村中小学教书，是他们撑起了晴隆北部山区教育的灿烂天空。

> 我们师范生是"万精油"，什么都可以做，什么都可以教。在师范里面也是所有课程都要学，语文、数学、历史、地理……不过每个人自己喜欢和擅长的科目还是不一样的。毕业之后，根据学校具体的情况，我教过的科目有好多。不过，我自己更喜欢语文，所以更多的是教语文。其他课也教，看怎么分配的（工作任务）。

新分配来的老师怎样管理？按照以前的传帮带的习惯，新来的年轻老师需要有老教师来带，具体说说应该怎样教学这些事情。

> 以学生的考试成绩为主。如果你学生的及格率低于多少，就要扣你的工资。把工资的40%拿来作为奖金，到时候看你学生的成绩在哪个档次，再来发你的奖金。考取一个学生有多少奖金，实行奖励制。所以老师（教书）都是认认真真的，作业每个星期都要拿来检查一次。这个星期，你改了几次作业？改得如何？（不像现在，下了课就个人走了）记录好，作为评定的依据。你是哪一类教师？所以教书很认真。学期统一由县里面发奖金。

（二）做不了什么生意

> 我毕业之后，到新民小学教书。4年之后调回中营。中营这个地方人少，做生意基本是做不成。卖一点葵花、果子等卖不了几个钱。我们毕业的时候，工资65.5元，一大家人。当时已经改革开放了，也有过走出去看看的想法，但是不容易啊！以前的农村经济条件差。我毕业那年，如果能去当兵，至少是排级干部。我也去报名了，但是因为我们学校报名去的人多，结果没能去成。

前面好多年，为了供两个娃娃上学，我每个月的工资不敢用。两个娃娃从来没有打电话问我要过一回钱，一般是每个月 10 日、20 日提前把钱打到卡上。后来，姐姐大两岁工作之后也帮补家里。现在光照电站发电量不够。现在国家的火电占比是 60%~70%。现在煤炭是计划开采，沿海烧的是进口煤。现在沿海地区开始发展核电了。国家比较慎重，一旦出事就麻烦了。电的存储还有技术问题需要解决。

（三）被抢劫的经历

我参加工作之后也被人抢过，被"嘿倒过"。我上班路上的一条沟边，同一个寨子里的人（相互认识），他以为我是拿工资的身上有钱。但当时身上只有几块钱全给他了，只要他不杀我。

有一个卖牛的人被杀了五六刀，没有被杀死。行凶的人是好几个，有本寨的人，也有外面来的人。他们（行凶时）用口袋罩住头，说话的声音也刻意伪装，不容易分辨得出来。

以前，偷牛盗马的事多得很。我家的猪也被人偷过。我去晴隆培训去了，可能是爱走那里过路的人（知道情况），回来之后，家里的猪就被人偷走了。如果不是本寨子的人和外面的人勾结，他们不可能有这么准确的信息，也不可能晓得哪个时候哪家主人不在，家里有哪样值钱的东西可以偷。具体来偷的人应该是外村来的人，偷得了拿去分钱。那个时候穷，有些人就动歪脑子，不劳而获。

（四）选阳宅和买阴地

我和大哥、弟弟都住同一个寨子，这个寨子里绝大多数人都姓袁。我的妹妹本来是外嫁了但也想回来。我喊她转来，买了一块地基转给她葺房子，在我住的旁边，所以现在我们四姊妹都挨在一起。母亲今年已经过世四年了，父亲还健在，一家人住在一起很好。我们这里屋基地址的选择根据本地的风俗，要请地理先生帮我们看。看好地之后开钱买下来，6000 元到 1 万多。这种宅基地买卖在我们寨子里是一件正常的事。虽然可以买卖的地方不多了，但是只要价钱出够了，还是能买到的。

水城来这边买阴地的人多得很。因为那边要火化，我们这边不实行火化，人死之后，悄悄抬来这里埋了。具体买地过程，也是要先请阴阳先生看地，看好之后打听是哪家的，谈价格，买好之后用砖砌围好。如果主人家坚持不卖，可以重新看，再找。这些都是汉人的习俗，我们喇叭苗其实没有什么苗族语言，我们讲的就是这种（汉语），真资格的苗族讲苗语，我们听不懂。布依族有布依族语言，我们讲的就是汉语。

（五）基层服务

乡村教师有哪些工作？基层教师的工作其实并不简单，在日常的教学和管理工作之外，基层政府的工作也要老师承担。

两基工作，教育基础设施搞好了，我们学校有很多收获：实验室、多功能教室、图书室……个个学校都搞。脱贫攻坚把老百姓的生活水平全部提高了。现在学生的营养餐 5 元 / 人 / 天，由州、县统筹安排，他们负责找人干，或者是承包。学校不插手这件事了。老师吃饭要开钱，学生不开钱。教师和学生"同一张桌子，同一种菜"，不搞特殊。

我从 1994 年开始，6 年（2003—2009 年）是在教辅站两基工作，开始学习用电脑和打印机。工作多年，有职业的疲劳，所以又重新回到教学岗位。"两基"期间资料工作、教编工作、办公室工作，（工作）太多了。例如，一个镇 2100 人口，7~15 周岁的占 10%~12%，其中 13~15 周岁多少人，要划出了。普通小学在校生数字，在外读书是多少人，和全州的占比相比较看达不达标。卫生技能 100%、职业技能 100% 等。初中毕业的必须达到这么多。第一个数字错了，特别是第一张表，一套表是 15 张，就要全部重来。这是硬件这块。软件这块，还有扫盲这块，自建、改建、脱盲。脱盲率要达到 98%。学生数目多少，或者是漏登记了等，数字不合国家验收不合格。要想办法，确保数字"合得起"（完全符合）。

（六）我不想当校长

前一段时间，教育局的人要让我到红寨小学当校长，我不当。为什么呢，前任校长遗留了很多问题在里面。不是我不"上进"，校长这个职位不是想当就能当好的。作为一个普通老师，工作这么多年了，教书这件事不难，但是作为管理者这个就不好说了。我也知道，不当领导也有各种弊端。比如2022年，我评副高，人家制定条条框框，别人这样加两分，加三分，一下就把我顶下来了。即便是这样，我还是决定不当校长。

第三节　山区读书娃的情感世界

学校日常生活是儿童未来社会生活的雏形，是一种未来的倒影。在学校中，儿童之间的依附、严格的人身控制等专制形式，对儿童人格发展将会产生什么影响，现在断言似乎还为时过早。但其不利的影响是明显的：这可能造成一部分儿童的娇纵和社会优越感，而另一些儿童则会丧失信心，在人际中处于软弱、迎合等缺乏独立的个性。①

一、根

（一）家乡是我的根

现在外出读书了，家乡对我来说是一种情结。虽然到现在小学同学很多已经辍学找工作了，现在有交集的基本上只有个把个，但是从情感上来说还是割舍不掉的。我在广州很多年了，发展的平台好，所

---

① 司洪昌．嵌入村庄的学校 [D]．上海：华东师范大学，2006.

以打算继续在那里工作。到大城市生活，我不走这一步，我的下一代还是要走这一步。我预计用不了10年，随着城镇化的发展，人口、教育、医疗集中在一起了，国家全部要集中在一起了，因为节约资源。不需要30年，也许20年之后，这里（乡镇）就会变成空城了。20年之后，我爸就70多岁了。即便是我们回来，土地也不会种了，毕竟种土地也挣不到多少钱。

对于现在的乡村教育，我认为乡村教育肯定是比不了城里的。因为眼界不一样，格局不一样，这不是"踏谑"我们乡村教育。我也是这里出生的，比较客观地来看确实是从小在眼界等方面，因为与外界接触的少，比别人差得多。在读研读博这段时间，我在这方面的感触很深。刚开始接触社会时，觉得自己有很多都是脱节了的。以后的娃娃在教育方式、教育内容上都会有变化。他们应该接受什么样的教育？我认为，将来的娃娃一定不是死记硬背东西，要学会的是交流技巧和逻辑能力及应对各种情况和培养处理突变问题的能力。我这个年代基本是死背书，所以在情商等方面已经没有办法（改变了）。我们这个地方资源只有这些，只有高考这条路。过去20年，寒门还可以"出贵子"，以后不可能了。一位吃百家饭长大的中国人民大学的学者说，中国人大设立的基金覆盖整个贫困人口。他说资金用都用不完，结果发现，好的大学，寒门出生的比例越来越低了。比如，城里的小孩，从小就培养英语，乡村的孩子考不赢人家。现在考博，考综合能力，不仅仅是笔试能力，所以现在社会对人的要求，不只是考试要求，还有各方面的要求。

（二）人生要不断地进行总结

短短三年中，我从一个无知的少年成长为一个的青年，虽然在美好的年少时光里，我没有将足迹遍布于祖国的名山大川，但我对祖国的一草一木，一山一河爱得那么深。虽然在枯燥的学习生活中，我无数次失败，但我从不放弃。我知道，每一次在挫折面前站起就能成功。所以我屡败屡战。虽然我还没有真正领会到生命的真谛，但我不会放弃对生命的探索。没上过高中的人，他的生命里注定少一道风景。而没有上完高中的人，他的人生必定充满遗憾。有人说："上高中，后悔三年，没上高中，后悔一过辈子。"是的，正是高中的生活磨炼了我们，坚强了我们，使我们对未来无所畏惧。未来是属于我们的，我们不会满足现状马上就要开启人生又一段历程，我对自己说："为梦想而战，永不放弃，永不止步。"开花落，冬去春来，十几年的求学生涯转眼已逝。一路走来，我终于走过了高中！经过高中生活的洗礼，我已脱去孩提的稚气，走向成熟。我懂得了在社会这个大家庭中该如何正确看待自己。我是家庭的主人，我是自己的导演，尽善尽美的表现自己靠实力。靠实力崭露头角，靠实力一路领先。把自己完全融入这个大家庭中，友好真诚地对待身边的每一个人，以一颗宽容的心对待别人；学会感恩，体会那存在世间的无处不在的亲情。高中三年的求学生涯让我知道了人生的意义何在，我真正需要的是什么，设定了人生的目标，执着于自己的追求，纵使前面布满荆棘，困难重重，纵使筋疲力尽，心力交瘁也从不放弃，永不言败。高中的生活我真正体会到了拼搏无悔，因为铁只有经过炽热火海的煎熬才能锻造出最锋利的剑。石只有经过风吹浪打的磨砺才能被雕刻的棱角分明。高中的经历告诉我，我要做海燕，以无所畏惧的飞翔去搏击人生途中那最猛烈的暴风雨；我要做石竹，永远屹立在风霜雪雨的千磨万击中。高中三年给我太多美好的回忆，她见证了我青春的足迹。我将用我高中所得去开创我的未来。

高中三年对于每一个读过高中的学子来说都是永远无法忘却的经历。高中三年我收获了许多知识，也学到了很多做人的道理。贯穿起三年的每一个片段，学习是主旋律。我怀揣梦想，步入高中，投入到高中紧张的学习中去。经过前两年的摸爬滚打，成绩渐渐有所起色。尽管还不尽如人意，但我仍要竭尽全力。有时会觉得很累，有时也因某次成绩的下滑而沮丧，但我从不没有气馁过，因为我在高中生活中懂得了，一个人要想有所成就就必须经得住痛苦的磨炼。高中生活带给我的除了知识储备丰富，还让我的心智更加健全。我清楚地感觉到我比以前成熟了许多。年少的轻狂和不羁变成了现在的稳重。遇事我不再盲目冲动，而是用成熟的思想和丰富的知识去解决。我发现高中就像是连接自我和社会的纽带，在高中，我们学会了如何走向社会。高中，是我们用青春绘成的宏图，是我人生最美的一页，我要将其永远铭记在心。高中三年如白驹过隙转瞬即逝。高中三年，有过成功的喜悦，有过失败的痛苦。但毫无疑问的是我真诚度过了每一天。我可以问心无愧地说一句：我用生命充实了高中每一天！

（三）道路

人生是兜兜转转向前进的，没有人的一生是直线，一往无前的。高考没有考上本科这个也不是我想要的结局，我不能够保证自己一直会得偿所愿，遗憾才是人生，残缺才是完美。对于农村出身的我来说，读书是改变命运的机会，现在这个机会发生了改变，和我所规划的人生完全不同，但是出乎意料的可能就是自己所期待的。只要不放弃，依旧能够去自己想去的地方，创造自己想要的人生。我也没有觉得专科和本科差了多少，可能就是专科比本科的起点低了一点而已，但是这些都是可以改变的。

二、母校

（一）感恩

对母校，我是有情感的，无论多少年。我的母校不是只有一个，而是好几个地方。中营是我土生土长的母校，顶兴是改变了我的母校，八中是帮助我实现人生理想的重要台阶，也是我生命中重要的母校。

我在这里知道了什么叫友情，什么叫理想，并且这些东西都在帮助我成长，我也遇到了喜欢的女生，虽然遗憾，但是又有哪个人的青春没有遗憾呢？所以非常地感恩母校使我成长，使我的青春在这里焕发出属于我自己的光彩。想对各位老师说一句："很幸运遇到了你们。"

在老师们的辛苦的付出和细心的陪护下,我终于完成了自己的大学梦。

我们的老师是学校最好的教师,实验班的学生基础比普通班的同学要好一点,上课的内容也很有跳跃性。特别是数学和生物,除了一些做实验的地方需要老师引导及其需要推理的公式以外,简单的内容老师就叫我们自己看,不浪费时间了。因此,实验班和其他班的上课速度不一样,上的速度比较快,老师的工作量也很大。老师会帮我们研究题型,寻找更简洁的做题方式,出不同类型题让我们训练。所以我们每天都有做不完的作业,研究不完的题型。然后还有语文和英语及生物都需要大量的背诵。有同学说,文科生背的是最多的,可是我也没有觉得理科背的少。

感谢初中老师给了我做班长的机会,让我能够在个更大的舞台上充分的锻炼自己。尽自己最大的努力为同学们服务,并在付出的过程中收获,得到大家的肯定。的确,在做班长的过程中,我付出了努力,也收获了能力与快乐。

虽然说小学时也做过班长,但是步入初中后才发现那真是小巫见大巫。当了几天后,我深深地感到了这个担子的分量。第一次听到"班级日记"这个词,我就知道自己以后离不开它了。由于个人能力有限,经验不足,第一次搞活动时出了不少问题,自己也是手忙脚乱。但是在老师的帮助下我最终成功了。看到同学们满意的表情,我就觉得我的努力没有白费,我从心里感到高兴。他们的满意就是对我最大的支持。正是这些信任和支持,我的能力才得以提升;正是这些信任和支持,我才变得信心十足,变得对未来充满憧憬。这段经历将是我人生路上不可多得的一笔重要财富!

读书十几载,父母对我的教育投入是很大的,我很感谢父母让我接受了教育,让我能够有机会去创造自己的人生,让我能够有机会去选择自己想要从事的职业,不用像他们一样每天脸朝黄土背朝天的。有一句话说,"我们都是踩在父母的肩膀上去看这个繁华的世界",

他们为我们的付出我们永远都偿还不清。我们读书不仅是为了自己也是为了不辜负父母的期望，让他们的付出能够有回报。

因为我不经常在老家，所以对老家的人和事不是特别了解。但是我身边的人也有优秀的，有一个堂姐在武汉大学读书，自我认为她好厉害。身为女孩子却可以反对父亲的意见去省外读书。希望每个人都敢于去追逐自己的梦想，并为此付出相应的努力，相信结果不会让你失望。

（二）打架

我在崇文印象最深刻的事情就是和班上的同学打了一架，因为口头上的矛盾演变成了行为的争斗，然后不仅被班主任罚写检讨书还被请家长了。我的爸爸来了学校，但是他没有批评我，只是心平气和地和我说，有些事情不用打架也可以解决，但是如果真的不可避免的话也不要怂。我很感激父亲，父亲是我成长道路上最可靠的引导者。

（三）生活

初二的时候父母花重金把我送到兴义市的一个民办学校就读，这个学校实行封闭式军事化管理，学校名是黔西南智达实验学校。我非常感谢自己的父母，他们省吃俭用供我读书。

中考结束以后，我中考成绩还可以，就在我们县城读高中，是当时县城最好的中学——晴隆民族中学。学校也挺大的，有4栋住宿楼、2个教学楼，还有足球场、篮球场、乒乓球场等。我现在记忆深刻的就是我们班男生当时被分配到学校最不好的宿舍，宿舍很窄，要住8个人，挤的连一张桌子都放不下的那种。然后洗澡也很不方便，因为宿舍没有单独的卫生间，所以要去澡堂洗。澡堂只有在规定的时间开放，去澡堂也比较远，很不方便，这个条件比在文昌还要艰苦一点。但是呢既来之，则安之。三年一晃眼就过去了。因为比较喜欢化学和数学，再加上物理成绩也还行，所以我选择的是理科。在这里读了三年，成绩也不算差，当时读的是实验班，在班上也可以排到前十。

（四）管理

我们是因为担心孩子小，独自生活有困难，所以把孩子送到学校的时候就给老师说，要对他"严格要求"。其实我的孩子很乖，很听话，没有出现意想不到的问题。

我们学校是封闭式管理的，只有每个周末的星期天下午才能出去，那个时候我会和室友一起出去，虽说也不买什么，就是出去改善一下伙食。晴隆有很多小吃，如洋芋粑，我们学校门口的洋芋粑一块钱一个，炸的很脆，是我喜欢的口感，放的辣椒也很香。还有晴隆四小学校门口买的裹卷也很好吃，可是现在没有什么事情都不会去晴隆了，怀念的美食也很难吃到了。高中很忙，可是也有忙里偷闲的时候，我有时候会和同学去打一下篮球，跑跑步放松一下自己。还有一件事，就是晴隆一中学校是明确禁止带手机的，我有时候会按捺不住自己将手机带进学校，然后被政教处抓到过，为此还写了检讨，现在想一想自己也太不乖了。

后来由于初二下学期的期末考试没有考好，我就被父母送到了晴隆县的一所私立学校，这个学校叫作文昌中学，位于县城的郊区，修建在公路旁边，因为车流比较少所以挺安静的，就是一个学期的学费很贵，大概要8000元。学校年级比较多，从小学一年级到初三，人也挺多的，学校的住宿楼有好几栋，教学楼有两栋，教室旁边多数是老师的办公室，听说是因为这样方便管理学生，可以随时观察学生的学习状况。这里的老师和我以前遇到的老师有天壤之别，他们非常严格，而且学校的管理也很严格，如果想要出校就必须要打电话给父母，让父母帮忙请假才能出校，外出回校带回来的东西都要让门卫检查，以防学生带手机进入校园。我觉得严格有严格的好处，每天都处在高强度的学习压力之下，我也是紧跟着班上的学习脚步，因为我知道自己的短板是什么，然后父母也是花了很多钱才将我送到这里的，在这个班上遇到的同学也和以前遇到的同学不一样，因为来到这里的同学身上都是背负着父母的期望，只有好好学习才能回答父母。

在学校，因为军事化管理，每次进学校大门，保卫都要检查书包有没有带手机或游戏机等，然后一些娱乐读物也被老师收了很多。所以我们没有太多的娱乐方式，每天就只有学习。成绩也在日复一日的学习与练习中不断提高。在文昌的三年我还收获了友谊，这种友谊和在小学时是不一样的。小学的友谊只有在学校才能体现，因为那个时候很多同学都没有联系方式，如果转学了那可能这一辈子都遇不上了。

在文昌有很多老家的同学，放假过年的时候我可以去朋友家玩，因为家离得近。虽然反感文昌中学的管理方式，但教学还是有作用的，在学校和老师的共同陪护下我考取了高中。

升初中的时候就出现了许多的问题。成绩不够理想，在贵阳这边找不到什么学校读，就在亲戚的推荐下回到了县城的文昌学校读初中。学校是在县城的郊外，比我在贵阳读的小学大了很多倍，学生也挺多的，小学到初中有九个年级，和我读的小学是两种管理模式，现在回想起来对这片土地没什么好的印象。学校实施军事化的管理，起得早，睡得晚；并且有部分老师比较暴力，就有一种能动手绝不动口的感觉，但是我们不敢反抗，因为反抗要被叫家长，写检讨，这对于我来说是非常麻烦的事情，所谓忍一时风平浪静，退一步海阔天空。而且我是来学习的，重点主要放在学习上。

三、理想与现实

（一）好想

我心里好想有哥哥一样的大学生活。我的高考成绩很不理想，没有达到本科线，我也没有复读的打算，所以我选择了遵义的一个大专学校——航天职业技术学院，因为专业的不同所以我被分配到老校区。刚来的时候感觉特别的崩溃，这个老校区和我们的高中相比差的十万八千里，又破旧又小，可能唯一的优点就是靠近市中心，用热水和洗澡不花钱。刚来的那几天所有人都接受不了，还有的人因此退了学，我没有想太多，因为自己的分数就那么一点，没有抱怨的资本，所以在心里慢慢地接受了这个事实。这里除了环境差点其他的也都挺好的，有很多东西都免费而且是在市中心交通方便。

我们刚上学的那段时间是先军训，我们要军训半个月。那个时候的太阳特别大，教官特别严厉，有的同学都被晒晕倒了，大家也都在抱怨，等到了军训结束的那一天，大家都在怀念。人生就是这样得不到的永远是最好的，我们军训完以后就放了国庆假期。我选择的专业不用学数学，这应该是我觉得最开心的事情了。我的哥哥在扬州大学读书，他和我说大学生活很好，和我现在过的生活不一样，我想这就是好的大学和专科学校的区别吧。我也想去体验一下我哥哥说的真正的大学生活，也不想将我的人生局限在专科，所以我要努力专升本，要像在高中一样，努力的学习。我现在大一，还有时间努力奋斗。

（二）忙碌

我的高中是在县城第一中学上的，可以算是我们县城那里的重点高中，老师们平时都特别严厉，所以我们平时都很少出去玩。刚开始学校是让我们一个星期出去一次，后面就变成了一个月才能出去一次。高一开始，大家都很努力地拼搏，很少看到懒散懈怠的人。大家心中都有自己心仪的大学，都在朝着自己的梦想奋斗。同学们都互相帮助、团结互爱。在班上我们既是战友又是敌人，那个时候的忙碌是最美好的。

我们分文理科班的时候和以往不一样，在报名的时候学校就让我们选择文理科了。我是真的觉得这个一点也不合理。我们都不确定自己要学什么，刚中考结束很迷茫。在初中我的数学和物理就很差，而且我认识的人说文科班的数学相比于理科班的要稍微简单一点，所以我选择了文科班。高一开始，我们的文科课程就比较多，理科课程比较少，只要会考过了就可以了。我被分在了文科普通班。高中三年，我们连续换了三个政治老师。虽然多多少少会有一点影响，但是每一位老师教得都特别好。我们班的数学普遍都不好，英语好的人也不多。

班主任是看成绩来分配我们上课的座位的，和我坐的是一个数学挺好的男孩子。他人特别好，也很有耐心，但是他好像有嗜睡症特别爱打瞌睡。后面我们班主任知道了这件事，看见他打瞌睡也没有说什么，后面实在忍不住了才说他。虽然我和他做同桌挺好的，但是我上课的时候喜欢和他说话，也没有安排好时间背书，然后文科综合成绩一直下降。我又不好意思跟他说，后面越来越接近高考了我才和他说了这件事情，于是我们就分开坐了，我的成绩慢慢地有所提升。

对于英语我认真地背单词，但是英语一直是我的短板之一，无论怎么训练都难以提升。到了高二我也越来越着急，我听取老师的建议开始背初中的英语单词以及高中所学的单词。但是我的音标不好，所以有很多单词我都不会读，然后又慢慢地学习音标，经过努力英语也有所提升。

我们的英语老师人很好，他教我们教得很负责任。我们的语文老师是一个50多岁的老教师，他说话很实在、很幽默。所以我们在他的课堂上都很活跃，大家可以畅所欲言。他也是一个很负责任的老师，对我们班的人都很友好，把我们当成他的孩子一样对待。

我们高三换的政治老师是我们老家的人。他三观超级正，为人也很好，会换位思考，懂得我们的内心，思想知识能力也特别的丰富，教我们也教得很好。他总是会用各种各样的答题方式来训练我们，提升我们的成绩。地理老师也教得很好，和其他科的老师一样负责任。

我们的班主任稍微有点势利，就是面对那些家里条件好和成绩特别好的同学他总是说好话，笑容满面地对待他们。而对其他同学总是摆出一副闷闷不乐的样子，而且他思想又比较封建只会从自己的立场出发守住自己的利益，但是他有时候又挺好的。那个时候，我们快高考了，他觉得高考以后同学们都会各奔东西很难聚在一起。因此，他就在高考的前几天请我们全班同学去他家吃烧烤，那也是我们高中三年以来觉得他最大方的一次了。

（三）遗憾

高考完以后我来到了贵州师范学院，接受了更多的知识，所面对的挑战比以往更大。我不知道别人的大学生活是什么样的，但是我感觉自己的大学生活是很"烂"的，没有了高中的激情，越来越不想和周边的同学交流，专业课都是能过就过。虽然想改变自己现在的生活，但都没能坚持下来。我以后想做一名教师，虽然感觉自己很"烂"，但我还是会为此奋斗的，希望自己能在四年的时间里有所作为。不过事在人为，就鼓励自己吧。

时间总是在不经意间悄然而去。高考过后，我们都各奔东西，大家都没有再聚在一起了。高中三年，我觉得就像三天一样，有太多的遗憾来不及挽留，后面的高考成绩也不好。但是我不难过，因为我努力过了，晴隆一中，见证了我奋斗努力的三年青春。

现在回头想想，关于大学，自己还是有很多貌似后悔的事。一是后悔当时填志愿时没有填一个211大学，现在大四时才发现211大学与普通一本的区别——保研名额多，还有许多招录优势，比如定向选调。二是后悔选择了会计这个专业，当时填志愿时，挺想去农业大学，可以说好的农业大学都选好了，但因为表哥的一句农业方向不好就业，我就选择了会计专业。那个时候可能看剧太多，看到电视剧里的财务总监很风光，而且自己对数字也挺敏感，就选择了这个专业。殊不知，自己跳进的是一个"火坑"，财务这个行业目前真的很热门，以至于许多人像当初的我一样，搞不清楚自己适合的，盲目选择了它。以至于现在的局面是考研难，找工作也难。三是后悔当初在选择考研、考公以及就业时，选择了考研这条路。准确地说，是选择了会计专硕这条路。真的努力了 7 个月，早 7 晚 11，可是因为对所学知识没有热爱，导致后期学习时并不是那么开心，最终的结果就体现在了考场上。现在回过头来想想，当初因为会计专硕只读两年，而放弃了自己所喜欢的会计学硕，真的有点后悔。

不过吧，不同阶段有不同想法，每一个选择有得必有失。如果当时我没有选择现在的学校，而是选择了贵州大学，可能现在的我又是在后悔当初没有选择省外学校；如果当时我选择了考公，而不是考研，可能我会抱着这个遗憾过一生，因为现在的自己还是挺有考研想法的……所以啊，每一个选择都是一种尝试，只有尝试后才知道自己适合与否同时，尽管这些尝试到最后没有结果，但在尝试的过程中，我收获了许多——选择大于没有方向的努力。

四、我身边的励志故事

孩子是家庭的产物，是父母辛勤劳作、含辛茹苦养育长大的。山区的孩子承载了更多父母的期望和梦想。然而，因为家庭经济的不足、自身能力的匮乏和社会地位的低下，父母在很多山区孩子的世界中，既是励志刻苦学习的动力也是压力。

（一）成功的故事

在我认识的人之中最成功的是我的一个叔叔，因为他的父亲是某个学校的校长，所以他们家的教育都还不错，他差一点点就考上了北京大学，后面读的是上海交通大学。

我大舅他是一名教师，听我妈说他年轻的时候特别地热爱学习，都是和一些学霸聚在一起玩，经过努力他有了一份稳定的工作。

家里我觉得最厉害的是我妈妈的表弟，因为我的外婆有 8 姊妹，他们年龄相差很大，所以我妈的这个表弟很小，他从小一直在贵阳读书，因为他的身份证过期了，要回老家才能补办，所以我才认识了他。我和他不熟悉，只是听我妈说，他数学很厉害，还代表过贵州省去参加过数学竞赛，获得了第三名的好成绩。然后在高考的时候考了660多分，上了南开大学的数学专业，已经毕业了。刚刚毕业的时候他就已经签约了天津的公司，解决了就业的问题，现在听说他准备考研。

另外一个我觉得厉害的人是初中的一个学长，因为时间太长我已经忘记他的名字了。当时我们初一，听其他同学说九年级有两个同学在争取兴义八中的入学名额，兴义八中是黔西南最好的中学，录取分数也是非常的高。学长是一直在长流中学就读的，女同学是初三的时候才从省外转学回来的。因为当时好像不能在外省参加高考，所以要回来读高中。女同学转回来的时候，成绩非常好，和学长一直在争抢第一名的位置。在九年级就他们两个包揽了前两名。因为女同学是从外省转回来的，从小便开始学习英语，英语成绩很占优势便碾压了学长一头。听老师和我们说，学长为了弥补自己的缺陷，每天晚上都要学习到凌晨一两点，早上五六点就起床背书了，我很疑惑难道这样每天上课不会想睡觉吗？后来我明白了这是梦想的力量，有梦想、有竞争就会有压力，压力就转化成了学习的动力。老师鼓励我们，他们是我们的榜样，我们要多多向他们学习，提升成绩。他们两个的竞争持续到了中考的前一个星期，听同学们说女同学在冲刺的最后一个星期谈恋爱了，我很不理解为什么都坚持了这么久，现在选择去谈恋爱。而学长一直在为梦想而坚持，最后出成绩的时候果然不出意外，学长是九年级的中考第一名，顺利录取了兴义八中，而女同学因为谈恋爱，没有去到兴义八中，成绩也不能去第二好的中学兴义一中，后来听人说女同学去了义龙一中就读。然后就没有听到关于她的信息了。高考的时候学长考上了北京大学，政府为了奖励学长给了他助学奖金，还到处拉了横幅宣传，乡里的人全部都知道了。我们以前在初中的时候和学长聊过天，他说他家有四兄弟，他是最小的，他的三个哥哥都上了很厉害的大学，他不想输给他的哥哥们，所以要勤奋的学习才行。因为已经失去了联系，现在不知道他是在上班还是在读研。

我邻居家的一个孩子，他们家的父母并不怎么管他。他从小就比较喜欢学习，大部分知识来源于自学，自学能力非常强。这可能就是天赋吧，后面也是考上了清华的录取线。但并没有选择去清华，而是去了中国科学技术大学。我也没有问他为什么不去，可能他的理想不在清华吧。

（二）失败的案例

我的爸爸初中便辍学了，因为中学从长流迁到了鲁打，离家很远，不方便上学，而且家里也很穷。我妈没有上过学。我的小叔小学毕业，三个姑姑也没有上过学，我的堂叔他们有的在小学和初中教书，有的在外面打工。

我的爸爸是一位脾气比较暴躁的人，所以他在上学的时候也沉不下气来学习，因此到了初中就辍学了。而我的妈妈没有读书的机会。在他们的那个年代，重男轻女的思想比较严重，女孩子是不能上学的，而且我外婆家里经济条件也不好，所以我的妈妈一天书都没有读过。我的姨妈们也都没有上过学，只有几个舅舅上过学。二舅、三舅虽然都上过学，但是也没有正规的工作。

我的爸爸上到初中就辍学了。不过听我爷爷说，我的爸爸小时候读书不认真，到处玩，经常挨揍。妈妈读过小学。在家里，我是大哥，下个学期二弟高三，三妹高二，四弟高一，所以家里压力也挺大的。我的叔叔读书还算可以，毕业后就在我初中学校旁边小学教书。

第四节　小　　结

聚焦小人物及其平凡的经历，回到丰富多彩的教育事实本身，有助于整合区域文化，推动山区教育事业的健康有序发展。回顾山区教育的历史足迹，适应当下社会的变革节奏，总结经验教训，探索山区教育的发展路径。记录山区孩子的成长经历和情感世界，发掘其在历史研究中的地位、意义以及作用。

　　教育的发展离不开自然条件与社会文化环境，教育方式和教育成效与传统观念也有密切的关系。尊重传统文化观念、理解区域族群生活习俗、利用传统文化资源、有效利用山区的独特资源与环境优势，推动山区教育的良性发展。在以知识学习和技能训练为核心的现代教育过程中，回归教育个体本身，让山区教师在教书育人的过程中有"空间"，客观上利用群山之中的独持教育资源，主观上受到尊重、得到发展、乐于奉献；让山区少年在成长的过程中有收获，感受世界、发现自我，在身心和谐的环境下健康成长。

　　山区的教育发展具有其自身的特色，也反映出一个时代、整个区域范围内总体的价值取向、发展思路、发展节奏和发展路径选择。时代在进步，在农业本位主义引导下的教育已经无法满足现代社会的发展对人才的要求，而工业本位主义观念下的教育则可能导致教育者和受教育者的主体身份迷失和价值观念混乱。面对当今中国的现实，城市能容纳的仍然是少数人口，广大的农村自身也亟待发展。乡村教育的目标绝对不是让乡村空心化。机械式地回归传统已经不可能，城市本位主义是一个误区。重视山区教育的基础性、文化性和发展性特色，发挥教育在推动族群整体现代化发展中的功能，分析教育发展的时代特色，探索教育发展的未来道路。

第六章　个案背后的族群心理与历史文化分析

伴随着中国社会从传统到现代的转变，原有的社会结构重组和转型，对人的要求和看法也发生了改变，对推动社会发展的人才也有了新的要求。学校教育是思维拓展、技能训练的过程，也是个人身份意识建构、社会角色塑造和社会成员互动的过程。20世纪20—40年代是中国教育新旧交替时期。这个时期培养出来的读书人既有旧式文化人的特质，也有新文化运动带来的新气息。但是，他们的职业生涯仍然具有极强的不确定性。作为个体，他们努力试图做出改变。传统文人的入世心态与现实的无所作为形成了鲜明的对比。最终，许多人不得不放弃出人头地的奢望，有的转而开始为人"测算吉凶日、看风水、选阴阳宅、写毛笔字等乡间所需的文化领域，有的把希望寄托于后人，有的可能一时消沉，放弃了对子孙的培育，最终后代也没有了出人头地的机会"①。

新中国成立之后，逐步建立系统完整的现代学校。如今，作为国家战略任务，教育优先发展被提上了日程。具体落实措施有很多，基础教育的改革是第一步，高等教育的改革紧随其后，教育收费制度正式提上日程。在国家大力投入和政府努力运筹下，扩招带来了教育事业的欣欣向荣，也带给更多孩子接受教育的机会。现代学校为新时代社会建设源源不断提供各种人才，但是也存在弊端。正规化学校课程设置和教学内容以培养工业生产的人才为主要方向，注重知识和技能培养，远离传统文化，忽视人的内在性格塑造，"忽视社会品格的培养，越来越像一个知识的批发店，师生关系充满了交易、商品的味道"②。所以，一旦在学校教育中受挫，加上性格、视野和原生家庭环境等因素共同作用，

---

①　殷海光.思想与方法：殷海光选集 [M].上海：上海三联书店，2004: 598.

②　司洪昌.嵌入村庄的学校 [D].上海：华东师范大学，2006.

从学校走出来的这群年轻人找不到现实生活中应有的定位，也缺乏必要的生存技能。

第一节　山区教育的概述

晴隆山区因其贫瘠的土壤、闭塞的交通，以及长期以来的各种历史与自然因素限制，农业耕作收益低，人们长期被生存问题所困扰。一旦有发展的机会，人口流动就是必然趋势，这其中也有一个逐步变化的过程。山区发展的关键在于人的发展，而教育就成为改变贫穷面貌的重要途径。教育无论对于个体和家庭，还是对于地区和整个社会，都具有重要的意义。

然而发展教育需要钱。钱从哪里来？这个问题也是每个家庭和国家政府考虑的重点。此外，从家庭经济计划的角度来看，供孩子上学意味着家庭收入的减少和支出的增加。例如，学杂费、生活费等支出的增加，孩子可能参与的部分劳动收入等的减少等。家庭现有收入是否能够支撑供孩子上学的费用，占据家庭总收入的比例是多少，甚至孩子读书之后可能带来的家庭经济收益等，常常都是要认真考虑的问题。

一、选择机制："提上去"与"滚下来"

在一个注重关系，习惯于人脸识别的传统熟人社会中，对于"我者"与"他者"、族内与族外、本村与外村的分类观念其实是根深蒂固的。对于区域内优质教育资源的分配和占有，有国家整体规划和相关规定，但是从实际操作层面来看，还存在诸多变数。

解放初期，教育资源普遍匮乏，有学上就很好了。这个阶段，教育的问题主要是有与无的差别。改革开放以后，国家社会经济进入了快速发展期，为实现教育资源均衡分配和教育机会公平获得等方面做出了很多努力。教育资源存在城乡差异、地区差异，甚至是学区差异。这个阶段，教育的问题是差与优的区分。

政府从全局、从整体的角度加以规定和限制，各位家长也会在择校方面大费心思或者大笔投入。在校内，也存在优质资源占有不公，班级师资配置的差异以及班级成员之间的竞争。在提倡教育促进公平公正的当今社会，要实现提高教育质量这一目标，订立一个相对公正客观的标准很重要。公立学校注重一碗水端平，按部就班展开工作。相对而言，私立学校因为自身的生存压力，更希望快速培养出高质量的毕业生，克服招生困境甚至扩大业务范围，吸引更多的学生来就读，所以在资源有限的情况下，更愿意集中部分优质资源，迅速提高学校的知名度和影响力。

在校内、在年级中设立竞争机制，即在校内同一级学生的多个班级中设置一个或少数几个重点班。具体的名称有很多，如实验班、清北班、火箭班、尖子班等。这些特别设置的班级是该年级的"顶尖级别"，在教师配置和教学要求上比普通班更为严格，可以产出代表学校形象的成果，也是学校教学业绩的名片，给学生家长升学希望的标志性模板，更是学校重点宣传的对象，也是学校重点培养的班级。

"提上去"和"滚下来"就是其中的一种策略。所谓"提上去"就是以每年的考试成绩为依据，如果是普通班的年级排名靠前的学生，就可以被"提上去"到重点班学习；而"滚下来"就是那些入学初期成绩很好被放到了重点班的学生，如果后期努力不够，学习成绩跌落到班级的最后几名，就会被要求离开重点班，被分配到普通班继续学业。这种方法给那些后来居上的普通班的学生留出了空位，客观上保证了重点班中的优质学生资源。从精神上来看，一方面提供一定的上升空间，鼓励普通班的学生更加勤奋努力；另一方面是对重点班学生的一种压力，是一条红线，因为被要求离开尖子班而进入普通班学习是一件让人丢脸的事。

二、行动措施："接地气"的"土药方"

晴隆北部山区的现代教育起步晚，教育的工具价值更加受重视，注重教育的经济资源和时间精力投入与教育活动带来的实际功效之间的正向关系。对于教育教学措施的选择也有更多的功利性色彩。各种"土药方"作为处理教学过程中出现问题的临时性手段措施开始流行。这些方法富有地方特色，被认为接地气而普遍受到欢迎。

教育是人类延续文明的重要方式。对于整个社会，它既具有现实意义又具有理想价值。作为传承文明、抚育后代、培养人才的途径，教育还具有工具价值和产品价值。教育实践活动过程需要有组织安排，因此教育过程也具有了其自身的价值。对于单独个体，教育为个人知识获得和能力形成提供场域，也是个体内在品质形成的重要途径。

但是山区现在对于教育方式方法的普遍认知仍然停留在功利性层面。通过考试成绩考查学生对知识的理解程度是检验教学效果的一种方法（当然也不是唯一的路径）。因为把学习成绩直接等同于教学成果，将会导致忽视教育对于个体心智成长、性格养成、能力培育的意义。而把考试成绩直接等同于教师能力高低、教学责任心有无的唯一标准，将在无形之中抹杀教育全面发展的可能性。这不仅仅是某一个人的悲哀，也会是整个社会的悲哀。

三、文化价值：从"私塾"到书屋

教育的文化价值更多地体现在教育传递的思想上，通过教育的内容具体化、形象化。历史上，传统教育注重孩童的启蒙教育，以"四书五经"为核心，注重封建伦理价值观念的代际传承，以及服务于科举应试的需要。办学规模小，办学地点分散，具有私的性质，即教育是一种特权，是有经济能力的家庭或者家族发展自身稳定地位并且保持子子孙孙永远享有高层次的社会福利，是内部的事。此时，达到目标即可，无论是教学内容还是教学层次，都没有严格的程序性规定。

进入民国时期，现代教育思想逐渐深入中国的乡土社会。面对外来列强的侵入，在求变求富的客观需求和现实压力的共同推动下，西方教育的学科分类、教学组织模式对中国传统的私塾教育形成了一个巨大的冲击。原有的以家庭利益为核心的私塾已经不能满足时代的需要。教育逐渐转化为地方士绅或者"头面人物"积极经营的事业。在较长一段时间里，私塾和现代教育的小学校并行不悖。作为文化教育机构，也是文化活动的典范代表和活动中心，村落社会和文化活动逐渐转变为以私塾或者小学校为中心，形成了乡村现代文化活动的一种新景象。

新中国成立以来，大力推进基础教育，教育普及程度超越了历史上任何一个时期。从扫盲、"两基"到"普九"，教育普及的目标群体以儿童和青年为主，极大地改变了基层社会的"文化荒漠"现象。然而，要成为高层次人才，获得个体社会地位改善、职业身份提升、生活路径优化等出人头地的机会，接受教育就是一条捷径。为实现高人一等的目标，符合社会行动的潜规则，加上优质教育资源的有限性，教育过程中的竞争也越来越激烈。

教育不仅仅是为了培养实用型的劳动工具，实现个体的具体现实目标，还具有更为深远的文化价值。从宏观的角度来看，教育传承人类的文明，解决人类长期生存和发展的问题，从微观的角度来看，教育帮助个体生命实现精神世界的完善和全面成长。在教育高度发展的今天，教育满足了不同族群的文化需求和个体精神世界的发展需求。为了应对国内经济社会不断发展的需要，适应世界一体化发展步伐，深度融入国际社会，中国对教育培养人才的类型提出了新的要求，对教育文化价值的思考也达到了一个新高度。

第二节　山区教育的记忆与认知

20世纪80年代，中国经济全面复苏，从90年代开始进入快速发展阶段。从全国整体来看，呈现为三个阶梯：东南地区领跑，抓住了最先的发展机遇，占领了阶梯的最上层；中部地区紧随其后，充分发挥其桥梁优势，定位发展的方向和步伐，成为居中的一层；西部地区成尾巴，因为传统观念和地理区位等方面的阻碍，发展相对滞后，位于底层，却源源不断地向外提供青壮年劳动力，基层社会表现出越来越明显的空心化。

教育的发展受经济和文化的双重影响，也表现出明显的不平衡性。从区域局部来看，城乡差距日益明显。城市的快速发展，大量农村培养的成才涌入城市，城市成为理想生产生活方式的代表，也成了身份提升的标识，深刻影响了山区人群的价值观念，推动甚至是主导了传统文化的发展方向。

对于山区教育的认知也呈现出明显的层次性。由于环境所限所造成的人们普遍对于教育无知的状态很快被打破。在社会经济浪潮的推动下，对于教育价值的认知从物质的功利到精神的满足，山区人口对于教育的认知不断得以丰富。要实现教育文化的自觉，实现未来教育的目标，对教育本身的认知还有跟多的路要走。

一、山区教育的时代记忆：生存需求

教育活动不仅对于国家和政府需要经济投入，对于每一个家庭，也是必须认真考虑的经济抉择。山区人家在决定是否让孩子上学、学习到哪种程度被认为最优、家庭经济的多少比例应该投入到孩子的教育过程中，其实也有一个权衡、比较和考量的过程。

（一）"运动式"教育的时代特色

"运动式"教育不是山区独有的特点，伴随着近代以来中国社会从传统到现代的变革，这也是教育的时代性和阶段性特征。在短时段内，教育思想和教育实践活动经历的系列"地裂式"变迁。伴随着裂变的痛苦，在教育领域短时段内注入大量的新元素。但是这些对于山区教育并非强心针，引入的新思想、新观念为山区教育发展带来了新的动力。与此同时，也绘制了山区教育的阶段性特征。

基础教育是教育改革的重心，校舍建设、硬件投入、普及教育伴随着国家经济发展和社会进步而不断完善。"两基"是基础教育改革的起步，"普九"紧随其后奠定了中国基础教育的完整体系。国发〔2003〕19号文件颁布，针对农村教育工作的中央决定是西部地区大开发战略计划的重要组成部分。3年攻坚计划（2004—2007）的推行，使得全国绝大部分青壮年文盲被全面扫除。改善中小学办学环境条件、加强师资队伍建设、保证基本办学条件、提高教育质量、控制适龄儿童的辍学率等是"两基"工作的重中之重。这不仅仅是迫于经济社会发展的需要、国家政策的需要，是推动西部贫困地区发展的第一步，也是全国整体发展的必要任务。对于"两基"工作目标，以"人口覆盖率"和适龄儿童的"毛入学率"的考核为核心，明确各级政府责任、较强经费投入和物资援助，强化预算和监督功能，设立专门的"攻坚领导小组"进行组织、监督和验收检查等专项工作。

如何不断培养适合社会发展和世界局势的人才队伍，建构中国特色教育教学理论，成为一个亟待解决的问题。面对西方教育思想的猛烈冲击，中国教育发展究竟是应该守正还是革新，这必然成为争论的焦点。静态化、区域化的教育学分析范式"遭遇解构"，针对本土化与国际化两类观点，有学者试图利用西方教育人类学的理论，"进行中国本土验证研究与再诠释"[①]。教育人类学进入中国，"作为一门学科领域，始于 20 世纪 80 年代初期对少数民族的教育研究"[②]，在中国教育领域研究及其相关领域的交叉研究中具有独特的价值。

教育发展本土化的观点无论从国家安全、社会发展、族群延续、情感归属等多个方面都可以找到支撑点。但是，本土化不可能一蹴而就，它是一个宏观到微观全面调整适应的过程。伴随着中国教育从极少数人的精英教育到大众教育的转型，教育的现代化步伐不断加大。与此相适应，教育研究从宏观上具有了宏大叙事的特征，强调更为开阔的视野；从微观上则更为强调个人经历与个体感受，从人本身的视角去进行理解和阐释，以应对社会实践活动中不断变化的、层出不穷的问题。运用人类学研究方法，重视构建研究范式，拓展跨学科研究领域，研究中不断"扩大'田野'边界，让'田野'更加有社会－政治－经济的意义，尽可能将人和人的发展、文化和实践等置于'历史田野'中加以考察，

① 段佳沁，海路.溯源・阐释・建构：中国教育人类学本土化之路：《教育人类学的理论与实践：本土经验与学科构建》评述 [J].民族高等教育研究，2022，10(2):41-46.

② 滕星.教育人类学的理论与实践 [M].北京:民族出版社，2009:序 1.

探寻'历史的理由'，挖掘教育的连续性与非连续性特征"①，针对教育发展过程中面临的问题，山区教育研究也将迎来一个新的发展时期。

外来力量的不断冲击，改变了人们普遍的教育抉择行为，但是却并没有改变山区族群人口内部业已形成的社会心理系统。从族群人口"生生不息，数量取胜"的执着记忆，逐渐转化为对教育的"功利性"认知。这种"功利性"不仅表现在人们的"口头禅"中，例如，"书中自有黄金屋，书中自有颜如玉"，也表现在对现实生活机会的认知上，例如，"读书娶漂亮媳妇"。面对教育投入的长线性和回报时间的滞后性，以及教育对象本身的风险性，例如，青少年的焦虑背后的"成长危机"等，山区教育的现代化发展还必须提高学校教育与族群文化的契合度。教育的发展更是人的发展，是中国各个族群的共同发展。与此同时，政府发布的教育政策并不是教育"运动式"推进的理由，现代教育改革是山区教育发展的大好机遇，也将为整个中国现代化发展提供越来越多、越来越好的人才支撑。

（二）"阶层化理论"下的群体心理需求

山区教育的发展也是一个从无到有，从有到优的发展过程。教育实现的所谓阶层跨越是奠定在"社会分层"理论的基础之上。跳出自己固有阶层要付出的不仅仅是机会成本，更需要强大的内心和持之以恒的不断努力。面对当今"阶层固化"理论的影响，山区子弟的教育何去何从？从社会流动的角度来看，山区教育的发展进步得益于整个国家的发展进步。现代教育理念的兴起、教育制度的建立和教育路径的设置具有鲜明的时代特色。在国家从传统到现代的发展变迁宏观背景下，山区学校开始普遍建立，教育设施逐步完善，给山区的孩子提供了受教育的机会。

山区的孩子自身带着业已习得的思维框架、观念态度、社会习俗进入学校，这些因素将在其后面的学习生活和人生抉择中发挥重要作用。现代学校课程设

---

① 古塔，弗格森.人类学定位：田野科学的界限与基础 [M].骆建建，译.北京：华夏出版社，2005：47.

置和教授的内容如果与传统村落中的固有知识体系发生矛盾冲突，孩子将会被不自觉地卷入其中。诸多非智力因素，如思维习惯、社会环境、进取心和持之以恒的耐力等个人性格品质的影响往往超过孩子的智力因素，在孩子的成长过程中发挥决定性作用。

在相对封闭的学校中，教室和活动空间的安排布置与村落熟悉的环境已形成强烈的差异，在陌生的环境中生活学习本身就是一种强大的压力。求学的孩子离开熟悉的家人和伙伴，独自进入一个完全陌生的未知世界更是一种挑战。如果压力超过了孩子的承受极限，他就会选择放弃而败下阵来。此外，社会生活环境、性格动力因素等，对于个体的生命历程也发挥着重要作用。在学校这个特殊环境下成长的孩子，现代教育的体制结构、节奏规律、生活理念和行为规则等也逐渐融入其身体之中。通过读书顺利实现了预设目标的人还算好，那些在学校生活中并没有取得优势地位，在升学过程中败落的人，回到原来乡村生活的空间，却无法重新适应乡土社会的生存逻辑，也没有农业生活的基本技能。在其后期生活中必将遇到更多难以预测的困难。

传统观念中，送孩子上学读书费钱。"读书求学被认为是一种消闲的活动，是有闲的生活方式。而穷人读书是一种逃避劳动的非道德行为，这种道德上的紧张感和内心冲突感会限制孩子求学的欲望和勇气，打击他们的社会抱负。"[1] "高人一头"的抱负这类想法是在倡导追求精英，将导致在社会流动过程中把大部分孩子逐级筛选淘汰。学校教育传授的外部知识体系是为了适应外面的生活：个人主义和充满竞争。所以，求学成为一条不归路，离开学校，孩子的精神世界从此难以回归到传统的农耕家庭生活。

之所以会出现"一些能力平庸的人实现了社会流动，而一些能力卓越的人却留在了乡间"[2] 的情况，个体性格、情感因素，即通常所谓的情商高低，对于个体成长具有重要的影响作用。在遇到困难时，是否具有坚韧不拔的毅力，

① 司洪昌.嵌入村庄的学校 [D].上海：华东师范大学，2006.
② 司洪昌.嵌入村庄的学校 [D].上海：华东师范大学，2006.

对于设定的目标是否能够持之以恒，特别是在一些关键而且困难的时刻，这些非智力因素对于个体成功具有比智商高低更为重要的作用。

虽然希望通过改革打破城市与乡村教育上的差别与对立，但现实情况却是剥夺了众多孩子的上学机会。经过近十年的时间，通过教育改变命运的观念重新回到了山区。脱离农村，摆脱繁重的体力劳动，获得新的职业机会，成功实现身份的提升，这一渠道的确打开了大门。但是教育内卷化伴随着教育市场化，在双重压力之下"千军万马过独木桥"的激烈战争、教育费用的节节高升，区域和城乡的差距演化为鸿沟。择校、升学、考试，山区孩子进城的道路越来越窄，越来越难。而在此时，加入打工队伍，成为底层工薪一族，成为山区孩子离开故土的救命稻草，城市中蓝领工人的称呼似乎也带有一丝身份的味道。

通过读书离开贫瘠的山区，成为"身份晋升"的一种标识。教育不仅具有实用性功能，要适应时代对人才的要求，提供具有动手动脑能力的人才，推动社会生产力发展，而且要具有精神性价值的要求，要关注个体的心理与智力的成长。满足个体生存与发展所需是推动教育整体发展的内生动力，才能实现人的全面发展。从整体到个别、从社会到家庭，教育观念的改变和教育投入的增加是这个时代的普遍现象。

山区少年是教育对象，也是教育资源。现代化浪潮席卷下，山区人口结构的变化是客观的事实。现代教育导致价值观念的重心偏移。学校教育从教育目标、课程设置开始就把重心偏向了工业文明。教育过程中所搭建的认知结构、塑造的个体品质和传递的文化信息都具有浓厚的抑农重工色彩。在对传统文化的贬抑和对现代化文明的仰视这样一种双重心理影响下，山区教育培养出的人对山区情感冷漠，传统社会中的勤劳节俭、吃苦耐劳、坚韧不拔的品质也渐渐淡出人们的视野。摆脱土地的束缚，却又游离在城市的边缘，最后可能"逐渐成为游走在城乡之间的'无根'一族，并且经受着城乡社会的'双重边缘化'"①。

---

① 赵忠平．"悬浮"在村庄 [D]．长春：东北师范大学，2015.

（三）教育投资

在山区，教育观念得以迅速普及，深入人心，也成为家庭和社会投资的中心，但是教育事业的成果被城市吸收，却并没有成为山区发展的动力。

1949年以后，学校教育制度重建与乡村政治运动同步进行，教育投资的多少和方式也呈现出相应的时代特色。[①]新中国成立初期，教育事业开始向组织化、现代化、规范化方向发展。政府提出教育要求，创造教育条件，满足教育需求。现代学校教育，从教育内容、组织形式、培养目标等都与传统农耕文化不在同一个频道上，其意识形态输入、思维逻辑养成与文化身份建构等都将导致教育培养对象与传统文化的背离、与乡村生活的疏远。

十年"文化大革命"对中国刚刚起步的现代学校教育是一次重大的打击。但是，由于前期教育发展的惯性，也有社会对人才需求的推动下，这个时期现代教育体系在山区仍然得以保留。特别是在人民公社时期推行的"政社合一"，社会经济资源和人力资源被高度集中，也是加强控制的一种方式。"以生产队为单位，村里生产资源集体共有，这就为国家倡导'民办公助'提供了现实基础。"[②]在广大乡村推行"民办公助"办学模式，有效推动了山区普及性基础教育的实现。在经济发展滞后、生活普遍困难的山区，孩童仍然可以通过低廉的代价，享受学校正式教育的福利。

改革开放以来，虽然落后于平原地区教育的发展步伐，但是教育迎来了发展的春天。从20世纪80年代开始，教育收费随着农户收入的增加也在稳步提高。到20世纪90年代中后期，学费一路攀升，教育费用已经成为农民的沉重负担，农民苦不堪言。具体情况有各种各样，主要原因还是政府的资金投入不足、教育管理政策的放开和市场经济刺激下学校乱收费。

首先是经济的投入。对家庭子女的教育投入属于"长线投资"，让子女尽

---

① 农村大规模的"社会改造运动"必将带来社会经济结构的迅速变迁，进而促使乡村由地缘和血缘关系转向对国家和集体的认同。[参见：张济洲.文化视野中的村落、学校与国家[D].上海：华东师范大学，2007.]

② 张济洲.文化视野中的村落、学校与国家[D].上海：华东师范大学，2007.

快进入生产领域属于"短线投入"。作为一个客观理性的独立单位，家庭在考虑子女前途的同时，必须考量"长线"与"短线"之间的投资风险差异、回报比率、安全系数以及其他可能的相关因素。这种比较带来的选择也具有群体性倾向和时代特征。种地收入与读书赚钱的收益差异只是其中的一个方面，子女的未来前途方向，整个家族的地位进阶和荣誉感等也是潜在的重要因素。新中国成立初期到改革开放之前，教育属于国家投资的范畴，家庭主要是按照政府要求做出相应决定，当然也根据家庭自身的情况决定子女受教育与否。这种思维定式在改革开放初期仍然表现突出，家庭投资仍然倾向于"短线"。随着国家经济的整体复苏，劳动力市场对于稀缺人才的优厚回报以及教育对于家庭收入和社会地位分层作用的刺激，从 20 世纪 90 年代开始，教育为孩子提供进阶路径，并成为家庭的普遍选择。从此，教育领域的"内卷化"战争拉开了帷幕，持续至今并在多个方面体现出来。

其次是投资的风险。在教育投资成为家庭最为重要的、优先考虑的投资。教育投资得到普遍认同，家长争先恐后为孩子谋划不能输在起跑线上。家庭经济中，教育支出处于排他性的、无可置疑的地位之时，整个家庭的经济重心和精神寄托其实不自觉地压在了孩子的肩上。在教育可有可无的时候，孩子必须为家长承担部分家务劳动甚至是部分生产劳动。而现在，为了尽量避免干扰孩子学习，为孩子尽量多地腾出学习时间和空间。孩子也会把学习当作逃避家庭责任承担的借口。这样会形成恶性循环：家长以爱的名义包揽一切，一边抱怨孩子变懒，一边拿走了孩子可能的劳动锻炼机会；孩子成长过程中找到了逃避的理由，逐渐变得无能。因为缺乏必要的锻炼机会，绝大部分孩子没有获得动手能力，一方面借口学习逃避劳动、逃避家长的监管，另一方面从心理上产生叛逆却又找不到成长的路径。"学习成为一个爱的理由，也成为一个逃避的借口。"[①] 对于考试成绩排名靠前的学生，家长还能有一点点慰藉，似乎还能看到家庭主要的投资可能带来的收益；对于学习成绩不佳的学生，家长不断施压

[①] 赵忠平."悬浮"在村庄 [D]. 长春：东北师范大学，2015.

可能带来极端的悲剧性后果。教育引发了家长与孩子的战争，而战争的结果则是家庭投资的整体失败，甚至产生对教育意义本身的质疑。

教育市场化对于农村教育的城乡流动产生不利的影响。教育资源向更加富裕的地区和城市集中。即便是在山区，家庭经济状况也非常明显地影响子女受教育机会。有钱人家把孩子送到城里上学，让孩子接受更优质的教育；成绩好的孩子，家长怕耽误孩子未来的前程，想方设法筹钱送孩子到城里的学校。山区师资力量本来就弱，有能力的教师留不住，留下来的教师也心有不甘。就这样，教师和学生都涌向城市。眼巴巴看着老师进城了，学生跟着进城上学，家长也跟着进城陪读。种种原因叠加在一起，不仅加大了城市的人口密度，也加快了乡村的"人去楼空"。在繁荣与萧条的强烈对比中，"城市中心主义"将更加深入人心。从此，也与乡土中国原有的气息渐行渐远了。

二、山区教育的身份记忆：情感需求

教育开启心智，奠定社会成功的坚实基础。教育赋予人深入思考的能力，带给人深层次的喜悦。在以血缘和亲缘关系为核心组织起来的传统村落人群中，人们的投资行为与传统习惯、周边人群的普遍观念和可知区域内的示范效应等密切相关，从而表现为有限的理性。在对自家孩子成长道路的抉择过程中很大程度上受周边环境和亲族群体内部的舆论影响。个体家庭没有作为一个精神上完全独立的单位在做出决定，表现为一定的"羊群行为"特征。

（一）苦的记忆

晴隆县乃至于整个黔西南州大力提倡教育事业的"五苦精神"，即领导抓教育、教师教学生、学生学功课、家长供养孩子上学、社会支持帮助教育事业发展等都是"苦苦相帮"。作为一种对山区教育时代特色的总结，蕴含着浓厚的悲情色彩。但是，对于生活的艰苦、教育事业发展的艰难和学生学业增长的辛苦，这也不妨是一种总结方式。

首先，生活中吃苦的记忆。关于山区教育的记忆，贫穷和吃苦是最为普遍的感受。其一，物质生活的苦。农业生产中繁重的体力劳动、食物供给不足的饥饿感受等，都是最为真切的痛苦感受。其二，精神感受的苦。精神世界的无能为力、求而不得的感受是成长中少年的心灵痛楚。而这一切都可能成为立志读书、改变命运的最初动力。所谓"不吃读书的苦，就要吃生活的苦"，接受教育的过程变成了吃苦的经历。当所有人都把读书学习当作一个吃苦的过程来讲述的时候，"我们这里很苦啊！"成为北部山区人故事讲述中最为常见的开场白。

讲述内容最多的是因为物质生活的匮乏所感受到的艰苦，学习本身艰苦的内容并不多。有的是因为所学的内容不理解，想要放弃又没有其他选择而被迫继续读书的苦，有的是为了考得好成绩而不得不反复背诵，这是记忆的辛苦。

其次，缴不起学费的苦。"教育收费"带给每一个家庭的压力是不一样的。在吃不饱饭的年代里，物质生活的匮乏留下的记忆最为深刻。通过读书要实现的目标与物质回报率密切相关。站在个体家庭的角度，需要考虑的问题有很多。家庭可能供养的孩子数量、孩子本原有的资质（一般是通过考试成绩来判断）、当地的教育资源和教育收费等决定了大部分家庭在子女教育上的投入。教育经济投入与产出在短时段内很难看到有直接联系，且存在较大的个体差异和地区差异。如果身边缺乏成功人物的示范效应，对于自身文化水平不高，思维范围不广的农户，很难从较长时间范围来看待投入与产出的正向关系。

教育收费过高，有些学校成了"黑心老板"。没有国家在教育领域大力投入打下的基础，这类"高费"现象也是无本之木。之所以这样，有政策的因素，也有市场的影子，还有社会风气和家庭的攀比，在客观环境和社会心理的共同推动下，教育乱收费现象畅行无阻。从客观结果来看，有积极的一面，教育市场呈现出一片繁荣景象；也有消极的一面，家庭为了孩子成才努力工作赚钱，用光了所有的积蓄，甚至负债供养孩子上学。

教育收费问题的成因和效果，应该从不同的角度来思考。第一，国家政策的控制。改革开放之前的这段时间，为了普遍提高劳动者的文化素质，培养新一代社会主义事业接班人，对于教育机构的设置和管理是政府工作的内容之一。

这是一项事业，而不是可以用来经营的内容。新中国成立初期，学校的收费很低廉。在边远贫困地区，拿粮食来抵学费的情况普遍存在。即便如此，为了缓解家庭经济的压力，很多家长就会让家庭中的部分孩子放弃读书的机会，而把上学的权利集中到一两个孩子身上。在这个过程中，女孩子就常常成为被放弃的对象。其中有传统思想的影响，也有家庭经济和劳动力等方面的考量。正因为如此，即便是现在，部分乡村农舍墙面上仍然有强调"男孩女孩都一样"的宣传语和宣传画。

第二，国家政策的松动。在国家投入资金不足，把基础教育的部分内容"市场化"之后，教育成为一种产业，教育收费甚至是乱收费现象立即在各地蔓延。私立学校的收费节节高升成为理所当然，部分公立学校也开始巧设名目，孩子在学校中的"软性刚需"花费也在自然增长。现在，国家针对义务教育阶段教育已经全面免除了学杂费，为了保障农村孩子的健康成长，从财政经费中直接拨付营养餐费。但是，孩子上学实际要消耗的费用却是在不断增加。各类校级收费、班级收费、生活收费等，可谓名目繁多，"小打小闹"却积少成多。

第三，个体和家庭的独立行为。为了跨越现有政策规定的限制，选择获得更好的教育资源而付费。比如，为了得到更为优质的教学资源和学习环境，跨区域异地就学的情况。在改革开放初期，没有学籍的限制，异地就学需要关系，当时称为"走后门"，也就是通过亲戚朋友或者是辗转关系认识的人，找到学校的领导，就可以获得进入该校学习的机会，这是一种情况。还有一种情况是学校自身想利用已有的教师和教育场地等资源优势谋取部分经济利益，为进一步改善学校的办学条件和增加教职工的福利待遇，在原来招收学生范围之外多招收学生。在当时，教育局对于这种情况没有明文禁止，在一个学校试行获利之后，其他学校就紧随其后效仿或者翻新名目和花样，例如，"农民费""借读费""赞助费"等，最终的目标都是为了收钱。这些外来的学生需要缴纳"高费"，学费的具体"高度"，在初期基本是统一规定一个数目，作为外来生的"借读费"。后来还附加各种条件，增加入学的门槛。如果来报名的学生人数多于预计的名额，就举行一两场考试进行筛选，吸收优质生源。因为耗费了家庭大量的金钱，入学的学生普遍承担了更大的压力，在学习过程中也更加努力。中考和高考的成绩大多也比较理想，之后反而成为这个学校教育业绩中的亮点。

（二）身份的记忆

教师是教育事业的关键因素，教师身份的获得意味着摆脱了原生家庭依靠土地谋生的传统生计模式。首先是有了经济保障，有了固定的收入意味着生活有保障。与靠天吃饭、靠双手在地里面刨食的普通农民相比，更具有经济上的稳定性。

计划经济时代，身份很重要。所谓身份，是指户籍制度规定下，被定义的农民或者居民的身份，也是当时职业选择的基础条件。农民被定义为农业生产的人口，不但自身的口粮需要从田地的耕作中获得，而且还要完成农业税和缴纳各种费。在生产技术不高、农业基础薄弱的环境下，农业生产主要是依靠大量劳动力的投入来完成。不但辛苦，而且没有稳定的保障。如果被定为居民，因为没有耕作的土地，就必须从事其他生产劳动，所以就有招工等进入工业企业或者商业系统的机会，有了固定的工资，基本生活得到了保障。所以，像鲤鱼跳龙门一样，农村子弟跳出农门就意味着身份的改变和地位的提升，即获得了高一级的身份，当时称为"得购粮本有稀饭喝"。通过努力学习，在中考和高考中获得优异成绩的农村子弟就有机会进入中专、中师或者大学学习，毕业分配工作后，就有了稳定的收入。

从现在的眼光来看，当时的工资收入其实非常微薄。二十世纪六七十年代，人民币总共的面额是 18.88 元[①]，而当时一位正式的乡村教师的工资是 19.5 元，以后有调级的机会才可能有所提升。后来随着工作年份的增长，在工资待遇上慢慢提高。在物质普遍匮乏、经济流通受限的年代，稳定的收入对于一个家庭来说太重要了。这也带给这个家庭一种优越感，也是乡土熟人社会中的一种隐性资源。

---

① 当时人民币票面币值分别是：10 元、5 元、2 元、1 元；5 角、2 角、1 角；5 分、2 分、1 分，加在一起就是 18.88 元。

其次，教师身份的获得，意味着出人头地，实现了原有社会地位和职业身份的提升。教师不仅仅是作为出类拔萃的有文化的身份标识，而且在乡土社会中有了更多的潜在功能。因为作为国家公职人员，教师被视为高于以农业为生的普通人，在家族内部出现矛盾冲突时，或者在家族内需要针对重大事项进行协商时，甚至在地区范围内，需要有身份的人参与地区事务讨论时发挥作用。

农村孩子实现身份的转变难度比较大，在学习成绩必须非常优异的基础上还必须为身份改变"买单"。二十世纪七八十年代，农村户籍人口要转变为城镇居民户口，要向粮食局缴纳农转非的费用。在晴隆北部山区，需要缴纳360斤粮食才能实现农转非。当然，具体的操作路径有多种。

获取教师这种职业身份的途径在不同的时代具有不同的特色。解放初期大办教育，在正式教师奇缺的情况下，乡村中的文化人（能识文断字即可）进入了教师队伍，成为民办教师，作为一个富有时代特色的教师群体。民办教师来源广，为乡土社会的大众教育起步做出了应有的贡献。但是从身份地位的角度来看，似乎又低人一头，无论是职业的稳定性，还是职业收入的高低都表现出明显的差异。

随着国家经济社会实力的发展及知识更新速度的加快，以及未来培养适应时代发展需要的人才，开始在民办教师这个群体中进行甄别和筛选，也就是所谓的"转正""过关"。

当然，在一定的地域范围内，因为特殊的环境因素等还有一些特例的存在。晴隆北部山区这种情况最为突出的是花贡农场子弟学校的部分老师。当时因为山区历史和自然的因素，能识文断字的人就很少，知识水平高一点的人就更少了。花贡农场内有部分人员是因为政治上"出了一点问题"来劳改的人员，这些人中有大学毕业生，在当时算是知识渊博了。当时花贡子弟校的校长开动脑筋，把劳改犯用来当教师走上讲台。虽然有名不正言不顺的嫌疑，但是教学效果却非常好。当然，这部分教师在改革开放初期，重新落实政策，原来被加在身上的"犯罪标识"被解除，恢复了正常的身份。转而成为农场干警，换警服、上讲台，继续给学生上课。这些特殊教师的确带给了山区孩子学业提升新希望，学生优异的学生很快产生示范效应，为晴隆北部山区教育事业快速发展起到了一定的带动作用。

（三）精神需求

教育能提供社会发展需要的人才，教育活动也能满足个体的精神需求。教育受外在条件制约，又有其自身发展的内在规律，即教育的共通性问题。例如，学习和实践能力培养，发现问题和解决问题能力养成。针对现实世界中出现的具体问题，打破学科之间界限区隔，运用系统性、逻辑性、科学性方法，多视角、多维度探索问题，并提升思考问题和解决问题的能力。教育面对的问题具有复杂性、多样性和时代性特征。

教育在内在需求、内生动力的激励和推动下不断发展。作为一个教化过程，是提升个体心智的路径，其目标所针对的是人本身。在个体的成长过程中，非智力因素（例如，文化背景、情感因素等）对于个体智力的成长具有重要作用。所以，教育的过程既是一个知识技能丰富、思维能力提升的过程，也是一个身体的养育过程，即感知、理解、分辨以及做出判断的过程。个体家庭做出决定的过程中其实并没有最佳的客观标准，更多的是最满意的主观感受。当然，其中也有所知信息与客观条件在信息上的不对等，面对环境的复杂性和不确定性等诸多因素的影响，而体现为非完全的理性。

教学过程讲究方法的科学性和有效性。因为教育不仅仅是一个教的过程，通过一定的方法把前人积累的知识、经验，客观、条理地展现，即针对特定信息进行程序性训练，更是一个育的过程，目标在于教育对象的发展。具体而言，可以是多维度思考的思考能力、学习能力、分析判断能力以及解决问题的能力，即人的全面发展和逐渐成长。

三、山区教育的认知：自我实现与尊严需求

发展山区教育不但要强调本土文化的重要性，也要提倡教育立足本土的包容性发展。本土文化的自信是吸纳外来文化的基础。教育发展的目标不能以全

盘丢弃自我存在的基础，而是为了更好的自己，有尊严地跟上世界发展的步伐。

（一）山区教育的本土化

教育发展及其相关研究的本土化呼声与国际化潮流，关系到意识形态中所谓的普遍性与特殊性之争。当今世界一体化进程势不可挡，政治多极与经济一体并行不悖。族群既是一个文化符号，更是一个利益单元。在对内整合与对外交往的过程，本土传统文化与外来的科学文化之间，也就是经常提及的传统与现代的"博弈"与"融合"是必然的态势。"教育的发展必须坚持在批判继承中创新和转化。"①从接触、抗拒到吸收、整合。

把教育作为一种社会活动，一种历史现象放到历史人类学研究范式的框架下来加以考量，可以更好地理解教育对人的塑造作用，接受教育的过程其实也是人的社会化过程。纵观教育人类学研究成果，现代性是一个根本性问题，即在现代化社会背景下，学校教育的"文化选择"何去何从的问题。从不同视角看待现代性，学校教育呈现出多样性的特征。例如，从差异性比较的视角来看，学校对于部分传统文化进行褒奖或者贬低，其实就是在进行选择，而这种选择是为了使社会结构中不平等现实在教育领域的一种折射。而学校教育内容、教育方式、教育目标、教育管理等诸多方面都呈现出社会性、区域性、文化性特征。

把教育作为一种社会现象，从系统研究的视角来看，学校内部成员之间的互动形成一个"自我组织、自我循环"的小系统，是一个目标明确、组织规划管理相对严密的系统。"学校教育是一种有目的、有组织地传递文化的持续努力过程，学校教育的文化选择也是一种特定文化情境中的社会政治过程。"②与此同时，学校–家庭–社区之间也构成了关系密切的新系统，一个小社会，其中各群体在互动关系影响下相互促进。

① 段佳沁，海路.溯源·阐释·建构：中国教育人类学本土化之路：《教育人类学的理论与实践：本土经验与学科构建》评述[J].民族高等教育研究，2022，10(2):41–46.

② 巴战龙.迈向"新教育人类学"：教育人类学新范式的构想与解说[J].教育研究，2021，42(8):59–68.

（二）山区教育的连续性

族群文化的差异性决定了教育具体内容的选择和教育过程的不同。没有所谓永恒的放之四海而皆准的知识。教育的内容可能是阶段性、区域性、对象性的经验感受材料，呈现出一定的阶段性特色，也可能是为了应对各种类型的挑战而具有实用价值的途径手段，具有强烈的工具色彩。因为周边的环境导致族群自身对于危机感知程度的差异，所以，教育常常呈现出非持续性的特征。但是从总体历史发展脉络来看，教育实践本身却又表现出明显的可持续性。

作为文化载体，教育自身也需要可持续发展。因为教育是一项社会事业，与客观历史文化背景和现实需求、主观思想认知程度和对未来的期许度等密切相关。保持教育的连续性，也就是保障族群文化传承的可持续性。对传统教育思维的批判，教育人类学主要针对"工具论"的教育思想。"教育被作为训练具体的生命个体成为现代工业社会发展的工具，而这种思想的根源则是受近代以来西方学科分类的思维影响。"[①]而教育的"效率论"思想必然导致视野的狭隘性和结论的功利性。文化是教育的精神基础，经济是教育的物质因素，政治是教育的制度保障。

关于山区教育的研究至今没有形成较为完整系统的理论方法，零星的研究成果主要针对某一种或者一类具体的地理环境下的教育实践活动，或者是在族群文化强烈影响下的个体案例。在强调历史传统的基础上，注重从传统到现代的变迁研究，对于相关理论的探讨仅限于已有的教育学（包括教育心理学）和民族学（文化人类学）研究范围，强调地理特征和历史传统带给山区教育发展的不利因素，其影响力也是非常有限。

站在历史人类学的视角，现在国内学界关于山区教育的研究成果也比较有限。首先，与传统的教育研究步调一致研究山区教育的变迁。把教育放到社会生活的层面，研究其兴起与发展的过程。例如，关于山区教育的制度化色彩和时代性特征。教育教学活动与农业生产的关系处理、教育任务承担者的行为规

---

① 袁媛. 热闹而寂寞的乡村教化 [D]. 长春：东北师范大学，2010.

范和威信力、教育内容和成效与地方习俗和集体活动的影响力等。把教育直接等同于学校教育，研究教育投入的期望值和满意度。

（三）山区教育的工具性

从方法论的角度来说，教育人类学倡导建立一套方法论体系，注重理论对现实的指导作用，强调教育的工具性。"教育历史人类学需要在历史学和人类学的互动中，尝试改变传统的教育人类学对'人类形象'的理解。"[①]作为历史人类学范式倡导者进行多范式的跨学科研究，既注重教育总体的普遍性特征，又肯定个体成长过程中的多样性和特殊性。从历史和文化等客观存在物的角度，也从感受和审美等主观感受的角度加以考量，以期调和教育领域中存在的普遍性与特殊性的矛盾，探索阐释和解决问题的路径。所以，教育人类学的研究具有较强的工具性。而这种奠定在实证主义观念上的现代教育理论研究"强调意义与知识的情境性、生成性、地方性与多元性，并在教育人类学研究的范式中排除了对规律性与相关关系（尤其是因果关系）的分析"[②]。作为推动山区教育发展的一种努力，山区教育研究就必然具有工具性。

作为教育者和受教育对象的人，既是历史的产物，又是文化的产物。从历史上的教育概念到现实中的教育理念的整个变化发展过程，历史性研究囊括了整个学科结构和文化背景；从教育的工具性观点，回到以人为中心的本位主义。"追溯人类的起源和人类受教育的历史，将人类学的开放特征和教育学的相关意向结合起来，形成跨学科视角。"[③]建构人的形象，探索人类现实生活场景与个体的教育过程和人的成长本身关系，及其主体性意识形成机制的过程中不确定因素的影响作用，构建"人类形象"。

---

①　李海峰. 当代教育人类学研究的多种范式及启示 [J]. 西南民族大学学报（人文社会科学版），2021，42(2): 206–212.

②　陈向明. 从"范式"的视角看质的研究之定位 [J]. 教育研究，2008(5): 30–35、67.

③　李海峰. 当代教育人类学研究的多种范式及启示 [J]. 西南民族大学学报（人文社会科学版），2021，42(2): 206–212.

第三节　山区教育的族群文化分析

　　学校教育制度注重规范性设计，过去着眼于社会发展总体的供求关系，强调教育的群体性、整体性和社会性；现在逐渐转向性格、气质等个体性因素，探索人才培养中个体发展与群体需求之间矛盾的解决方案。具体而言，自上而下的推动社会发展的制度性规定与自下而上的个体成长过程中主体性因素之间的调适，推动现代化转型的世界总体发展方向与维系社会发展的社会文化传承需求之间的平衡，教育管理行政部门的规制与教育实践的主流群体之间的权力契合等都是教育发展过程中必须解决的问题。

　　晴隆北部山区教育的发展与移民群体的族群认同之间也存在密切的关系。口述历史虽然是针对在世的人，系统收集他们对自身经历的回忆。把保留在平常人头脑中的记忆作为历史叙述的材料来源，形式有很多。例如，当事人自己的回忆、晚辈对长辈故事、听闻的事件等。把访问当事人的口述材料转化为历史研究的材料，是把个体的经历、讲述，作为展现群体性的、社会性的历史记忆的"接口"。

一、族群建构与结构性失忆

　　法国学者福柯在他的"知识考古学"和"谱系学"中明确指出："人的感知或知觉经由社会或文化塑造而形成展演，知觉的表演性游离于知觉的物质特征，知觉以身体的表演性为纽带。生成一个新的综合性范式。"[1] 集体记忆是一种社会记忆，而个体记忆则是集体记忆的基础。第一，个体的记忆是主观的，记忆中的表层内容也具有个体性，个体感受表现出强烈的情感色彩和主观色彩。第二，个体记忆中的内容却具有客观性。个体的人生经历也可以是时代经历的一面镜子，具有群体的象征意义。

---

　　① 李海峰. 当代教育人类学研究的多种范式及启示 [J]. 西南民族大学学报 (人文社会科学版)，2021，42(2): 206–212.

集体记忆是族群建构的基础。针对族群的历史记忆中因血缘和地缘关系为建构的主线，具有选择性记忆或者结构性失忆的特征。作为一种群体性记忆，集体也是一种选择性记忆。这种以口述形式展现的族群历史，"强调一个民族、族群或社会群体的根基性情感联系，因此也称之为'根基历史'"①。作为一个时代、特定地域范围内社会经历的一面镜子，反映了整个群体的生存状态。例如，祖先记忆、不幸遭遇、迁徙经历等，个体或者家族等小范围内讲述的内容是客观历史事实的再现。在不同的时间和场合，以文字或者行为的方式被重复、被强化，进而成为一种群体成员坚信不疑的观念。

集体记忆也是历史记忆，表达族群的群体性情感，解释族群存在的合理性。通过富含情感的表达方式强化成员情感联系，进而形成认同。相同的记忆表现出族群成员在同一族群文化圈内的联系因子。这种文化基因经过漫长岁月多次筛选建构、模仿重复，或者以神话传说的形式加以传递，或者以口述经历加以表达，激发共同的心理情感。记录口述材料，不是为了记住某个个体，也不是为了"缅怀逝去的岁月"，而是通过对过去的认知，分析社会群体间的权力关系、族群认同的思想根源和族群成员业已形成的内在思维框架。个体的历史故事丰富了历史宏大叙事的模糊边界。故事情节可能变化，族群成员思维体系中潜在的结构指导着历史真实的再现，集体记忆是个体历史叙事的框架来源。

二、"调北征南"叙事与西南山区的族群记忆建构

首先，作为一种集体记忆，"调北征南"族源叙事不仅仅是晴隆北部山区的喇叭人各个家族的历史叙述，也是贵州省内各民族人口共同叙事。因此，共同的历史记忆表现出中国西南山区不同族群内在族群建构模式的统一性。共同的记忆以及为了强化记忆举行的仪式，"通过年复一年的活动，促进族群的沟通交流，形成族群的凝聚力，建构村落社会和谐稳定的格局"②。

---

① 王明珂.历史事实、历史记忆与历史心性[J].历史研究，2001(5): 136–147、191.

② 彭华.族群记忆及认同建构：屯堡人清明"上大众坟"的人类学考察[J].安顺学院学报，2010，12(3): 11–14.

强化集体记忆是为了增强族群内部凝聚力。"族群文化认同本身是主动地、故意地传播出去的，并以文化表达方式不断加以确认。"①关于"根"的记忆通过迁徙历史、英雄人物故事等进行表达，零散的个体生命故事、所感所知、所思所想中都蕴含着该族群的传统文化和固有价值观念。而这种情感态度和思想认知在日常生活中维系族群存在，在特定场域下唤醒族群意识，强化族群认同感和使命感。

其次，族群记忆可以成为确定社会资源分配的依据。"历史记忆可诠释或合理化当前的族群认同与相对应的资源分配、分享关系。借助当事人对亲身经历的记忆内容来补充历史文献记载之不足。"②

个体性结构性失忆是一个减法过程，也是一种自然的心理保护机制，还可以成为一种医疗技术，被运用于心理治疗过程中。要完成个体心理失忆的心理过程，即形成一种使自己忘记某些已经真实发生事件或者细节的能力，就是为了完成一个完整的心理构建，突然就介入的事件被排斥在记忆的框架之外，"以保持原本整个事件进展过程的连续性和完整性"③。

群体性结构性失忆是一个加法的过程，是创造过去，是对于需要强化部分的内容选择性保留，同样也选择性地遗忘或丢失部分信息，是对过去经历史实的一种再创造。既可能表现出族群文化对个体记忆的控制，也可能是政治因素等对个体记忆的控制结果。

集体性社会记忆的背后隐藏着保存在族群人口头脑中的经验积累和集体智慧，可以视为一类文化图式，即对事物的判断和处理模式。"社会记忆的存续得益于个体经历的事件，这些'微小事件'普遍存在于生活世界并且强调行动

---

① 向轼．族群根基记忆与族群意识的建构和维系：以渝东南半沟苗族村为个案 [J]．贵州民族研究，2012，33(6): 28–31.

② 景军．神堂记忆：一个中国乡村的历史、权力与道德 [M]．福州：福建教育出版社，2013: 13.

③ 刘凯．北魏羽真考 [J]．学术月刊，2015，47(2): 128–144.

者的地位。"① 人类对过去的经验总结，对事件的价值判断和对事物的处理模式等，都取决于其内在的"文化图式"，即特定文化环境下不断构建、不断完善并强化的，以文化形式表现的思维结构。

三、"事件"与族群的再建构

族群是被建构的产物，族群记忆的内容以各类"事件"为核心。但是这些事件不等于历史。"事件如果要成为历史的一分，就必须或曾经被认为是重要的。值得记忆是从前建构社会空间所留下来的痕迹。"② 个体的社会经验，群体的共同记忆从此被纳入历史研究的范畴，站在人的角度，重新审视历史的内容和历史的价值。

作为西南山区移民的一个典型代表，晴隆北部山区这些源自湖广的移民后裔，对于家族身份有着执着的记忆。重复叙述、反复展演固定化模式反映出其内在逻辑结构的同一，即所谓的"心理构图"。不断通过具体事件强化家族渊源，而对具体的生存状态却避而不谈。为了持续原来的"定居生活方式和农耕生产方式聚族而居，在生产生活中的互助，以及在矛盾冲突中的救护，也为了群体性文化和安全需要"③。"心理构图"支撑下形成了族群集体记忆，这是个体经验的结晶，也表现出族群成员的共同文化心理倾向。"心理构图"一旦形成又将影响个体对世界的认知和分析，因为人们习惯于"由过去记忆来印证或诠释从外在世界所得的印象，强化或修正个人的心理构图，在自身之社会文化'心理构图'上重新建构故事"④。族群记忆可以"维持族群边界、强化族群意识"⑤。作为集体记忆的历史具有传承性，事件过程中的某些材料如果与族群文化思维

---

① 邹海霞，张显.事件、经验与文化图式：理解社会记忆的三个概念 [J]. 广西大学学报 (哲学社会科学版)，2023，45(2): 184–189.

② 王明珂.历史事实、历史记忆与历史心性 [J]. 历史研究，2001(5): 136–147，191.

③ 王妍.清代辽东移民中的入旗汉族与辽东风俗变迁 [J]. 黑龙江民族丛刊，2021(1): 108–115.

④ 王明珂.历史事实、历史记忆与历史心性 [J]. 历史研究，2001(5): 136–147，191.

⑤ 赵世瑜.小历史与大历史 [M]. 北京：北京大学出版社，2017: 73.

框架不符合，就会从记忆系统中被自动删除。族群记忆、地方历史记忆作为文化再生产的产物，建构过去是为了阐释现在甚至展望未来。"族群的历史记忆与文化再生产以及族群建构是共生的、互动的"①，集体记忆这种对族群历史进行再加工、再生产的产物，在不断建构过程中逐渐形成，构成互动的文化记忆，也是个体记忆的叙事框架来源。

第四节 小　结

地方性知识反映了族群对于生活区域内社会、政治与文化之间相互关系的认知。"集体记忆立足于现在，却是对过去的一种建构。既可以看作是对过去的一种累积性建构，也可以看作是对过去的穿插式建构。"②

把教育领域的各类事项放到民族学、人类学研究范式的框架中，"试图通过研究教育领域中的'小切口'，反观教育中的'大问题'"③。一方面，"深描"山区教育的客观现场，阐释教育发展与族群延续、文化传承、民族认同之间的相互依赖关系。对比分析文化社会生活与教育教学过程的推进与目标的实现路径。深化理论与实践的结合，透过现象看本质，从个体性中发现群体性，从偶发性中找到规律性，从历史材料中总结出现实规律。另一方面，搭建以社会文化结构为基础的概念框架体系，分析其中潜在的逻辑顺序，展现族群集体记忆与文化传承的历史价值。运用人类学的"他者"视角重新审视山区教育，乃至于中国现代化教育中新问题、新方法、新途径。透过个体经历记忆和感性认知等直观材料，分析群体性心理性格特征，探索山区教育发展中人的主观能动性和创造性。

---

① 马成俊. 基于历史记忆的文化生产与族群建构 [J]. 青海民族研究，2008(1): 1–5.

② 哈布瓦赫. 论集体记忆 [M]. 毕然，郭金华，译. 上海：上海人民出版社，2002: 53.

③ 马效义. 理解图景中的"他者"：海外教育人类学作品导读概述 [J]. 民族高等教育研究，2021, 9(2): 1.

一、理论意义

教育研究具有基础性和先导性，应注重全局性。由于自然环境、族群文化、历史传统、当代政治影响等诸多因素，在全面建设小康社会进程中，山区教育要面对较为独特的发展瓶颈。回顾历史，不断总结成功和失败的经验教训，提升对山区教育的理性认知，具有极为重要的理论意义。

以地处贵州省黔西南州晴隆北部山区为田野地点，综合采用口述史和教育叙事的研究法，确定在一个短时段中，研究新中国成立后山区教育嬗变历程及其与国家、地方政治、经济背景和传统文化的关系，探析其在城镇化进程中的发展路向。借鉴使用人类学的田野调查方法，发掘来自民间的史料，呈现从传统到现代的过程中中国西南山区普通人的教育经历和教育感受，探索教育观念和教育实践内在发展规律。

从个体、家庭的视角，从感受与个体记忆的微观世界来研究教育变迁，可以以小见大。把一个小范围内的教育实践和教育观念放到"历时性框架之中，同时引进共时性分析视角，对历史具体场景细致的深描，在一定程度上可以避免宏大叙事相对空泛的弊端。将区域教育变迁置于民族和全球的视角之下，这样就能做到'小地方'与'大社会'的互应，犹如在显微镜下看到了整个中国的缩影"[①]。山区现代学校作为一种国家事业，追求的理想目标是培养掌握现代化知识的高层次人才。国家化现代教育与本土化地方文化传承之间的冲突，表现为鲜活的人物命运与复杂心态。这种"被'大写的'教育史所遮蔽、排斥的'小写的历史'"[②]，在传统教育研究和历史研究中都是被忽视的对象，却充分展现中国现代化进程中的教育现代化变迁。

教育人类学运用的"深描"手法展现人类思维深层次的价值判断。由于人的复杂性、差异性、主体性，以及文化相关性，所以教育研究也是一门关于价值研究的科学。为促进人类文化传承与现代教育的同步发展，追求"教育中的

---

①　费孝通．江村经济 [M]．北京：商务印书馆，2001：16．

②　张济洲．文化视野中的村落、学校与国家 [D]．上海：华东师范大学，2007．

文化性格，在教育中通过各种精神力量来培育人性"①。因此，人类学的"深描"并不在于追求理论的普遍性，而是通过个案进行理论探讨，并在此基础上形成一个基于个体的、差异性的分析框架。格尔茨说，"人是悬挂在由他们自己编织的意义之网上的动物，把文化看作这些网，因而人文文化的分析不是一种探索规律的实验科学，而是一种探索意义的阐释性科学。"②教育人类学的研究即是通过教育发展过程中个体乃至于群体的经历和感受，阐释人类成长过程中具有普遍性、规律性"文化图式"。

二、实践价值

随着近现代教育的兴起，在外来教育文化的强烈冲击下，教育在中国也经历了一个断崖式的发展经历。从传统的私塾、书院，再到学校，中国基层社会的教育组织形式呈现出阶段性特征。清末民初，书院作为一种事业，是有头有脸人物推动的社会事业，也是展示经济实力、获取社会号召力的途径。书院作为一种台阶，是通向高阶社会的基石与路径。书院是一个教育的传统与现代的分水岭。"它标志着一个时代的结束和另一个时代的开始，其时代的重要性甚至超过辛亥革命。"③

学校中学习的内容与乡村生活有较大距离，读书不能获得山区生活技能的提升。虽然学校教育可能带给个体实现社会升迁的机会，但是如果没有完成学业，未能获得带编制的工作，就意味着通过学校教育体系实现社会升迁的努力失败，只有重新回到生长的乡村，娶妻生子，延续后代。但是他们今后的生活却并不容易，相对于没有接受教育的人，他们要承受物质与精神的双重压力。"教育给予了他们一种生活的抱负，而现实却没有提供施展和满足抱负的机会。"④

---

① 石中英.教育学的文化性格 [M].太原：山西教育出版社，2005：48.

② 克利福德·格尔茨.文化的解释 [M].南京：译林出版社，1999：5.

③ 罗兹曼.中国的现代化 [M].国家社会科学基金"比较现代化"课题组，译.南京：江苏人民出版社，2010：229.

④ 司洪昌.嵌入村庄的学校 [D].上海：华东师范大学，2006.

在现实中回归到传统生活轨道,但是在精神上这些山区文化人已经与传统背离。在与众不同身份意识的支配下,他们通常会选择与众不同的生活形式、娱乐方式和日常生活模式。这种身份意识与生活观念并非学校教育的课程内容,其转变是源自自我意识中的"身份定位",经过不断调整逐渐形成。学校教育带给个体生活理念和思维路径的转变,并深刻影响到个体日常生活与发展空间。

现代学校教育培养的对象与传统文化熏陶下形成的传统形象产生背离。日常行为举止在不经意或者刻意间流露出来的异质性,是村民判断这个人有没有文化的重要依据,也决定了个体间的相处模式,并进而可能成为隔膜。因为缺乏经验交流与机会分享,群体内部新旧成员之间文化传承模式被打破,而建立新的共同的认知体系还需时日。教育现代化发展,现代教育与传统文化的融合还有一段长路要走。关注本土性,强调传统性,适当改革现代教育制度下的具体教学内容和教学过程。学校教育培养出来的人与真实社会不脱节,将在推动教育教学进一步改革、发掘教育改革的时代价值等方面发挥作用,对推动山区教育发展将具有一定的价值。

第七章 结 语

教育人类学和历史人类学都是交叉学科，从研究方法的角度来看，具有共同的人类学研究取向和思维路径。教育人类学与历史人类学在研究山区教育发展历史这个场域下存在着共生的关系，即针对同一个群体，从不同的视角展开研究。而谈到共生，通常要解决的问题有两个：一个是自然共生，人类与外部世界的良性发展关系；一个是文化上的共生，最为常见的有不同民族与其他文化相处。[①]

本书以贵州省晴隆北部山区为调查点，见微知著地展现了教育发展的时代特色。通过分析教育嬗变历史进程中个体与群体心理文化倾向，揭示了山区教育的历史文化特色，并在此基础上探究山区教育对传统文化背离的内外动因，从而对症下药，进一步探索性地展望现代化进程中个体与群体的发展方向。

在全球化浪潮席卷整个中国传统教育的大背景下，山区传统教育也正在面对一波又一波猛烈的冲击。追述小人物的个体经历和感受，记录个体的所思所想，展现一个特色鲜明、生动形象的时代画卷。山区族群人口特征、文化心理素质条件、区域物质环境因素、外来文化因素的力量等变量在传统与现代的交锋中，探索山区教育发展方向，研究教育人如何迎接时代的挑战，与时代同进步，实现良性发展之长远目标。

在鲜活个案展示的基础上，本书从多学科角度阐释山区教育发展过程中个体和群体从感性到理性的认知变化，分析教育文化发展中的基础性、普遍性问题。本书将有利于教育现代化发展与民族文化传承调适与共同进步，为中国特色社会主义文化事业建设贡献绵薄之力。

---

① 钱民辉.中国教育人类学本土研究的不同范式及意识三态观的提出[J].西北师大学报（社会科学版），2020，57(6):93–100.

第一节 历史人类学视野下的山区教育记忆

记忆最初是一个认知心理学概念，是过去的知识经验的再生产。生命体中存储的信息具有个体的特质。但是，它也可以作为一种原始记录、一种有价值的历史材料，可以反映其所在群体性活动的轨迹。通过个体的特殊经历和记忆，解决个案研究背后的群体性因素。从个体到群体到社会，从个体生命感受、人生历程的记忆中发掘族群记忆，阐述该群体共同的历史记忆。"人类学和历史学的关系像情侣般眉来眼去、形影不离"[1]，运用历史人类学的研究范式展开的研究将更为丰富多彩。

一、个体与群体记忆中都蕴含着丰富的历史信息

个体的、私人的记忆常常以故事的形式被存储和表达，记忆的内容来源于社会，而且"依赖于集体记忆而存在"[2]。记忆是一种情感与经验的再现，记忆的事件中掺杂着当时的社会历史背景，所以，其中必定蕴含着文化、群体等社会要素。个人的口述材料转化为社会历史档案，进而成为社会记忆，其中包含了一个记忆的再生产过程，并且不断得以建构、延续、传承和更新。"社会记忆的加工是在延续、传承、建构社会记忆的过程中对原始记忆进行加工与复活，具有'再生产'的特点。"[3]"人们会不自觉地将它与其他的行动连片记录下来组合成一个连续的过程。"[4]当这种个体记忆中经历过的事被作为一种地方性知识而记录并保留下来之后，还可能成为历史分析的素材。

① 赫茨菲尔德.人类学：文化和社会领域中的理论实践[M].著.刘珩，石毅，李昌银，译.北京：华夏出版社，2009:60.

② 哈布瓦赫.论集体记忆[M].毕然，郭金华，译.上海：上海人民出版社，2002:335.

③ 顾静，丁华东.口述历史档案社会记忆再生产的基本特点与思考[J].北京档案，2023(6):19–23.

④ 应星.事件社会学脉络下的阶级政治与国家自主性：马克思《路易·波拿巴的雾月十八日》新释[J].社会学研究，2017，32(2):1–27，242.

历史人类学范畴的记忆理论有一个不断发展成熟的过程。例如，记忆既有层次性，从个体的浅层次感官记忆到深层次认知记忆，再到群体的社会记忆。关于记忆的研究也发展出了不同的范式。记忆具有持续性，虽然对于共同经历的历史事件，不同个体的感受具有主观性和差异性，但是把众多零散材料汇聚在一起时，隐藏在主观背后的客观事实就渐渐露出了水面。当族群成员的个体记忆汇聚成族群记忆，那么通过个体记忆可以反映一个时代、一个族群整体的集体记忆。"族群记忆可以再现客观现实，是对客观世界的一种主观反映。"①

集体记忆理论强调集体成员中共同拥有的整体性记忆，而这种记忆又影响到群体成员个体记忆。每个社会群体由于过去的经验与记忆中都存在各自的心理倾向，是记忆重组和改写的结果。"从记忆内容来看，出于主观情感和现实需要等多种因素，对于一些事件的某些记忆不断强化的同时，也可能因为记忆衰退等客观因素而变得模糊或被遗忘。从记忆主体来看，访问者的问题预设和被访问者对'过去经历'的筛选、个体对过往事件的心理感受和价值判断等主观因素等都会导致差异性。"②然而把众多的零散记忆材料汇集在一起，这个族群人口的共同记忆就被清晰看到，个体性的、主观的意识活动中展现了一个现实的、客观的社会历史场景。

集体记忆是族群历史的一种记录方式，表达了该群体成员的共同心理倾向，蕴含着丰富的历史信息。关于族群渊源的记忆、族内成员和族际交往、族群成员公认的痛苦记忆等，其中都包含着丰富的历史信息。作为一种社会现象，"集体记忆是留存于现在的对过去的看法"③，事件讲述其实是一种经验的总结，情景再现的内容经过了仔细筛选，而且在有意无意之间迎合了那个时代绝大部分人的感性经历。"回忆比历史更真实，历史更像是杜撰。族群对自身历史记

---

① 顾静，丁华东. 口述历史档案社会记忆再生产的基本特点与思考 [J]. 北京档案，2023(6): 19–23.

② 顾静，丁华东. 口述历史档案社会记忆再生产的基本特点与思考 [J]. 北京档案，2023(6): 19–23.

③ 刘亚秋. 哈布瓦赫集体记忆理论中的社会观 [J]. 学术研究，2016(1): 77–84.

忆的处理方式复杂多样，记忆中的历史信息具有特殊性。"① 在讲述祖先辉煌历史和痛苦经历的时候，族群文化、群体性认知框架逐渐形成，并表现在共同的心理倾向和叙事框架之中。

集体记忆也在不断努力固化自身的知识体系，而且其自身还有一个不断演化发展的轨迹，随着整个群体的发展而不断形成新的记忆，建构出新的共识。例如，口头媒介中保存的不成形社会记忆易变，甚至可能是转瞬即逝。口述历史材料需要借助有形的载体，例如，文本、图形、图像等方式储存下来，而这种固化的记忆材料还可以通过再生产的方式形成对社会记忆的再次固化。

二、集体记忆是族群成员共享的历史记忆

从与生命个体相关的个体意识和个人记忆发展到作为群体意识的集体记忆和社会记忆这类"非个人的记忆"，社会研究领域中新概念不断诞生。社会记忆常常以民间仪式表演等多种形式进行展演、重复、强化和重构。个人讲述亲身经历、表达个体思想观念是具体时空场景在个体头脑中刻下的痕迹，也是下意识筛选的结果。历史信息在记忆中被不断删选、解构、重构、组合，对部分信息内容的选择性遗忘形成群体性失忆，对部分信息内容则通过多种方式得以强化，形成族群记忆，被特定的族群成员所共同坚信。

历史记忆是由族群成员共同书写。在分享经验、经历突变、形成结构性重组等一系列过程中，个体经验记忆中的各类小事件的叙事成为群体记忆的一部分，放入史学领域而具有了相当的结构特征。"结构、局势和行动者三个要素折叠在同一个时段的事件分析中。"② 按照结构人类学的观点，这些被族群成员共享的记忆呈现出非常明显的结构性。"历史被认为植根于结构，结构具有历

---

① 勒高夫.历史与记忆[M].方仁杰，倪复生，译.北京：中国人民大学出版社，2010：法语版序言.

② 应星.事件社会学脉络下的阶级政治与国家自主性：马克思《路易·波拿巴的雾月十八日》新释[J].社会学研究，2017，32(2): 1–27，242.

史性。"① 不同民族都有对于时间的感受，对于历史的制作模式。历史人类学兼顾了时间和空间的研究视角，为我们更清晰更准确地剖析区域社会带来了便利，但也提出了更高的要求。② "由个体间对话构建出的集体记忆不仅不排斥个体记忆，反而可以重新构建个体的记忆，实现个人记忆的再生产。"③

族群记忆在各个族群内部流传已久，而人类学研究范式在打破传统历史研究僵局的过程中发挥了重要作用。从 20 世纪中叶法国学者提出"历史人类学"概念开始，史学研究的原有范式被打破。"历史人类学概念所表示的不是一个特定的历史研究分支，而是表示一个促使人们研究新方法和新问题的吸引点。从被'大历史'舍弃的'小传统'中寻找到历史的结构和意义。"④ 结构主义、功能主义等思潮接踵而至，至今因为融合了历史学和人类学两者的学科经验，历史学与人类学相结合的研究范式已经被普遍接受。"作为一个'全面的文化概念'，主张在'小的'但却是可以详细描述的现实片段方面进行历史研究工作。"⑤ 历史人类学研究揭示了传统历史研究中被忽略的细节，弥补宏大叙事过程中的盲点，更加关注个体的生命经历和生命感受。

族群成员共享记忆的生产仍然有其客观的物质基础和环境因素。例如，复杂认同中的"骑墙身份"，既反映了社会资源的竞争与共享，也充分反映了其再造历史的内在逻辑。"历史人类学研究需要一个既有历史感，又有结构性的研究对象。"⑥ 因此，对同一社会现象，历史人类学研究成果也必然有其独到之处。

集体记忆反映出群体内在的"文化图式"。因为人类对经验知识进行分类

———————

① 萨林斯. 历史之岛 [M]. 蓝达居，等，译. 上海：上海人民出版社，2003.

② 格尔茨. 文化的解释 [M]. 韩莉，译. 南京：译林出版社，1999: 27.

③ 邹海霞，张显. 事件、经验与文化图式：理解社会记忆的三个概念 [J]. 广西大学学报 (哲学社会科学版)，2023，45(2): 184–189.

④ 顾静，丁华东. 口述历史档案社会记忆再生产的基本特点与思考 [J]. 北京档案，2023(6): 19–23.

⑤ 顾静，丁华东. 口述历史档案社会记忆再生产的基本特点与思考 [J]. 北京档案，2023(6): 19–23.

⑥ 崔明. 历史记忆与族群重构研究 [D]. 兰州：兰州大学，2016.

的功能是由人脑中的图式提供的。记忆的生成是一个过程，记忆的传播也遵循一定的顺序。图式作为脑海中的经验结构，是人类文化环境中实践的产物，也在记忆保存和记忆传播中发挥作用。人类大脑中记忆的事件主要有两类：宏观的和微观的。个体经历的微小事件具有鲜明的个性特征，表现出明显的特殊性、偶发性和差异性。以此作为历史研究的切入点，可以直观感受到个体记忆中的个体色彩和特殊经验。"然而人们在体验事件、获取事件为他们带来的经验与感受之前，他们过往的经历与身处的文化环境已经为他们塑造了关于事件主题的文化图式，这种文化图式在事件的过程中为他们提供行动与思考的指导功能，人们从事件中获取的经验进一步完善图式，而无法适应图式的经验知识将被遗忘在记忆的角落。"[①] 因此，看似个体的，其实已经是集体的经验积累过程，以及内在文化图式的加强。

口述史研究方式对于山区族群的研究具有独特的价值。有别于传统历史研究中对于"纸质文献"或者"实物材料"的依赖性，个人的记忆材料成为其观点的支柱。因为"生活在一定文化中的人对其文化有'自知之明'"，"为了加强对文化转型的自主能力，取得决定适应新环境、新时代时文化选择的自主地位"[②]。口述史可以"弥补了小人物无历史的缺憾，而且个人生活史往往可以反映宏大历史的某个侧面"[③]。口述材料与历史文献相结合，可以发挥其相互补充、相辅相成的作用。

在教育领域的口述史研究中，"细节展现"与"宏大叙事"同样重要。口述史中包含着亲历者对客观事实的描述和对史实的评价，而这正是对历史的一种再构建，具有多样性和独特的意义价值。历史的讲述人本身也成为历史不可或缺的一部分，有限生命个体讲述的个体的主观体验和记忆，可以成为确定的

① 邹海霞，张显. 事件、经验与文化图式：理解社会记忆的三个概念 [J]. 广西大学学报（哲学社会科学版），2023，45(2): 184–189.

② 费孝通. 反思·对话·文化自觉 [J]. 北京大学学报，1997(3): 15–22，158.

③ 闫世贤. 农村教育研究再思考：基于历史人类学的视角 [J]. 当代教育论坛，2017(5): 10–17.

客观史实。虽然这种讲述可能被宏大历史叙事方式所忽略，但是以个体的情感经验和记忆感悟为核心的叙事所具有群体的特征，决定其也可能成为民族的历史记忆和国家的文化记忆。

口述史在创造历史故事中具有独特价值。个体的叙事中蕴含了丰富的喜怒哀乐和经历感受，故事中记录的个体承载着族群过去的经历。当个体的历史被作为文化阐释的材料，个体生命历程中的直接经验为历史研究提供了新的素材，其独立的史学价值将被发挥出来。

三、回归山区乡村教师的本位

（一）呈现生命的真实

山区教师是教育的受益者，也是教育发展的践行者。对其个人经历的追述成为历史研究中的口述材料，真实再现了个体生命经历和生命感受。教育是生命历程中重要的一页，教育可以帮助我们提升生命的价值。"不但应明晰乡村教师生活世界现实窘境，且需从独特视角重塑其生活世界。"①

回顾山区教师的生命历程，运用历史人类学的方法研究山区教育者成长的历程，充分发挥口述史的优势，转换研究的立场，适当切换"自我"与"他者"的视角，参与观察者从局外人到局内人，又重新回到局外人的视域，倾听山区教育主体的"野心勃勃"，同情同理感受主体人物的狂喜与遗憾。

分析山区人口的生存理性与价值理性。切换教育者和受教育者的思路情感，结合教育发展的历史、现实和未来，以及教育的根本目标追求，有助于走出当今山区教育研究的困境。与通常的宏大叙事不同，对山区教育实践进行从个体到群体、从经验感受到理论分析的自下而上的研究。把眼光聚集到山区教育的主体，从教育者和受教育者这些看似个人的内心独白的记录与分析中，看到一个时代教育的总体概貌。从人的角度出发，兼顾诸多相关因素的影响作用，重

---

① 张晓文，吴晓蓉.乡村教师生活世界遮蔽与回归：基于教育人类学生命价值的视角 [J].教师教育研究，2019, 31(4): 40–46.

新认识我们所熟悉的"书香"。

晴隆北部山区的这一群教育者，是现代教育制度和教育体系的"产品"，也是中国大众教育思想的受惠者。他们也是当下山区教育实践的推进者、教育政策的落实者、未来教育体系的建构者。

站在个体的角度，从一个平凡的山区孩子成长为一名人民教师，他们似乎成了"教育改变命运"路径的"可行性报告"，被视为山区乡村教育成功的标志。然而，山区教师个体生命记忆的重点停留在了"前半段"——早年生活和求学过程中的"苦难"。对于故事的"后半段"——教师职业生涯的思考和探索，反而乏善可陈。物质层面的琐碎记忆占据了大部分的空间，精神层面与文化层面的感悟还有广阔的空间，亟待拓展。

站在群体的角度，平凡的个体生命历程共同展现了一幅波澜壮阔的教育发展画卷。中国教育的现代化稳步前进，虽然受制于政治运动，受限于经济压力，以及传统观念和传统文化的种种制约，仍然取得了举世瞩目的辉煌成就。中华民族坚韧不拔、锲而不舍的精神，执着顽强、勤奋拼搏的气质，代代相传，生生不息。

（二）回归生命个体的本位

山区的教师是乡土社会中知识的传播者、理想的建构者，不但要培育后代，而且要探索真理。在"办好人民满意的教育"的伟大事业中，教师是中坚力量。作为教育事业一线工作人员，对教师本体的关注不仅仅是对生命个体的关怀，更是探讨教育发展中的关键环节。

长期以来，山区教师的成长受到多重限制。一方面，受客观因素的限制，教师经济地位不高、成长发展不充分；另一方面，教师还受到自身的"认同危机"和"知识困境"等主观因素的影响。人们普遍对教师这个特色职业身份的观念也存在矛盾冲突。一方面，对教师职业身份加以"圣化"；另一方面，却对其物质生存空间进行限制和精神生活空间加以挤压。在双重压力之下，教师难以从职业身份中感受成就感和荣誉感，从社会地位中获得尊重感和存在感，更无法在主体意识中激发其对生命价值的追求。因此有必要聚焦教育人类学眼界中人的独特价值，转变社会人对教师职业的刻板印象，寻找激发教师发展的内生动力的因素。

站在历史人类学研究的视角，从平凡的山区教师的所感所受、所思所想，从鲜活的个体生命历程中去认真思考，"关怀教师的主体生命，注重其生活世界的个体化差异"[1]，即回归生命个体的价值本位发掘生存的意义，激发作为社会"重要成员"的身份意识，拓展教师生存与发展的空间，才能更好地促进教师的发展和教育的进步。

晴隆山区的基层教育者，在平凡的工作岗位承担起了山区教育的重任，承载着山区教育发展未来的希望。从灯下苦读的孩子到意气风发的青年，到肩负重担的中年，再到"生命不息学习不止"的老年，个体的努力奋斗不仅仅是因为迫于生活的压力，也是在享受着读书带来的精神世界的愉悦。老一辈人已经渐渐老去，新一代人如何成长，山区教育的发展应该走向何方，还有更多的疑问需要解答。为了更好地应对席卷全球的现代化浪潮，作为族群根基的文化传承与发展将面临更多、更新的问题。在经济发展、社会进步的当今中国，关注教育者的进一步成长和精神世界的丰满，除了物质空间的关心之外，精神世界和文化领域的激励和要求更为重要。保持其不俗的气质，激发其昂扬的斗志。

第二节　教育人类学视野下的山区教育研究

一、教育人类学的目标

中国的教育人类学研究起步虽然与民族教育有密切关系，但是随着研究的深入发展，人类学研究范式、理论方法自身在不断更新发展，教育人类学研究有了更多的视角。运用人类学的田野调查方法，从主流文化到亚文化，从主流

---

① 张晓文，吴晓蓉.乡村教师生活世界遮蔽与回归：基于教育人类学生命价值的视角 [J].教师教育研究，2019, (4): 40–46.

到非主流，从群体到个体，相关研究的选题与教育发展过程中面临的问题密切相关，具有了更多的现实关照。

人类学研究范式下的山区教育研究，是把教育作为文化现象的一种类型，探讨教育对于日常生活的嵌入。教育文化活动目标的选择、教育现象的历史变迁等都被纳入了研究的范围。注重关联性、理论性，重视人类学研究范式的运用，同时注重跨学科方式手段的融入，把教育与乡土文化传承放到一个新的高度。从学校教育占据孩童生活的时间和空间，到学校与民间传统争夺空间，即教育与乡土之间的关系有经济因素的冲击，也有文化因素的影响，有传统的本土文化的力量，也有现代的外来文化的介入。教育事业发展的曲折性和阶段性也为教育研究的多角度、多视角分析提供了大量的素材。

教育人类学视角下讨论山区教育的基础问题。把山区视为一个特定的场域，谈论在普遍物质匮乏地区的教育实践问题。其中，针对全局性与普遍性、连续性与非连续性等基本问题的探讨尤为重要。犹如在贫瘠的土地上撒播种子，对问题本身的认知和对周边环境的认识，即讨论基础教育和教育基础具有同等重要的意义。

教育是人类传承文化的重要方式，族群文化背景影响其对教育内容与教育方式的选择。不同的族群具有不同的文化背景，教育实践活动的内容与推进模式必然存在差异。教育本身也是文化的组成部分，教育对于个体成长的价值、教育对于族群延续的意义也不尽相同。教育人类学关注教育过程与教育活动中主体的行为差异，并进而探讨主体之间、主体与客体之间的互动，构建教育本身的价值意义。

二、教育人类学的新范式

教育作为人类文明延续的方式之一，历来是学术研究的重要领域。在传统的教育理论研究中，对教育的工具性、目的性等客观方面的研究也有一个不断演化发展的过程。关于教育的研究呈现出多样化、多极化的研究路径。特别是人类学理论方法的兴起，在教育研究领域中开创了新风范，研究方法中也出现了新范式。无论把其视作综合性学科，还是作为教育学或者是民族学的分支学科，或者交叉学科、边缘学科。教育人类学正在迅速崛起，且势不可挡。

针对教育这种社会现象的研究视角开始转换，把关注点放到了教育过程中各类人的身上。教育人类学作为"对受教育者进行精密研究的学问"，有的以被教育者及其原生家庭为焦点，有的以教育的技能为抓手，有的以教师内在的心理素质倾向为重点，有的针对教育机构、教育活动、组织结构等，甚至把与教育实践有点关系的因素都囊括到研究的范围内。

与传统的教育研究不同，教育人类学关注人的本质，进而探求教育的本质，是教育学与人类学研究方法相互结合的产物。教育人类学"用研究人的理论来研究教育，寻求在文化传递中的社会变迁"[①]。从研究方法来看，教育人类学运用田野方法，关注活的教育过程、教育文化实践场景；从研究目标来看，教育人类学把教育视为为文化传承，教育经历就是"人的养成"[②]过程。然而，教育实践是在具体的社会文化背景下展开，"教育研究的'大范式'作为一种具体的方法手段以及其理论支撑，在人类学各个学派的研究中中基本都有体现。"[③]教育研究的对象是人，教育研究具有科学性。因为人类文化本身具有多样性与复杂性，所以教育研究需要把具体的事件放在整个时代背景中，放到具体的族群文化的视野下才能有一个较为全面准确的判断。

教育人类学关注个体成长历程、群体文化延续，强调文化、心理、认知等对于教育的影响作用。"探讨教育与人类进化、文化演进间的关系，探寻社会文化整体背景下教育生成与人类发展的内在规律，也致力于对生活世界中存在

---

① 余影丽.关于教育人类学学科发展的若干思考：从教育人类学与人类学、教育学、民族教育学的关系分析 [C]// 教育部人文社科重点研究基地：西北师范大学西北少数民族教育发展研究中心."首届中国教育人类学学术研讨会"论文集.兰州：西北师范大学西北少数民族教育发展研究中心，2007: 121–126.

② "传统教育研究倾向于对教育现象'本质'的认识，热衷于建构宏大的教育理论，从众多琐碎的事件和现象中找到教育教学内在的共同规律。" [参见：张广斌.博尔诺夫的哲学人类学研究范式及其教育意蕴 [J]. 外国教育研究，2009, 36(2): 24–29.]

③ 孙杰远.教育研究的人类学范式及其改进 [J]. 教育研究，2015，36(6): 4–10，37.

的复杂问题的整体把握与协调解决。"① 在人口流动加快、族际界限模糊的当今世界，作为跨学科或者交叉学科领域的教育人类学，"运用跨文化比较的方法，在教育领域用他者的眼光进行参与观察"②。分别从主位和客位的角度，观察总结和思考教育活动、教育措施、教育观念，以及教育过程中人的全面发展，从而推动现代化变迁中的山区教育发展。

三、补充完善教育历史图景

教育学注重从宏观、整体的角度研究教育发展的内在规律，注重教育的特殊性。教育人类学既重视教育领域中整体的人的研究，又强调教育实践过程的研究。运用人类学研究方法，从理论和现实两头入手，关注传统族群文化心理对教育思想、内容、体系乃至方法等方面的影响。从现实的、具体的个体材料研究中发现文化的整体。注重解决现实问题，目的是促进文化延续和文明传承。研究范围宽泛，不再局限于教育领域，把支撑教育发展的自然与社会、主观与客观等多个方面都纳入研究范围。"关注的问题中不仅仅是教育现象和教育过程，而是把教育观察作为了解释整个地区经济、社会、政治、文化等方方面面现实问题的窗口。"③

教育的本质具有多样性和发展性。"教育是一种社会制度，一个民族的教育过程也是民族文化的传承过程。"④ 教育人类学关注教育历程和文化的延续，"教育总是从特定的社会文化中生发而来的，其发展轨迹也是同社会文化传统及其变迁相整合的"⑤。

---

① 董娜，黄甫全. 教育人类学的超学科范式：兴起、概念、方法与启示 [J]. 现代基础教育研究，2021，41(1): 76–84.

② 古塔，弗格森. 人类学定位：田野科学的界限与基础 [M]. 骆建建，译. 北京：华夏出版社，2005: 74.

③ 陈学金. 中国教育人类学简史 [M]. 北京：人民教育出版社，2018: 117.

④ 袁同凯，冯朝亮. 追寻"自性"：中国教育人类学的学科演进与范式探索 [J]. 教育研究，2022，43(6): 58–73.

⑤ 庄孔韶. 教育人类学 [M]. 哈尔滨：黑龙江教育出版社，1989: 5，46.

中国当下的教育人类学理论中，有较为明显的舶来品印记。中国学者也正在不断探索理论研究中的本土化路径。在这块有着悠久历史和丰富族群文化的土地展开教育人类学研究，有无穷无尽的"第一手素材"。教育人类学研究在中国将有一个广阔的发展空间，教育人类学研究也将为山区教育发展提供更多的新思路、新方法。

第三节　关于"书香长流"的思考

自"书香长流"作为一种口号被提出，已经成为一种标识。它是长流教育发展成就的总结，也是北部山区教育人的荣光，还是整个晴隆县教育发展的标志。晴隆北部山区教育的发展是黔西南州教育事业发展结出的硕果，也是激励后代不断砥砺前行的精神动力。"书香长流"并非仅仅作为一种历史记忆而存在，还是晴隆北部山区人民的精神支柱。为了摆脱贫困，追求幸福生活而不懈努力，也体现了人类坚定意志的再次彰显。在积极应对全球化、现代化的教育实践过程中，努力保持书香"长留"愿望美好且必要，而书香"常留"也将开启山区教育事业崭新未来。

以农耕为主的人口，历来有"守土重迁"的传统。一方面是因为耕作的土地不能搬走，另一方面是传统文化的定力。而中国历史上的大规模移民其实并不少见，且迁徙的方式、方向和特征都各不相同。从经济的因素来看，为了获取和利用更多的自然资源，经常是从资源稀缺的地区向资源丰富的地区迁徙；从政治的因素来看，从平原地区向山区的强制性、被迫性迁徙也时有发生。此外，战争、自然灾害等也是人口迁徙的重要原因。在边疆移民中，"移民屯垦""移民实边"具有强烈的官方色彩，而且"移民作为边疆地区社会变迁中所起到的积极作用是不可低估的"①。

---

① 赵英兰.清代东北人口与群体社会研究[D].长春：吉林大学，2006.

　　山区教育与平原地区农村的教育相比具有更多的特殊性。与城市教育相比，差异更为明显。立足于山区教育的真实场景，暂时放下先入为主的框架和看似高深的概念体系，从山区人自身的立场出发，从局内人的立场出发，回到山区教育的真实场景，重新理解山区教育的现象和规律及山区教育人的真实境遇。放下偏见和成见，探索改善山区教育，推进山区教育现代化发展步伐。

　　山区教育具有实践理性和文化理性。教育培养人才注重实践过程和价值导向，山区教育的当事人最有发言权，应当成为发言者。如果远离山区教育的需求和山区经济社会生活等环节的变迁来谈论山区教育，只是从教育的国家政策、宏观规划出发来搞一刀切，山区教育的话语权将远离山区。而缺乏来自基层的声音，就不能深度理解山区教育的实践理性，更是远离教育本应具有的文化特性，乡土社会中真实的教育基础、教育理念与教育图景将被淹没。而深入山区教育所赖以存在的历史文化空间，深刻领悟教育实践中蕴含的实践理性、经济理性、文化理性和价值理性。把握山区教育根部需求，阐释教育主体和客体、主观方面和客观方面，揭示山区教育的特性、意蕴和价值。

　　在现代化发展进程中，工业化、城市化是主要的标志。如果以物质主义、功利主义的目光来定义发展，教育可能就会丧失其应有的本体功能。虽然一度"教育被作为社会流动和升迁的工具而存在"[①]。如今，山区教育的理论视角更应考虑教育对象的内在发展需求。对教育环境所形成的发展前提加以考量，重新理解和阐释教育与人的发展之间的关系，符合山区教育的内在发展逻辑。山区教育的步伐并不自由，在教育规模效应和教育功利主义目标追求等诸多力量的推动下，城市模式的教育资源优化组合可能带来的山区教育改革的主体和目标的双向迷失，最终期待的效益更是渐行渐远。现代化进程中，山区也在迅速变化，实现书香"长留"的美好愿景，还是需要重新回到如何发挥教育本体功能这个问题上。

　　个体亲历的教育过程和教育感受，将超越个体成为一个时代、一定区域范

---

① 张济洲.文化视野中的村落、学校与国家[D].上海：华东师范大学，2007.

围内的一种群体性历史记忆。作为局内人，坦言个体的思想情感、矛盾抉择、生活波折、教育理想，丰富了山区教育发展历史研究的视域空间，这种进行"自下而上"的基础材料充分展现了山区教育的丰富多样性和山区教育事业的主观能动性。教育延续历史文化，教育创造延续文明的传承人，教育创造了山区教育的乡土性和差异性。教育事业发展中鲜活的生命个体既是山区教育的当事人和受益者，也是中国教育发展的担当者和未来教育发展的基石。

20世纪50年代，中国现代教育是在当时强有力的中央政府的倡导和支持下，在意识形态环境支撑下建立起来的。尽管经历了十年的停滞发展，但到改革开放时期，社会环境重大转型，教育开始重新走上正常发展之路。从20世纪80年代开始，随着国外各类新教育理念的引入和各类"课改"的推行，山区人口的基础教育进入了一个更为迅猛发展时期。

进入21世纪，山区大量青壮年持续外流，山区教育服务对象和基础人口数量及结构正在发生改变，"个体在场"所处的教育环境及亲历者表达的意愿也将随之发生改变。但是，令人担忧的是，长流的"书香"还能存在多久？"书香长流"是否只是作为一种历史记忆？如果长流留不住读书人，书香"常留"之气又将何在？晴隆北部山区的教育曾经承载着几代教育人的美好愿景，也确实改变了读书人的命运，成为当地人普遍的追求。山区教育培养的人才回到山区成为家庭顶梁柱、教育事业的建设者和担当人，在山区教育事业发展中做出了巨大贡献。

在全球化浪潮席卷的背景下，山区传统教育正处于急剧变化之中。教育人类学研究理论打开了现代山区教育的新窗口。通过结合族群人口特征、文化心理素质条件、区域物质环境因素、外来因素的力量等多方面变量，我们可以追溯山区人口教育现代化发展的"步履蹒跚"，更重要的是展望未来山区教育发展的美好前景。

参考文献

[1] 耿修业，钱开先.[民国] 晴隆县志 [M].复制油印本.贵阳：贵州省图书馆，1966.

[2] 哈布瓦赫.论集体记忆 [M].毕然，郭金华，译.上海：上海人民出版社，2002.

[3] 勒高夫.历史与记忆 [M].方仁杰，倪复生，译.北京：中国人民大学出版社，2010.

[4] 古塔，弗格森.人类学定位：田野科学的界限与基础 [M].骆建建，译.北京：华夏出版社，2005.

[5] 格尔茨.文化的解释 [M].韩莉，译.南京：译林出版社，1999.

[6] 罗兹曼.中国的现代化 [M].国家社会科学基金"比较现代化"课题组，译.南京：江苏人民出版社，2010.

[7] 萨林斯.历史之岛 [M].蓝达居，等，译.上海：上海人民出版社，2003.

[8] 赫茨菲尔德.人类学：文化和社会领域中的理论实践 [M].刘珩，石毅，李昌银，译.北京：华夏出版社，2009.

[9] 巴战龙.迈向"新教育人类学"：教育人类学新范式的构想与解说 [J].教育研究，2021，42(8): 59–68.

[10] 陈向明.从"范式"的视角看质的研究之定位 [J].教育研究，2008(5): 30–35，67.

[11] 陈学金.中国教育人类学简史 [M].北京：人民教育出版社，2018.

[12] 崔明.历史记忆与族群重构研究 [D].兰州：兰州大学，2016.

[13] 董娜，黄甫全.教育人类学的超学科范式：兴起、概念、方法与启示 [J].

现代基础教育研究，2021，41(1): 76-84.

[14] 段佳沁，海路. 溯源·阐释·建构：中国教育人类学本土化之路：《教育人类学的理论与实践：本土经验与学科构建》评述 [J]. 民族高等教育研究，2022，10(2): 41-46.

[15] 费孝通. 21世纪人类学面临的新挑战 [J]. 广西民族学院学报 (哲学社会科学版)，2000(5): 8-12，16-139.

[16] 顾静，丁华东. 口述历史档案社会记忆再生产的基本特点与思考 [J]. 北京档案，2023(6): 19-23.

[17] 贵州省晴隆县志编纂委员会. 晴隆县志 [M]. 贵阳：贵州人民出版社，1993.

[18] 何飞. 晴隆"喇叭苗"庆坛仪式的象征分析：以杨寨村庆坛习俗为例 [J]. 贵阳学院学报 (社会科学版)，2015，10(4): 36-40.

[19] 何茂莉. 山地环境与灾害承受的人类学研究：以近年贵州省自然灾害为例 [J]. 中央民族大学学报 (哲学社会科学版)，2012，39(6): 61-67.

[20] 景军. 神堂记忆：一个中国乡村的历史、权力与道德 [M]. 福州：福建教育出版社，2013.

[21] 李海峰. 当代教育人类学研究的多种范式及启示 [J]. 西南民族大学学报 (人文社会科学版)，2021，42(2): 206-212.

[22] 廖泰初. 动变中的中国农村教育：山东汶上县教育研究 [M]. 北京：燕京大学社会学，1936.

[23] 刘静."慎终追远"衍义：泛论贵州喇叭苗的文化自觉 [J]. 贵州大学学报 (社会科学版)，2017，35(1): 99-102.

[24] 刘凯. 北魏羽真考 [J]. 学术月刊，2015，47(2): 128-144.

[25] 刘亚秋. 哈布瓦赫集体记忆理论中的社会观 [J]. 学术研究，2016(1): 77-84.

[26] 马成俊. 基于历史记忆的文化生产与族群建构 [J]. 青海民族研究，2008(1): 1-5.

[27] 马效义.理解图景中的"他者":海外教育人类学作品导读概述 [J].民族高等教育研究,2021,9(2): 1.

[28] 彭华.族群记忆及认同建构:屯堡人清明"上大众坟"的人类学考察 [J].安顺学院学报,2010,12(3): 11–14.

[29] 钱民辉.中国教育人类学本土研究的不同范式及意识三态观的提出 [J].西北师大学报(社会科学版),2020,57(6): 93–100.

[30] 石中英.教育学的文化性格 [M].太原:山西教育出版社,2005.

[31] 司洪昌.嵌入村庄的学校 [D].上海:华东师范大学,2006.

[32] 孙杰远.教育研究的人类学范式及其改进 [J].教育研究,2015,36(6): 4–10,37.

[33] 滕星.教育人类学的理论与实践:本土经验与学科建构 [M].北京:民族出版社,2009.

[34] 王明珂.历史事实、历史记忆与历史心性 [J].历史研究,2001(5): 136–147,191.

[35] 王妍.清代辽东移民中的入旗汉族与辽东风俗变迁 [J].黑龙江民族丛刊,2021(1): 108–115.

[36] 向轼.族群根基记忆与族群意识的建构和维系:以渝东南半沟苗族村为个案 [J].贵州民族研究,2012,33(6): 28–31.

[37] 闫世贤.农村教育研究再思考:基于历史人类学的视角 [J].当代教育论坛,2017(5): 10–17.

[38] 殷海光.思想与方法 [M].上海:上海三联书店,2004.

[39] 应星.事件社会学脉络下的阶级政治与国家自主性:马克思《路易·波拿巴的雾月十八日》新释 [J].社会学研究,2017,32(2): 1–27,242.

[40] 余影丽.关于教育人类学学科发展的若干思考:从教育人类学与人类学、教育学、民族教育学的关系分析 [C]// 教育部人文社科重点研究基地:西北师范大学西北少数民族教育发展研究中心."首届中国教育人类学学术研讨会"论文集.兰州:西北示范大学西北少数民族教育发展研究中心,2007.

[41]袁同凯，冯朝亮.追寻"自性"：中国教育人类学的学科演进与范式探索[J].教育研究，2022，43(6): 58–73.

[42]袁媛.热闹而寂寞的乡村教化[D].长春：东北师范大学，2010.

[43]张济洲.文化视野中的村落、学校与国家[D].上海：华东师范大学，2007.

[44]张晓文，吴晓蓉.乡村教师生活世界遮蔽与回归：基于教育人类学生命价值的视角[J].教师教育研究，2019，31(4): 40–46.

[45]赵世瑜.小历史与大历史：区域社会史的理念、方法与实践[M].北京：北京大学出版社，2017.

[46]赵英兰.清代东北人口与群体社会研究[D].长春：吉林大学，2006.

[47]赵忠平."悬浮"在村庄[D].长春：东北师范大学，2015.

[48]庄孔韶.教育人类学[M].哈尔滨：黑龙江教育出版社，1989.

[49]邹海霞，张显.事件、经验与文化图式：理解社会记忆的三个概念[J].广西大学学报 (哲学社会科学版)，2023，45(2): 184–189.

后　记

　　第一次到晴隆，已是三年前的事了。汽车在曲折狭小的街巷中来回掉头，导航似乎也有点蒙圈。因为找不到具体入口，问了好几个路人，最终抵达县教育局大门。在时任政史学院副院长徐海斌教授的带领下，我们一行在晴隆参加中小学教学研讨活动，并进行国培送教下乡的后期回访。记得当时大致是领导讲话之后，几个老师逐个发言。这场看似平淡无奇的教研活动，却让我与晴隆县的教育研究结了缘。

　　第一次接触之后，各种机缘巧合，我慢慢对晴隆有了越来越多的了解。位于鸦关的二十四道拐作为"抗战生命线"，算是当地的一张名片；沙子镇连绵的茶山、阿妹戚托小镇等也是晴隆当地的旅游集散地。然而，说到最初的感受，印象最为深的还是那蜿蜒的道路，雾霭蒸腾，宛若仙境。这也是之后几乎每次到晴隆都能体验到的景色。

　　与长流乡的近距离接触源自一次送教下乡的教师培训活动。接到晴隆县教育局教师发展中心陈斌老师的邀请后，我们三个老师便开始着手准备去长流。长流是晴隆县内最北端的一个乡，据说道路条件不是很好，所以在确定行车路线上费了一点工夫。我们从兴义出发，走高速先到普安县城，从县城出发沿乡村公路到龙吟镇，再从龙吟镇离开普安县，最后到晴隆县长流乡。1月这个时节，天黑得早。我们在下午4点多到达长流乡，天气雾沉沉的，天色已接近黄昏。来的路上沿着北盘江走了很久，一湾碧水，波澜不惊，安详而美丽。用过晚餐之后，出门走走时不觉又到了江边。此时天已经完全黑了，江对岸的灯火星星点点，与白天看到的景色相互映照，更是加深了对长流的直观印象。

　　正是这一次长流之行，我开始萌发更深入了解晴隆北部山区教育发展历程的想法。教育局教师发展中心的邓骄健书记是一个从长流走出来的知识分子。在与我们聊天过程中，他提到了很多长流乡的人和事。后来，教师发展中心的刘歆老师和我们也聊了很久。第二天，课程结束之后，我们就踏上了归程，依然是雾气沉沉的天。这次我们从长流一路向南，决定走一走这条写满故事的道路，也是希望能有一个更为具体的实景感受。

此后，去晴隆的次数就多了。调研目标基本是围绕一个主题：为什么长流乡人才辈出？在晴隆北部这个资源有限、相对贫困的山区，是如何获得了"书香长流"的美誉？支撑这些生活在群山之中人们的教育信念、教育实践和教育梦想是什么？为了回答这一个又一个的问题，我开始搜集相关资料；为了证实各种信息，我加快了实地田野调查的工作。从我们几个老师结伴出行到自己单枪匹马入户调查，从带领学生走乡串户，到利用网络进行远程采访。感受晴隆北部山区学子的心路历程，一个个故事，一段段记忆，调研过程中充满了惊喜，也充满了感慨。随着采访的不断深入，这块土地对于我来说，也开始有了更多鲜活的味道。

行文至此，发自肺腑，我要感谢很多给我提供灵感、支持、理解和帮助的人。衷心感谢晴隆县教育局教师发展中心邓骄健书记的倾力相助，为我点亮了解晴隆北部山区邓氏家族中教育者生命历程的一盏盏明灯。感谢晴隆县教育局教师发展中心陈斌老师，无论是资料搜集，还是人员联络，他为我提供了诸多的帮助。感谢我的同事兴义民族师范学院政治与历史学院龙凯教授和长流中心校罗怀诗校长，他们为我开启了一扇窗，去了解长流（鲁打）学子"读书改变命运"的人生经历和生命感悟。感谢中营学校教师袁奇飞的热情帮助，在一次带着学生下乡调查过程中，他开车带着我和学生入户访问，联络访问对象，准备饭食，安排住宿，甚为破费。在此对袁老师致以特别的谢意。

此外，还有很多一定要感谢的人。已退休赋闲在家的两位老校长彭功书先生和邓连儒先生，他们的求学和成长经历中充满了厚重的时代感。晴隆县档案馆龙玉梅副馆长提供了关于北部山区经济社会发展的珍贵历史档案。袁达良老先生和李战华老先生在自身成长和子女教育过程中锲而不舍的精神令人感动。

花贡中心校的邓阳校长、花贡中学的王永波老师、中营学校的袁开先老师，他们是山区现代教育的受益者，也是山区教育事业的建设者。

在本书的实地调查、录音整理、采访文字记录等各个环节，我的学生刘安园、赵果、刘庭玉、杨秀兰积极参与其中，付出了许多努力。刘安园是长流籍的学子，在她的沟通联络下，一大群长流籍的年轻学子们参与进来。还要感谢袁师其、邓超、邓虎虎、刘虎、刘辉、刘丽、刘吕、刘秋艳、刘卫霞。本书中关于青年一代山区学子人生经历和生命感悟的丰富资料，离不开他们的支持和配合。

我的同事吴俊老师、姜似海老师、陈文林副教授、徐磊副教授，也不同程度地参与到这本书的调查研究中，一起在晴隆调研的日子有苦有乐。在众人的帮助下，书稿即将完工，在此一并致以衷心的感谢。

在连绵不断的群山之中，个体是渺小的。人们对美好生活的无限追求与有限土地资源供给之间的矛盾是山区经济社会发展过程中必须面对的问题。在当今高速现代化发展的世界，山区族群应该何去何从，未来的方向何在？"书香"对于现在和未来的长流乡、晴隆县乃至整个中国西南山区意味着什么？希望通过记录一个个鲜活生命个体的教育历程和感悟，本书能展示一幅变迁中的山区教育历史图景。从个体记忆反映山区族群集体记忆，进而思考山区教育在现代化步伐下发展路径与方向。

谨以此书献给山区教育工作者！

曾丽容

2023 年 10 月